乡村教师发展的支持体系研究

孙卫华　陈　川　周兴平　冯宝安◎著

吉林大学出版社

长春

图书在版编目（CIP）数据

乡村教师发展的支持体系研究 / 孙卫华等著. -- 长春：吉林大学出版社，2021.6
ISBN 978-7-5692-8441-6

Ⅰ. ①乡… Ⅱ. ①孙… Ⅲ. ①农村学校—师资培训—研究—中国 Ⅳ. ① G415.2

中国版本图书馆 CIP 数据核字（2021）第 119582 号

书　　名：乡村教师发展的支持体系研究
　　　　　XIANGCUN JIAOSHI FAZHAN DE ZHICHI TIXI YANJIU
作　　者：孙卫华 等著
策划编辑：卢　婵
责任编辑：卢　婵
责任校对：魏丹丹
装帧设计：黄　灿
出版发行：吉林大学出版社
社　　址：长春市人民大街 4059 号
邮政编码：130021
发行电话：0431-89580028/29/21
网　　址：http://www.jlup.com.cn
电子邮箱：jdcbs@jlu.edu.cn
印　　刷：武汉鑫佳捷印务有限公司
开　　本：787mm×1092mm　　1/16
印　　张：17.75
字　　数：220 千字
版　　次：2021 年 6 月　第 1 版
印　　次：2021 年 6 月　第 1 次
书　　号：ISBN 978-7-5692-8441-6
定　　价：158.00 元

前　言

　　新世纪以来，随着我国经济社会的发展和教育改革的持续推进，基础教育师资力量问题逐渐成为人们关注焦点问题之一。在乡村地区，师资建设的短板是制约乡村基础教育事业健康发展的主要因素。基于这样的背景，各级政府和教育行政部门采取了多项政策举措，投入了大量资源，以加强乡村教师队伍建设，促进乡村教师发展。2005 年，党的十六届五中全会提出了切实提高义务教育师资水平，特别是乡村义务教育师资水平的重要部署。随后，以"特岗计划""硕师计划"和"免费师范生计划"等为代表的一系列促进乡村教师发展的政策举措相继出台；与此同时，各地方政府和教育行政部门基于区域乡村教育发展的基础和特点，制定和出台了相应的配套政策。总体而言，相关政策的制定与实施对于引导和鼓励优秀人才投身于乡村教育事业，提升乡村学校办学质量，促进义务教育均衡发展具有重要意义。现实中，经过多方主体的共同努力，我国乡村教师发展的整体状态和水平得以提升。

现实中，乡村教师的发展状态与水平，与国家对乡村教师的总体要求紧密相关。2003 年《关于进一步加强农村教育工作的决定》提出，要全面实施教师资格制度，合理配置城乡师资力量，加强乡村教师队伍建设。2005 年颁布的《中小学教师教育技术能力标准（试行）》首次明确了教师专业能力标准，就教师的"意识与态度""知识与技能"和"应用与创新能力"提出了具体的要求。2012 年颁布的《关于大力推进农村义务教育教师队伍建设的意见》和 2015 年颁布的《乡村教师支持计划（2015—2020年）》等一系列政策文件，进一步强调了乡村教师发展的意义，将乡村教师发展置于实现基础教育现代化的优先发展的战略地位。2018 年颁布的《教师教育振兴行动计划（2018—2022 年）》再次聚焦乡村教师发展的突出矛盾，将乡村教师队伍建设纳入了各地民生工程。

发展乡村教育，乡村教师先行。乡村教师在推动乡村教育改革与发展的进程中具有举足轻重的作用，振兴乡村教育的关键在于乡村教师。全面提升乡村教师核心素养，努力建设一支具有高素质和专业化水平的乡村教师队伍，对于缩小城乡师资力量差距、促进教育公平和推进城乡教育一体化具有重要意义。现实中，虽然我国乡村教师发展取得了一定成就，但同时应当看到的是，受城乡发展不平衡、交通地理条件不便、学校办学条件欠账多等因素影响，我国乡村教师队伍建设仍然面临多方面的突出问题，部分长期困扰乡村教师发展的问题，仍然没有能够得到彻底的和有效的解决，这些问题包括但不限于乡村学校优秀人才引进乏力、乡村教师工作环境不佳、收入水平不高和职业生涯发展空间受限等。

应该承认，促进乡村教师发展仅仅依赖于政府相关政策的推动作用并不足够，良好的乡村教师发展状态，应当是包括政府、学校和社会等多方面主体共同作用的结果。因而，本书提出乡村教师发展的支持体系这一概念，并对之开展了相应的研究，以期为我国乡村教师发展探寻更为科学与合理的思路。

课题组

2021 年 3 月 10 日

前　言

目　录

导　论

第一节　研究背景与意义

在基本普及义务教育的时代背景下，提高义务教育质量，促进义务教育均衡发展，成为了全球教育发展的主题，也是我国基础教育改革与发展的目标与追求。2010 年，战略性教育规划《国家中长期教育改革和发展规划纲要（2010—2020 年）》中规定，"促进公平、提高质量"是教育发展的中心任务之一。[①] 从世界基础教育改革和发展的经历来看，英国于 2006 年发表《教育 2020 年愿景》，提出教育应当尊重每一位求学者的个性化需求，政府应当致力于让所有学习者都能接受令人满意的教育；美国于 2002 年发布《美国教育部战略规划》，将教育的使命确定为，在全国范围内确保教育公平并推进高标准教育，并在《不让一个孩子掉队法案》（NCLB）中专列了"高质量教师条例"，规定公立学校应当建

---

① 王凯. 教师学习的生态转向及其特征［J］. 教育研究，2010（11）：86.

设一支高水平的师资队伍；日本的《偏僻地区教育振兴法》同样着眼于公平和卓越两大教育改革和发展目标，至今仍在有力地指导日本国内各项教育事业的发展。[①]一直以来，我国乡村教育，尤其是边远贫困地区的乡村教育，作为整个教育事业发展中的薄弱环节，受到人们广泛的关注。现实中，乡村教育发展无法离开充足的和优秀的乡村教师，因而，对乡村教师发展的支持体系开展相关研究，能够为促进乡村教师发展，提高乡村教育质量，进而促进基础教育公平，提供相应的理论支持。具体而言，本研究基于以下背景而展开。

第一，乡村教师发展的相对不足，已经成为制约基础教育事业健康发展的重要因素。促进教育公平、提高教育质量，是我国教育发展的重要战略目标，也是今后教育改革与发展的基本方向。应该承认，近年来，随着地方各级政府和教育行政部门对于乡村教育支持力度的逐渐增加，乡村学校的硬件设施和基本办学条件得到了较大改善，城乡教育在经费投入方面的差距逐年缩小。但同时应当看到的是，城乡之间基础教育质量的差距仍然存在。

一般认为，教师是影响学生学业水平的重要因素之一。美国学者哈努谢克曾于 20 世纪末发表了题为"学校资源对儿童学习成效影响力评估"的研究报告，在该报告中，哈努谢克认为，相形于物质资源配置，教师的职业水平与专业能力，是影响学生学业成就的更为重要的因素。[②]该项研

---

① 沙毓英. 日本师范教育发展中值得借鉴的几个问题 [J]. 云南师范大学学报（哲社版），1987（1）：67.

② Hanushek E A. Assessing the Effects of School Resources on Student Performance: An Update [J]. Educational Evaluation and Policy Analasis, 1997（2）：141–164.

究获得了学界较高程度的认可。哈努谢克的研究报告发表之后,一些美国学者对不同种族学生之间的学业成就进行了深入的研究。研究结果表明,基础教育师资水平的差距,是造成美国黑人学生和白人学生学业成就差距的根本原因。[①] 就我国的情况而言,乡村教师发展相对不足的现实状态,既是影响乡村教育质量的重要因素,也是制约教育公平的主要瓶颈。在社会转型发展的特殊时期,如若将乡村教师发展的现实问题边缘化或者虚无化,无疑将影响基础教育整体质量的提升。对此,不少学者具有清晰的认识。例如,华中师范大学范先佐教授就曾经指出:"我国偏远地区乡村教育无法吸引优秀的教师,一些乡村学校的教师没有接受过系统的教师教育,学历层次相对较低、基础相对不佳。同时,部分乡村学校地处偏远的乡村地区,信息相对闭塞,教学任务繁重,多重困境导致一些乡村教师知识陈旧而又难以更新。"[②] 张学敏教授指出:"我国基础教育的师资力量分布有失均衡,在贫困的乡村地区,教师结构性矛盾突出。"[③] 更为糟糕的情形是,在乡村教师队伍发展整体欠佳的背景下,还有部分优秀的乡村教师源源不断地向城市学校或其他优质教育机构流动。对此,邬志辉教授认为:"优秀乡村教师的大量流失,其结果必然是乡村教育的衰败,损害的只能是乡村最弱势人群的利益。教育权益的变相被剥夺,又会加剧乡村儿童社会排斥的代际传递,使之无法走出社会底层。进而造成乡村人群向上流动的阻塞,

---

① Linda Darling-Hammond. New Standards and Old Inequalities:School Reform and the Education of African American Students [J]. The Journal of Negro Education,2000(4):263-287.

② 范先佐. 义务教育均衡发展与农村教学点的建设[J]. 教育研究,2011(9):34-40.

③ 张学敏. 教师的身份变迁与教师教育演变[J]. 西南大学学报(社会科学版),2010(5):7-11.

形成社会问题。"①

第二，乡村教师发展得到社会多方面关注，但促进乡村教师发展的有关政策措施存在不足。应该承认，在国家政策层面，相关主体已经将解决乡村教师发展过程中的突出矛盾或问题置于相对重要的位置。国家战略性发展规划"十二五"规划就曾指出，"要大力促进教育公平，缩小教育差距，公共教育资源要进一步向乡村地区倾斜。"②毫无疑问，这里的"公共教育资源"自然应当包括对于乡村教育来说最为重要的师资力量。对此，《国家中长期教育改革和发展规划纲要》进一步提出，要创新和完善乡村教师补充机制，提高中小学教师队伍整体水平，实现基础教育师资力量的均衡配置。现实中，从既有乡村教师支持政策的实施过程来看，还存在不足，这种不足主要体现在以下几个方面。

其一，部分政策在一定程度上存在"失真"现象。政策"失真"是指政策在执行过程中，出现执行活动和结果偏离政策目标的情形。以免费师范生政策为例，相关政策的主要旨趣是促进乡村教师发展，提高乡村教师队伍的整体力量与水平。"在政策执行初期，尽管对于政策工具的运用、政策运行的时空背景安排等存在争议，但人们对于政策的初衷持积极认识，认为这一举措可以为乡村教育输入优质师资力量，是提高乡村教师质量的有效途径。"③然而，根据华中师范大学对首届免费师范生就业意愿的调查，具有到乡村学校任教真实主观意愿的首届免费师范生只占全部免费师范生

---

① 邬志辉. 城乡教育一体化问题形态与制度突破［J］. 教育研究，2012（8）：19.

② 包心敏，白冬青. 教师教育心理学［M］. 北京：清华大学出版社，2015：156.

③ 刘中兴. 师范教育迎来新的春天——访华中师范大学党委书记丁烈云、校长马敏［J］. 教育与职业，2007（10）：11.

的 2%。① 同时，据西南大学招生就业处的资料，2011 年毕业的首届免费师范生到乡镇以下地区学校任教的只占 6.54%。② 可以看到，相关政策的实施真实状态与政策的初始目标存在较大差距。

其二，政策在执行过程中缺乏有效的评估机制。应该承认，导致乡村教师支持政策"失真"的原因是多方面的。其中，相关政策在执行过程中缺乏有效的监督和评估机制，是导致政策"失真"现象的重要原因之一。现实中，一些乡村教师支持政策本身没有政策达标的明确标准；同时，政策缺失强而有力的过程监督，导致一些政策流于形式，容易出现"走过场"的现象。事实上，乡村学校在整个教育体系中处于相对弱势的地位，而这样的弱势地位在一定程度上导致原本惠及乡村学校的一些政策举措缺乏必要的监督。正如安德森坚持认为的那样，"在利益冲突中处于弱势或不利地位的一方需要寻求政府的介入，对政策实施过程施行强有力的监督，相反，强势群体不希望政府介入，他们会制造各种理由抵制和干扰政策。"③从这一意义上说，尽管乡村教师发展受到了各级政府和教育行政部门的大力关注，但相关政策在实行过程中缺失有效的监督机制，将会在很大程度上影响政策实施的实际效果。

其三，部分政策在一定程度上存在"外塑"取向。这种政策"外塑"的取向主要表现为以下方面：一是过度地依赖外部支持，来解决边远贫困

---

① 甘丽华，党波涛. 首届免费师范生仅 2% 愿去农村［N］. 中青年报，2011-03-12.

② 严治，张斌. 免费师范毕业生就业情况调查研究［J］. 中国大学生就业，2012（16）：16-20.

③ 詹姆斯·E. 安德森. 公共政策制定［M］. 谢明，译. 北京：中国人民大学出版社，2009（51）：112.

地区的乡村教师队伍建设问题，这类政策包括"城乡教师交流"政策、"城市学校与乡村学校对接帮扶"政策等；二是依赖即时性政策或短期的项目，来解决乡村教师发展过程中的问题，如师范生"顶岗实习"政策等。应该承认，一些"外塑"取向的乡村教师支持政策能够解决乡村学校的燃眉之急，并在一定程度上淡化乡村教师发展过程中的突出矛盾，但无法从根本上解决乡村教师发展所面临的多方面深层次问题。现实中，提高乡村教育质量在本质上需要建设一支稳定和高素质的乡村教师队伍，这需要采取制度性的长效机制，培育乡村教师发展的内生动力。

应该承认，乡村教师发展相对不足的现实状态具有多方面的根源，加强乡村教师队伍建设既需要克服历史遗留的问题，也需要面对现实的困惑。重视乡村教师发展问题的理论研究，无疑将助力乡村教师发展实践，更好地促进乡村教师发展。总体而言，本研究具有以下意义。

第一，有助于丰富乡村教师发展研究的理论体系。当代学科发展的基本趋势之一是，"研究问题的精细化和整合化相协调，学科的分化发展与交叉综合相统一"[①]。乡村教师是我国教师队伍的重要组成部分，在乡村教师发展相对不足的现实背景下，深入开展乡村教师发展相关领域的研究，是相关学科的重要使命。改革开放以来，我国教师教育的理论体系得到了快速发展，一些专著或文章不断问世。但通过文献综述可以发现，关于乡村教师发展的研究仍然存在不足。有鉴于此，本研究在把握我国乡村教师发展现状与问题的基础上，科学分析乡村教师支持体系的内涵与构成，有助于提高相关领域研究的广度和深度，丰富相关领域的知识体系。

---

① 杜晓利. 教师政策［M］. 上海：上海教育出版社，2012：189.

第二，有助于拓展乡村教师发展的研究视角。一直以来，学界对于乡村教师发展问题的相关研究往往偏重于其中某一方面的阐述与介绍，并没有在体系化或系统化的意义上研究乡村教师发展的主要意义、影响因素、存在问题和相应对策等。基于这样的背景，本书以乡村教师发展为主要关注对象，以系统化的视角来研究乡村教师发展过程中存在的多方面问题，并试图构建相互协调、和谐有序的支持乡村教师发展的相应思路或策略，从而有助于人们更为深刻与全面地理解乡村教师发展的内涵，进而更好地促进乡村教师队伍发展。

联合国教科文组织曾经指出，"面对未来的种种挑战，教育看来是使人类朝着和平、自由和社会正义迈进的必不可少的一张王牌，教育是一种可以促进更和谐、更可靠的人类发展的一种主要手段，人类可借其减少贫困、排斥、不理解、压迫和战争等现象"[①]。有鉴于此，本研究期待为我国教育事业，尤其是乡村基础教育事业的发展提供必要的思想资源。

第二节　主要概念界定

一、乡村

在一般的意义上，人们通常将乡村与农村视为同义，但事实上，乡村与农村是两个相互关联但存在区别的概念。具体而言，农村一般泛指城市和社区以外的、并区别于城市地域的诸多特征的所有地区。[②] 就地域特征

---

① 联合国教科文组织. 教育：财富蕴藏其中［M］. 北京：教育科学出版社，1996：11.

② 李书磊. 村落中的"国家"：文化变迁中的乡村学校［M］. 杭州：浙江人民出版社，1999：87.

来说，乡村可以等同于农村。然而，这样的理解无法体现乡村所具有的多方面内在的属性和特征。从外延上看，乡村更具包容性，其外延更为宽广，更能体现我国悠久的农业社会文明历史。在历史发展的长河中，乡村一词具有历史的厚重感，蕴含着人们凝结于乡村共同体生活中的浓郁的文化情结。这种情绪已经内化为社会大众的一般认识。具体来说，谈到乡村，人们通常会联想到诸多充满意境的美好场景，如柳絮飞扬或姹紫嫣红的乡村美景，敦厚单纯的民风民俗、怡然自乐的情感生活、恬淡惬意的日常心态和纯朴素雅的人生态度等。上述场景被一些学者认为是"工业化时代的人们在单调乏味的城市生活中所向往的乡村意境"[①]。从这一意义上说，乡村一词承载着工业化时代人们的内心向往和精神归属。有鉴于此，人们更倾向于用乡村作为前缀，来形容乡村的社会状态或事物。如乡村旅游而非农村旅游，乡村音乐而非农村音乐，乡村美景而非农村美景等。基于这样的认识，人们在理解乡村这一概念时，既不能将乡村简单地理解成一个政治团体或经济组织，也不能将乡村理解成一个反对工业化或城市化的概念，当然，更不应将乡村美化成一个遥不可及的乌托邦式的存在。

应该承认，乡村是一个动态的和历史的概念。两千多年前，《诗经》中就出现了"乡村"一词。基于汉语语言文学的视角理解乡村可以发现，乡村具有一种社会秩序和生活世界的含义。中国传统社会中的礼俗、文化、制度和秩序等，"无不从乡村而来，又为乡村而设"[②]。可以看到，在数千年的乡村社会中，以同学师徒、姻亲表亲、乡党舍邻等为纽带的乡村社

---

① 黄坤明. 城乡一体化路径演进研究：民本自发与政府自觉［M］. 北京：科学出版社，2009：18.

② 赵质宸. 乡村教育概论［M］. 北京：京城印书局，1933：121.

会人际关系，将乡村社会中的个体联结于和谐有序的共同体，处于这样的共同体中，个体在受到乡村社会制约的同时，又受到乡村社会的保护。正如马克思在描述法国小农经济时所言："小农人数众多，他们的生活条件相同，但是彼此间并没有发生多种多样的关系。他们的生产方式不是使他们相互交往，而是使他们互相隔离。……这样，法国国民的广大群众，便是由一些同名数相加形成的，好像一袋马铃薯是由袋中的一个个马铃薯所集成的那样。……由于各个小农彼此间只存在地域的联系，由于他们利益的同一性并不使他们彼此间形成任何的共同关系，形成任何的全国性的联系，形成任何一种政治组织，所以他们就没有形成一个阶级。因此，……他们不能代表自己，一定要别人来代表他们。他们的代表一定要同时是他们的主宰，是高高站在他们上面的权威，并从上面赐给他们雨水和阳光。"①有"中国最后一位大儒家"之称的梁漱溟，曾经将乡村理解为一种价值共同体，在这样的价值共同体中，包括仁、义、礼、智、信等在内的儒家价值规范，维系着这个共同体的基本秩序，处于其中，个体遵守这些价值规范通常被视为是在履行基本的义务。②

近代以来，随着工业化的发展和城镇化的推进，人们逐渐将乡村理解为与一个城市相对应的概念。乡村一般集中指向那些以农业作为主要基本活动的一种聚落方式的总称。国外学者对于乡村这一概念的基本共识是："人口密度低，聚落的规模相对较小；大都以农业生产作为主要维持生计的方式，社会结构比较单一；同时，乡村具有区别于城市的生活方式和景

---

① 马克思，恩格斯. 马克思恩格斯全集（第八卷）[M]. 中共中央马克思恩格斯列宁斯大林著作编译局，译. 北京：人民出版社，1997：217.

② 梁漱溟. 乡村建设理论 [M]. 上海：上海人民出版社，2006：578-580.

观特点。"①R.D. 罗德菲尔德认为："乡村最典型的特点就是地广人稀，人们的生活主要以农业生产为主，具有较高的趋同性或相似性。"②国内学者一般认为，乡村更多的指向县城以下的广泛区域，比如，《现代汉语词典》中对于乡村的解释就是，"那些和城镇相比人口分布相对分散的区域，这部分区域的人民主要以农业为基本生活方式"③。

在本书中，笔者借鉴和吸收人们关于乡村的一般理解，同时基于研究对象的特点，提出了对于乡村的具体定义。一方面，乡村是一个具有地域意义的概念，指县（区）级以下的广泛地域，具体包含乡（镇）和村所属的区域。在逻辑上，这与我国乡村教师支持政策体系中的有关概念界定相一致。另一方面，乡村又是一个文化的概念，促进乡村教师发展，不应简单地或机械地套用城镇教师或其他教师群体发展的标准与要求，而应当充分考虑乡村社会所具有的多方面地域因素和文化特征。唯其如此，才能彰显乡村教师的独特性，以及乡村教师对于乡村社会的适应性。

二、乡村教师

从字面上看，教师即为教员，是指"担任教育教学工作的人员"④。基于这样的理解，乡村教师是指工作于乡村区域，在乡村地区承担教育教学工作的人员。但这样的理解过于简单，事实上，教师是一个复杂的概念，

---

① 喻湨烈. 乡村教育［M］. 北京：商务印书馆，1927：4.

② 黄坤明. 城乡一体化路径演进研究：民本自发与政府自觉［M］. 北京：科学出版社，2009：18.

③ 中国社会科学院语言研究所词典编辑室. 现代汉语词典（第6版）［Z］. 商务印书馆，2012：1418.

④ 张焕庭. 教育词典［Z］. 南京：江苏教育出版社，1989：746.

现代教育政策语境中的教师具有严格的任职资格与条件。换言之，并不是任何从事教育教学工作的人员都可以称为教师。根据《国务院办公厅转发中央编办、教育部、财政部关于制定中小学教职工编制标准意见的通知》（国办发〔2001〕74 号）的规定："中小学教职工包括教师、职员、教学辅助人员和工勤人员。"① 其中，教师是指"学校中直接从事教育、教学工作的专业人员，职员是学校从事管理工作的人员，教学辅助人员是学校中主要从事教学实验、图书、电化教育及卫生保健等教学辅助的工作人员，工勤人员是学校从事后勤服务的人员。"② 根据该文件的精神，中小学在核定人员编制时，应当严格按照教师资格，确定专任教师数，同时辞退代课教师或不合格教师，压缩非教学人员，清退临时工勤人员。毫无疑问，这里的"代课教师"与"不合格教师"，不在专任教师所属的范畴之内。

在我国教育政策的语境中，乡村教师最早出现于 20 世纪中叶。在当时的历史背景下，乡村区域经济社会发展相对欠佳，乡村居民的生活贫困，乡村教育严重缺失，师资力量缺口较大。同时，伴随着一些乡村地区人口的急剧增长，乡村学龄儿童人口数量持续增加。在这样的历史背景下，为了满足乡村地区的教育需求，地方各级政府和教育行政部门采取了多项政策措施，改善乡村教育境况，包括大量招收和培养、培训乡村教师。在质量上，当时招募的乡村教师只有少部分毕业于国内专业的师范院校，而更多的还是以社会青年为主，乡村教师队伍的文化程度和教育教学水平良莠不齐；在招收方式上，当时教育行政部门接受乡村教师仅仅需要简单的招

---

① 初向伦. 学校联盟：教师专业发展的新路径 ［M］. 长春：吉林大学出版社，2018.

② 黄小芳. "农村教育硕士师资培养计划"政策实施中存在的问题及思考 ［J］. 当代教育理论与实践，2013（3）：84.

考手续就即刻上岗；在身份特征上，乡村教师队伍中既包括公办学校乡村教师，也包括民办学校乡村教师或代课乡村教师等。①

现实中，准确地理解乡村教师的概念，还应当将其置于乡村教育的背景下加以考察。事实上，乡村教师是一个与乡村教育高度相关的概念。有鉴于此，本书结合乡村教育的概念，试图给予乡村教师更为精细化的定义。在一般的意义上，乡村教育的外延应当包含乡村区域所有形式和所有阶段的教育。乡村教育主要是指制度化的乡村教育，乡村教育的阶段或形式主要包括以下方面：其一，在教育性质上，乡村教育主要包含乡村公立教育和乡村民办教育；其二，在教育阶段上，由于我国高等教育办学机构主要集中于城市区域，因而，乡村教育主要涵盖学前教育、小学教育和中学教育三个阶段；其三，在教育属性上，乡村教育既包括乡村普通教育，也包括乡村职业教育。

基于以上分析，在本书中，乡村教师主要是指工作于上述教育机构中的教育教学工作人员。其中，在乡镇或乡村地区义务教育阶段学校从事教育教学的工作者，是乡村教师群体的构成主体。同时需要说明的是，本书所涉及的乡村教师还包括以下两层含义：一是指每一个单个的乡村教师；二是指群体意义上的乡村教师或乡村教师队伍——即由全体乡村教师或特定时空背景下的全体乡村教师所形成的群体。

三、乡村教师发展

长期以来，受多方面因素的影响，我国乡村教师队伍建设面临多方面突出问题，制约了乡村教育的持续健康发展。在乡村教师发展相对不足的

① 李进金. 中国乡村教师职前培养研究［M］. 厦门：厦门大学出版社，2017：99.

历史和现实背景下，乡村教师领域的有关研究，应当更多地关注乡村教师发展的内涵，明确乡村教师发展主要困境及其表现，在此基础上，构建促进乡村教师发展的主要思路或举措。美国专业教学标准委员会（National Board for Professional Teaching Standards，NBPTS）曾经将教师队伍发展理解为教师队伍在内涵和外延上的变化过程。基于这样的理解，乡村教师发展应当包括内涵与外延两方面的积极变化。

　　一方面，乡村教师内涵的发展。教师队伍的内涵是教育质量的关键指标和决定因素。美国专业教学标准委员会（NBPTS）认为，教师队伍的内涵以处于其中的教师质量为主要构成，教师质量是决定教师队伍整体内涵的关键因素。基于教师质量的有效性，NBPTS 同时指出，教师质量的核心指标反映的是教师的实际教育教学业务水平与能力，具体可体现于教师的学科知识水平、管理和监控能力、反思批判意识，以及交流沟通能力等方面。[①] 在教育改革的浪潮下，人们逐渐认识到，只有不断提升教师队伍的内涵，才能打造高素质的师资力量，从而提高教育教学水平。

　　另一方面，乡村教师外延的发展。乡村教师外延是指乡村教师队伍所确指的对象的数量或范围。在 NBPTS 看来，教师队伍发展的外延标准并不以处于其中的教师绝对数量或教师队伍规模来衡量，而主要取决于专任教师数与折合在校学生数的比例，即师生比；与此同时，透过教师数量或规模而体现出的教师的性别结构、年龄结构、学历结构和专业结构等在一定程度上决定教师队伍质量的外延性因素，是教师队伍外延发展的重要标

---

① 朱旭东，周钧. 美国教师质量观及其保障的机制、管理和价值分析［J］. 比较教育研究，2006（5）：124.

准。[①]从这一意义上说，乡村教师队伍的内涵发展和外延发展呈现相关的状态，两者共同构成了乡村教师发展的整体标准或要求。

现实中，乡村教师发展与乡村教师专业发展是两个相互联系、但存在区别的概念，理解乡村教师发展应当将其与乡村教师专业发展相区别。乡村教师专业发展这一概念是在教师专业发展的基础上提出来的。教师专业发展因研究者所持有的取向不同而观点各异。霍伊尔（Hole E.）认为，教师专业发展是指教师在教学职业生涯的每一个阶段，掌握良好的专业实践所必备的知识与技能的过程；佩里（Perry P.）认为，教师专业发展意味着教师个体在专业生活中的成长，具体而言，包括信心的增强、技能的提高、所教学科知识的不断更新、拓宽和深化，以及对自己在课堂上为何这样做的原因的强化。[②]我国著名教育家叶澜认为，教师专业发展是指"促进教师专业成长或内在知识结构不断更新、演进和丰富的过程"[③]。于泽元则认为，教师专业发展应当"强调教师个体知识、技能的获得以及教师生命质量的成长过程"。[④]总体而言，我国学者倾向于将教师专业发展理解为一个连续性和动态性的过程，具有持续性和研究性的特点。

基于对教师专业发展概念的理解，人们可以将乡村教师专业发展理解为，乡村教师通过外部提供的支持以及自身的自我反思、自我更新和自我提高，而实现的专业成长过程。乡村教师专业发展的目的在于，提升乡村

---

① Angus D L. Professionalism and the Public Good: A Brief History of Teacher Certification [M]. Washington, D. C. : Thomas B. Fordham Foundation, 2001: 36.

② 李存生. 乡村教师专业发展引论 [M]. 北京：人民出版社，2018：34-35.

③ 叶澜. 教师角色与教师发展新探 [M]. 北京：北京教育科学出版社，2001：222.

④ 于泽元. 教师专业发展视野中的高师课程改革 [J]. 高等教育研究，2004（3）：58.

教师的专业水准和专业能力，从而实现提高乡村教育的质量和促进乡村教育发展的目的。在这一意义上说，乡村教师专业发展与乡村教师内涵发展高度相关，是乡村教师内涵发展的基本要求。从外延上来看，乡村教师发展与乡村教师专业发展是包含与被包含的关系，乡村教师发展的外延大于乡村教师专业发展。

四、支持体系

在词义上，"体系"一词与"系统"同义，泛指一定范围内或同类的事物按照一定的秩序和内部联系而组成的有机整体。从这一意义上说，乡村教师发展的支持体系即乡村教师发展的支持系统。在这一系统中，存在多个支持乡村教师发展的因素、举措或主体力量，各方因素、举措或主体力量共同作用，服务于乡村教师发展。

深入分析体系一词的词源可以发现，体系来源于拉丁文中的"systema"，原意是指由诸多相互关联的部分组合而成的整体或结合体，它构成某种整体性和统一性。界定体系一词的概念有两种基本的思路：一是数学上的分析式定义，如麦萨诺维奇把体系定义为"关系的集合"[①]；二是直觉式的整体论定义，如贝塔朗菲从理论生物学的角度，发现了"一切有机体与生物体类似，都是由要素或部分组成的有机体"，在他看来，人们可以将体系定义为"相互作用的诸要素的复合体"。[②]他还指出，体系的基本定律是，整体大于各个部分总和。从这一意义上说，乡村教师发展的支持体系应当是由诸多要素集合而成的整体，在这个整体性的架构中，不同要素之间具

---

① 王兴成. 系统的概念及其应用［J］. 国外社会科学，1983（10）：87.

② 贾泽林，王炳文. 系统理论对哲学提出的新课题［J］. 哲学研究，1980（2）：94.

有相互关联和相互制约的关系，并且共同作用，实现单一要素无法单独或独自实现的目标。

在本书，乡村教师发展的支持体系主要是指，社会对于促进乡村教师发展所采取的各类措施或方法的总和而形成的完整系统。具体而言，乡村教师发展的支持体系由支持或促进乡村教师发展的主体系统、内容系统和评价系统等要素或子系统构成。在理论上，体系论或系统论基于现代自然科学的发展而形成，是一种新型的和综合性的基本理论。体系论的基本观点是，将研究对象视为一个完整系统，其核心要义是系统的整体性、目的性和最优化。基于这样的理解，优化乡村教师发展的支持体系，应当从系统论的整体性诉求出发，择取最优的程序、方法或手段，以实现促进乡村教师发展的预期目标。

第三节　研究思路与方法

一、研究思路

毫无疑问，研究问题是一切教育科学研究的原点。爱因斯坦指出，"提出一个问题往往比解决一个问题更为重要，这是因为，解决一个问题或许是一个数学上或实验上的技巧。而提出新的问题、新的可能性，从新的角度看旧问题，却需要创造性的想象力，而且标志着科学的真正进步"[①]。有鉴于此，本书以服务和促进乡村教师发展为主要旨趣，试图回答以下问题：其一，何为乡村教师发展和乡村教师发展的支持体系；其二，乡村教

---

① 王兆璟. 教学理论问题的知识学研究 [M]. 兰州：甘肃教育出版社，2004：9.

师发展具有怎样的意义或作用，当前我国乡村教师发展的现状如何；其三，基于乡村教师发展相对不足的状态，我国理论界对于乡村教师发展问题的研究经历了怎样的阶段，不同阶段对于乡村教师发展的理论研究具有怎样的特点；其四，我国乡村教师发展主要获得了哪些方面的主体支持，支持的具体内容包含什么，乡村教师发展评价方面有何支持，对于乡村教师发展的多方面支持取得了什么样的成效，还存在什么缺弊或不足；其五，如何科学构建我国乡村教师发展的支持体系？

为了科学地回答以上研究问题，本书拟严格遵循以下研究思路。

第一，梳理相关概念。在科学把握乡村、乡村教师、乡村教师发展和支持体系等核心概念的基础上，明确本研究完整的概念体系。

第二，把握乡村教师发展的意义与现状。综合运用文献研究和访谈研究的方法，全面理解乡村教师发展之于乡村教育和乡村文化的多方面意义；调研当前我国乡村教师发展面临的现实问题与困境。

第三，厘清既有研究现状。科学把握我国理论界对于乡村教师发展有关问题研究的基本阶段与特征，并据此展开反思，把握未来相关研究的发展趋势。

第四，探索当前乡村教师发展的支持状态。从乡村教师发展的主体支持、内容支持和评价支持三个方面，梳理当前我国促进乡村教师发展的具体支持路径与策略，并分析这样的支持路径与策略在实践中所取得的成效和存在的不足。

第五，综合以上研究，科学构建我国乡村教师发展的支持体系，尽可能地为我国乡村教师发展提供相应的对策或建议。

二、研究方法

研究方法是回答研究问题和实现研究目标的工具。毛泽东同志指出："我们不但要提出任务，而且要解决完成任务的方法问题。我们的任务是过河，但是没有桥或没有船就不能过。不解决桥或船的问题，过河就是一句空话。不解决方法问题，任务也只是瞎说一顿。"[①] 因而，研究问题与研究思路确立之后，选择适当与可行的研究方法，就显得尤为重要。

毫无疑问，研究方法的选择与确立应该基于具体的研究目的的需要，同时应当考虑方法的可行性与适应性。一般认为，教育科学的研究方法可以分为"方法论"与"具体方法"两个层次。其中，方法论包含研究的学理基础、学术立场、理论框架与研究逻辑等要素，体现整个研究的思想立场与态度取向，方法论的确定影响着研究方式与技术路线的选择。[②] 研究的具体方法是人们在从事科学研究过程中不断总结和提炼出来的。一方面，由于人们认识问题的角度和研究对象的复杂性存在差别；另一方面，研究方法本身也处于一个相互影响、相互结合和相互转化的动态发展过程中。因而，对于研究方法的分类目前很难有一个完全统一的认识。[③] 一般而言，具体的教育科学研究方法可以包括文献法、观察法、行为研究法、历史研究法、概念分析法、比较法等。在本书中，为了科学回答研究问题，更好地实现研究目标，我们将坚持以历史与逻辑相统一作为研究的方法论原则；同时，以文献法与访谈法作为研究的具体方法。

---

① 中共中央文献编辑委员会. 毛泽东著作选读（上册）［M］. 北京：人民出版社，1986：63.

② 袁方，王汉生. 社会研究方法教程［M］. 北京：教育科学出版社，1997：25-26.

③ 叶继元. 学术规范通论［M］. 上海：华东师范大学出版社，2005：84-85.

第一，以历史与逻辑相统一作为本研究的方法论原则。历史与逻辑相统一是教育科学研究中分析教育规律和认识教育问题的重要方法论原则。马克思指出，在人们的认识的过程中，理论的逻辑体系应当反映客观实在的历史发展过程。也就是说，"理论的逻辑体系应该与客观实在的历史发展过程相一致，历史从哪里开始，思想进程也应当从哪里开始，而思想进程的进一步发展不过是历史过程在抽象的、理论上前后一贯的形式上的反映"①。恩格斯也非常强调历史顺序与逻辑顺序的一致性，在他看来，尽管历史的演进是曲折的，经常会有一些跳跃式的插曲，但历史长河总是沿着闪烁着偶然性的必然前行。他说，"历史常常是跳跃式地和曲折地前进的，如果必须处处跟随着它，那就势必不仅会注意许多无关紧要的材料，而且也会常常会打断思想的进程；……因此，逻辑的方式是唯一适用的方式。但是，实际上这种方式无非是历史的方式，不过摆脱了历史的形式以及起扰乱作用的偶然性而已"②。因而，历史与逻辑的统一具有内在的必然性。

在本书中，历史和逻辑的统一主要包含以下两层具体的含义：其一，逻辑的结构、演化与我国乡村教师发展的真实状态相一致；其二，逻辑的结构、演化与人们对于乡村教师发展的认识相一致。在历史与逻辑相统一原则的指引下，对归纳与演绎、分析与综合等具体方法的运用，是本书写作的基础。

第二，以文献法和调查法作为研究的具体方法。文献研究法是社会科学研究的基本方法之一，也是教育科学研究中全面、准确和科学地了解相

①　宋林飞. 社会调查研究方法［M］. 南京：江苏教育出版社，2009：25.

②　中共中央马克思恩格斯列宁斯大林著作编译局. 马克思恩格斯选集（第2卷）［M］. 北京：人民出版社，1995：43.

关领域的研究现状和剖析事物本质的一种研究方法。调查法是指通过适当的途径，间接了解研究对象真实状态或心理活动的一种研究方法。

其一，文献法。理解文献对本书的写作具有巨大帮助。一般认为，文献是指已发表过的或未被发表但已被整理、报道过的那些记录有知识的一切载体。应该承认，"一切载体"不仅包括图书、期刊、档案、学位论文、科研报告等常见的纸面制品，也包括各种实物形态在内的材料。具体而言，文献研究法包含以下两种具体的实现路径，一是文献计量，这种方法是指对现有的文献进行数量与质量等方面的统计，继而通过定性或定量的方式，实现对相关研究现状的把握和预测。二是内容分析，即通过对文献内容进行梳理，探索相关研究的主要目标、具体思路和内容构成。乡村教师发展的相关研究数据与成果几乎都深埋在各类文献资料中，只有对文献资料进行深入挖掘、整理和分析，才能得出较为丰富与客观的研究成果。通过广泛收集国内外有关资料，也便于了解本领域的研究现状，能够对研究对象有一个初步的认识。

其二，调查法。在本研究中，调查法主要包括访谈法和问卷法。其中，访谈即研究性交谈，是指以口头形式，根据被访谈者的答复情况，来搜集客观的或不带任何偏见的事实性材料，以准确说明样本所要代表的总体的一种方法。一般认为，在研究较为复杂教育问题或现象时，访谈法通常被用以收集不同类型的群体对于某一事物或现象的认识与看法。有学者认为，"相形于观察法，访谈法可以更直接地了解受访者的思想、心理和观念等深层内容"①。在本书中，作者就乡村教师发展现状与问题、乡村教师职

---

① 梁忠义，罗正华. 教师教育［M］. 长春：吉林教育出版社，2000：18。

前培训与在职教育等方面，对相应群体进行了开放式的访谈，收集到一些有效的信息，进而为本研究提供了有力支撑。同时，基于把握乡村教师生存状态的需要，作者对特定对象采取了问卷调查法，以更好地掌握真实信息，实现研究目的。

第一章　研究缘起：乡村教师生存状态的调查与思考

　　乡村教师生存状态这一概念近几年在教师生存现状的研究中频繁出现。一般认为，"乡村教师生存状态是产生于特定的历史文化背景下的乡村教师物质与精神状态，而这个状态主要受教师理想信念、自我认同、能力表现、社会角色等因素的影响"①。毫无疑问，既有乡村教师的生存状态不仅是乡村教师发展的重要内容和要求，而且对未来乡村教师队伍建设和乡村教师发展具有广泛而深远的影响。

第一节　乡村教师生存状态的主要问题

　　基于乡村教师生存状态之于乡村教师发展的重要意义，本节依据乡

---

① 张培. 论教师生存状态的内涵与职业规定性［J］. 中小学教师培训，2008（1）：20-22.

村教师生存状态的基本概念，参照克雷顿·奥尔德弗提出关于生存状态的"ERG理论"，关注乡村教师生存的物质维度、关系维度和成长发展维度，并结合我国乡村教师发展实际，编制调查问卷，对乡村教师的生存状态展开调查。调查主要运用问卷法进行，并适当结合访谈法。问卷的具体内容主要包括：乡村教师的基本信息、工作情况、职业支持情况、专业发展情况等。调查采取地区类型调查法，运用群体抽样与分层抽样相结合的方式，分别在东部（浙江省）、中部（安徽省）、西部（四川省）抽取60所乡村学校（每省各20所）。调查共发放问卷2130份，实际回收问卷1926份，回收率为90.4%；其中有效问卷1836份，有效率为95.3%。回收问卷后，研究者对问卷各项目进行统一编码，用数据分析软件SPSS 20.0对所有数据进行录入、管理与分析，提炼乡村教师生存状态存在的主要问题及其原因，并为构建乡村教师发展的支持体系提供信息与数据。经统计分析发现，乡村教师生存状态的困境主要表现在以下方面。

第一，乡村教师工作量普遍较大，教育教学负担沉重。众所周知，相形于城镇学校，我国乡村基础教育缺少对于优秀人才的吸引力。乡村学校即使招来了优秀教师，也很难留住人才。而优秀人才的大量流失，意味着既有乡村教师工作量的相应增加。在访谈中，Y教师说道：

去年县城又有两所公办学校面向农村教师公开招聘，笔试合格之后，编制直接进城。我校有三名年轻的特岗教师报了名。学校缺编，老师着急、校长着急，把情况反映给中心校，中心校又把情况反映给教育局，得到的答复是，自行解决。学校能有什么解决办法？还不是把所有工作量都推给学校的其他老师！我不知道国家对于教师的基本工作量是否有明确的规定，如果有的话，规定的教师标准工作量是多少。在我们这所农村九年一贯制寄宿学校，班主任担任一门主科和一门副科，主科老师们担任两个班级的教学任务，副科老师们担任五个班级以上的教学任务，才算满工作量，才能拿到相应的绩效工资。我们平时有多忙，有多累，由此可见一斑。学校只要有人调离了，他（她）的工作量立刻会被平摊下去。比如教历史的老师走了，他的五班历史课会分给几个物理老师和化学老师，因为这两个科目虽然是主科，但课时少一些，让他们每人带一班历史，他们也不好反驳，可教师的职业幸福感不高。

如表 1-1 所示，根据统计结果，大约四分之一的乡村教师的周课时量处于适度水平，在 14 节课以下。一半以上的乡村教师周课时量较多，其中，每周要上 20 节课以上的乡村教师占比 28.87%。仅 2.5% 的乡村教师周课时量较轻。而由访谈得知，一些乡村教师，尤其是年轻的乡村教师还会被抽调到学校行政部门，协助处理日常行政事务。事实上，除了承担繁重的课时工作，班级管理、作业批改、课外辅导和家访等，也是乡村教师日常工作内容的组成部分。现实中，绝大多数乡村教师每天的实际工作时间都超过 8 个小时，他们的工作量普遍较大，教育教学任务繁重。

表 1-1　乡村教师周课时数调查结果

周课时数	8 节以下	9-14 节	15-19 节	20 节及以上
人数（人）	46	468	792	530
所占比例（%）	2.50	25.49	43.14	28.87

第二，乡村教师的工资待遇相对较低，职业满意度有待提升。工资待遇是乡村教师工作价值的体现，也是吸引优秀人才从事乡村基础教育的重要因素，是保障乡村教师基本的生存需求的基础。现实中，尽管从历时性的角度看，乡村教师的工资待遇有所提高，地方各级政府和教育行政部门对于乡村教育的投入不断加大，但由于经济社会发展水平存在差距，相形

于城市教师或其他高收入群体，乡村教师的工资待遇并不具有吸引力。根据调查结果，乡村教师月工资（实发工资）低于 2500 元的占 36.60%，在 2500 ~ 3000 元的占 38.80%，在 3000 ~ 3500 元的占 15.30%，高于 3500 元以上的仅占 9.30%。基于我国义务教育管理体制，地方财政的投入是乡村教师收入的主要来源，乡村学校自身并没有创收的渠道。因而，地方财力的局限，在很大程度上影响了乡村教师收入，2500 元的月工资收入水平，并不足以支撑乡村教师的家庭生活。Y 教师谈到了乡村教师收入低的原因：

我们国家的义务教育管理体制是"以县为主"，对于基础教育的投入也是这样，县财政是学校办学经费的主要来源。我们县的经济水平不太好，政府的财力有限。有时候我们的津贴都无法完全足额发放，更不要说其他福利待遇了。由于工资水平不高，我们根本谈不上什么职业满意度，了解到在城里教书的同学的福利待遇，我们经常会有一种莫名的失落感，我身边有些同事甚至有辞职的想法，尤其是未婚的男同事。他们有的选择了考研，有的想办法到城市的学校工作。只要是有这种想法的年轻同事，他们基本都能找到相应的办法。而他们走了以后，一方面意味着我们的工作量要增加，另一方面也意味着农村教师这支队伍在数量上和质量上又上不去。我觉得这就是为什么农村教师队伍发展存在问题的根源。

第三，乡村教师的心理压力较大，工作情绪不佳。随着城镇化进程的加速推进，乡村社会在一定程度上呈现出被弱化和边缘化的状态。同时，相形于城市基础教育，乡村教育自身存在较多的问题和缺弊，这使得乡村教师在心理上形成矛盾和冲突，影响了乡村教师的工作情绪。根据调查，大部分乡村教师表示，自己的心理压力较大，这种压力甚至在一定程度上影响了乡村教师的工作状态（见表 1-2）。

表1-2 乡村教师心理压力情况调查结果

心理压力	很大	较大	适中	较少	无
人数（人）	454	746	374	204	58
所占比例(%)	24.73	40.63	20.37	11.11	3.16

衢州市开化三中的 Z 老师在访谈中为我们分析了他长期以来心理压力较大的主要原因：

我自己也经常感觉到心理压力特别大，农村的学生还是有特别的地方，和城里的孩子比，他们需要老师更多的关注和付出，有时这种关注和付出并不一定会有看得见的收获。比如，我们学校有很多"留守儿童"，还有一些单亲家庭的学生，他们相对而言缺少家庭的关爱，无论是生活，还是课程学习，通常都需要老师更多的关注。说到底，农村学校和城市学校的生源质量不一样。而生源质量不一样背后又有非常复杂的原因。在我们这里，有的尖子生先被城里的公办学校掐尖，再被城里的民办学校掐尖。他们一般是家长主动选择进城读书。只要家里经济条件稍微好一点，家长就会想着进城买房，以获取城市户口和城市学校的入学资格。对于农村学校的一些顽皮的"后进生"来说，他们没有太多的心思学习，每天的主要任务就是和老师"躲猫猫"。作为老师来说，每天不仅要完成规定的课时任务，有时还要和学生"斗智斗勇"。有时碰到一些特别倔强的和不听话的学生，越是负责任的老师，越是容易心灰意冷，老师的主要任务是看好他们，让他们不闯祸，至于学习成绩，根本无从谈及。另外，我觉得教育行政部门对于我们的考核也有一定的问题，因为学生不一样，工作内容不一样，工作环境和工作要求不一样，就不应该用同一套体系或者标准来考核城里的老师和农村老师。

第四，乡村教师的幸福感不高，具有较强的离职意愿。一般认为，"乡村教师的职业幸福感是指乡村教师在从事教育教学时基于需要得到满足、潜能得到发挥、力量得以增长所获得的快乐体验"①。如表 1-3 所示，根据调查结果，乡村教师基本能够认识到自身的职业能力和水平对于学生成长的价值与意义，但是，他们的幸福感并不高，一些乡村教师甚至具有较为强烈的离职意愿。

表 1-3　乡村教师职业幸福感的调查结果

职业幸福感	幸福	比较幸福	一般	不幸福
人数（人）	190	136	578	732
所占比例（%）	0.35	18.30	31.48	39.87

开化三中的 Z 老师认为，乡村教师幸福感不高具有多方面的原因。

我自己并没有感觉到特别幸福，乡村教师的工作并没有赋予我很多生活上的快乐。虽然刚入职的时候还带着一些新鲜感，也曾经有职业生涯发展的强烈愿望，那时候，我还想着要读个在职研究生。但现在看来，这些都被消磨得差不多了。工作现在对于我来说，更多的是拿到工资的手段。如果要说其中的原因的话，我感觉乡村教师没有受到社会和家长充分的尊重和肯定，比如我们有时去家访，有些家长并不爱搭理我们，他们可能在打麻将，有些家长因为工作忙不在家，他们并不是特别热心地坐下来，和老师一起探讨小孩的学习情况。一些学生和爷爷奶奶生活在一起，小孩的学习问题在家访的时候就更难说清楚了。面对这种情况，作为教师，学生成长过程中的有些问题就需要我们独自面对，并加以解决。但事实上，教育不仅是学校的责任，更不应该仅仅是老师的责任，学生的健康成长，良好的学业水平，也需要家庭的参与和配合。

① 陆益龙. 后乡土性：理解乡村社会变迁的一个理论框架［J］. 人文杂志, 2016（11）：80.

我们在调研中发现，乡村教师在不同程度上存在经济压力和情感困惑。虽然政府和教育行政部门对于乡村教师队伍的重视程度在提高，相应的支持力度也在增加，但仍然难以充分满足乡村教师的经济和感情生活需要。一项关于"如果有机会调离乡村到城里从教或从事其他比较理想的工作，您愿意放弃目前这份职业吗"的调查显示，表示立即放弃的乡村教师占63.90%，表示考虑一段时间再说的乡村教师占20.30%，而表示不放弃的乡村教师仅占15.80%。[①] 现实中，乡村学校所处地理位置偏远，一些乡村教师的生活接触面狭小，恋爱交友困难，乡村青年教师面临着诸多心理压力。浙江省金华市聚仁学校的一位老师谈到：

现实中，相对不佳的工作环境和生活境遇，使得部分乡村教师出现了工作态度不佳、做事积极性不高的现象，他们身上体现出的职业倦怠问题非常突出。一些乡村教师对于教育教学改革和提高自身专业素养热情不高，他们不愿意钻研教材，上课"临渴掘井"，多年重复一本教材，使用相同的教案，重复陈旧的教学内容；[②] 有乡村教师在访谈中表示，他们有的只是"凭良心"把规定的教材教完，至于学生发展的理想状态是什么，他们无从顾及。毫无疑问，上述状态无益于乡村教育办学水平的提高。

第二节　乡村教师生存状态与乡村教师发展

进入新世纪以来，国家对于乡村基础教育的重视程度趋于增加，把乡

---

① 肖正德. 城镇化进程中乡村教师生存境遇与改善策略 [J]. 中国教育学刊, 2011 (8)：2.

② 肖正德. 城镇化进程中乡村教师生存境遇与改善策略 [J]. 中国教育学刊, 2011, 8：2-3.

村教师队伍的建设摆在优先发展的战略位置，颁布了大量政策文件，以支持和促进乡村教师发展。现实中，乡村教师的生存状态与乡村教师发展高度相关。

第一，乡村教师生存状态是乡村教师发展的重要内容。根据奥尔德弗提出关于生存状态的"ERG 理论"，乡村教师生存状态中所蕴含的三个维度——生存维度、关系维度和成长发展维度，实际上构成了乡村教师发展的重要内容。[①]

生存维度是指关系乡村教师日常生存所需的基本的衣、食、住、行等相关因素。根据我们的调查，衣、食、住、行作为乡村教师基本的生活需求，尚未得到较高水平的满足。主要表现是，相形于城市教师，乡村教师的工资待遇和收入水平处于相对劣势的状态。基于乡村教师现有的收入结构，工资、补助和住房是影响乡村教师生存状态的主要因素。其中，工资作为对乡村教师工作成果的货币化支付，是乡村教师工作价值的体现，它是保障乡村教师日常生活需要的最为根本的物质基础；补助是基于"补偿"的精神，对乡村教师群体在经济利益上的特别照顾，补助的主要意义是，它可以在一定程度上弥补区域经济发展不平衡所造成的乡村教师工资差距，进而调动乡村教师工作的积极性。住房的保障是乡村教师住有所居的基本要求，在住有所居的条件下，乡村教师才能更好地投身于工作和专业发展。现实中，上述三个方面的保障不仅是乡村教师发展的重要条件，而且是乡村教师发展的构成内容。

关系维度是指乡村教师所面临的社会关系和社会地位、职业认同状

---

① 姚美雄. 教师素质训练和专业发展研究［M］. 成都：四川大学出版社，2018：94-96.

态。有学者认为，"如果社会大众对一个组织或群体的评价很积极，与该组织或群体有关的个体就会觉得周围的人是在支持他，这会增强其职业认同"[1]。现实中，良好的职业声望是吸引优秀人才从事乡村教育的重要因素，同时是确保乡村教师队伍稳定的基本条件。"外界的积极评价会对乡村教师的工作状态和效率产生积极的影响，更与其幸福感、获得感紧密关联，甚至是决定其留任与否的重要因素。"[2]应该承认，我国社会对于乡村教师的职业认知有待提高，一些社会力量片面地将乡村教师理解为素质低、水平低的教师群体。在这很大程度上影响了乡村教师的职业认同，在这样的社会氛围中，乡村教师"技不如人、低人一等"的卑微观念慢慢滋生。事实上，尽管当前乡村教师队伍的发展状态不佳，但是，正是因为广大的乡村教师的辛勤努力和付出，乡村地区才能广播知识的种子，乡村的适龄儿童才能接受基本的义务教育。[3]乡村教师生存的关系维度本应处于良性的状态，现实中，乡村教师的职业吸引力来源于乡村教师的实际生存状态，也与乡村教师的自我肯定与社会认同有关。

成长发展维度是关涉乡村教师教育教学业务水平提升和职业生涯发展的相关因素，主要包括乡村教师的编制、培训和职称等。乡村教师的成长表现为一个漫长的过程，优秀的乡村教师必然要经历相应的成长与发展的阶段。在这样的阶段中，编制作为有关部门人事管理的重要手段，是乡村教师与学校之间"牢固的连接带"，它与教师的工作任务、工资级别和福利待遇密切相关。在乡村教师成长与发展的过程中，系列培训是其提升教

---

① 沈阳，凌国顺. 雇主吸引力国内外研究评述［J］. 企业活力，2011（1）：63–67.

② 朱旭东. 教师专业发展理论研究［M］. 北京：北京师范大学出版社，2011：37.

③ 费孝通. 乡土中国［M］. 北京：人民出版社，2015：10.

育教学能力，更好胜任自身工作的有效方式。乡村教师通过培训，在"做中学"、在"学中思"、在"思中行"，一方面有助于乡村教师隐性知识的显性化，促进专业发展，另一方面，有助于针对性地解决乡村教师日常工作学习中遇到的实际问题。此外，以培训为契机，可以搭建乡村教师之间相互尊重和交流的平台，促进乡村教师表达自我、相互合作和平等交流。[①]职称是对于乡村教师工作成果和职业生涯的认可，不仅可以在一定程度上提升乡村教师的工资收入，而且可以激励乡村教师更好地投身于乡村教育事业。

第二，既有乡村教师的生存状态是影响未来乡村教师队伍建设的重要因素。乡村教师生存状态在很大程度上决定了乡村教师的职业吸引力。现实中，基于我国乡村教师队伍发展相对不足的背景，提高乡村教师职业的吸引力，关系到乡村教师队伍发展的持续性和活力。具体而言，乡村教师职业吸引力体现了乡村教师物质与精神生存空间的文明特性，在很大程度上体现着整个社会对于知识与文化的敬重。对此，李存生教授提出，应当采取以下方式，进一步提高乡村教师的职业吸引力。[②]

其一，维护乡村教师生存理想。我们应当关注乡村教师的生活和工作状态，有针对性地实行对乡村教师，尤其是边远贫困地区的乡村教师群体补偿的政策。现实中，要切实落实国家和地方政府支持乡村教师队伍建设的有关政策举措，建立相应的保障机制，提高乡村教师生活补助标准，持续改善乡村教师的生活和工作条件。惟其如此，乡村教师才能安心从教、

---

①　凌云志，邬志辉，黄佑生. 行动学习导向的乡村教师培训模式研究——基于湖南省送教下乡培训的实践探索［J］. 教育科学研究，2017（8）：78-82.

②　李存生. 乡村教师专业发展引论［M］. 北京：人民出版社，2018：98-101.

乐于从教，并扎根于乡村社会，享受学习的自由和育人的快乐。

其二，凸显乡村教师职业的崇高性。乡村教师职业的崇高性是影响乡村教师职业吸引力的重要因素。我们应当积极构建良好的舆论氛围和道德环境，使乡村教师拥有令人尊敬的职业声望和较高的社会地位；同时建立乡村教师荣誉制度，使热爱乡村教育、甘于奉献乡村教育的教师享受相应的荣誉，获得社会的尊重和认同。[①]需要强调的是，谈及乡村教师职业的崇高性，并非否认乡村教师的私人空间和情欲追求，乡村教师是从事崇高职业的普通人，他们具有普通人的正常需要和欲望，具有追求个人理想和家庭幸福的权利。

其三，培育乡村教师的职业魅力。当前，尽管乡村教师的生存状态和生存环境整体欠佳，但是，现实中仍然有一大批乡村教师，他们怀有浓厚的乡土情怀，乐于奉献，授予乡村学生以知识和智慧。对于他们而言，社会应当给予其相应的支持与力量。现实中，乡村教师受困于地理、资源等劣势条件，需要社会给予持续性的情感关怀与知识补给。对此，我们要进一步开发满足乡村教师需要的多样性培训，明确乡村教师新时代知识分子身份，塑造乡村教师专业性和职业性，强调乡村教师的社会责任与社会价值。[②]另外，在乡村教师生存的制度环境方面，要进一步完善编制、职称等制度保障措施，优化乡村教师职业生涯发展的晋升渠道，搭建各类专业成长平台，以期乡村教师永保优秀教育教学的能力与信仰。

为了进一步提高乡村教师职业吸引力，《中国教育报》报道了北京师

① 东篱子.《中庸全鉴》[M].北京：中国纺织出版社，2014：64.

② 唐松林，王祖霖."厚"乡村教师之"生"：城乡教师均衡发展之策略[J].湖南师范大学教育科学学报，2015（3）：17–21.

范大学庞丽娟教授对于提高乡村教师生存状态的建议。

"当前我国乡村教师数量短缺，特别是受过专业训练的合格教师缺乏，乡村教师'下不去、留不住、教不好'问题仍然突出。"全国人大常委会委员、北京师范大学教授庞丽娟说，"乡村教师待遇低、社会地位不高，乡村教师队伍建设政策制度特别是主要的薪酬、社会保障、住房、职称、子女教育等政策制度还存在一些明显的短板与不足，是直接的重要因素。"

庞丽娟多年来从事教育政策研究，她和团队在 20 多个省份 100 余个县调研发现，我国中小学教师队伍建设取得了很大进展。但同时，目前的成效也具有明显的区域性和阶段性特征，城乡中小学特别是乡镇以下村小、教学点的教师队伍结构与质量差异还比较明显。

因此，庞丽娟 2021 年向全国人大提交了"完善我国乡村教师综合待遇政策制度，助力乡村振兴战略实施"的建议，她提出：完善义务教育绩效工资制度，特别要体现对乡村教师的倾斜，提升乡村教师工资收入水平。尽快实施国家艰苦边远地区乡村教师岗位特殊津贴制度，加快落实社会保险政策。

庞丽娟重点阐释了两条乡村教师呼声很高的建议：一是加强住房保障政策，让乡村教师"安居乐教"。切实完善城乡一体化的教师住房公积金制度和购房补贴制度，确保实现国家"将符合条件的乡村教师纳入当地政府住房保障体系"，优先安排符合条件的乡村教师在县城或乡镇购买经济适用房和承租公租房。加大力度推进乡村教师周转房建设，通过改建、配建、新建等多种方式加快扩大周转房建设；并且周转房宜集中建在人口相对集中的乡镇，不仅有利于保障安全，也有利于满足教师人际交流与业务交流需求，解决情感孤独。二是以子女教育基本保障为重点，制定乡村教师子女入学的优待政策。这是庞丽娟和团队在各地调研中广大乡村教师普遍反映的最大关切。她建议，在国家层面出台引导支持乡村教师子女入托入学的优待政策。对在乡村学校特别是小规模学校（村小、教学点）长期从教（八年及以上）的教师，其子女在入园、入学时可享有在县城和乡镇学校就读的政策保障。对乡村教师子女随父母在乡村学校就读的，视教龄长短，给予一定的教育补助。对夫妻双方都为乡村教师的，特别是在艰苦的偏远乡村地区工作的教师，按照艰苦、偏远的程度为其子女的教育提供进一步补偿性的政策优待。

"这样，通过正式的制度安排和政策举措，向社会公开宣示乡村教师的重要社会地位、国家对加强乡村教师队伍建设和乡村教育的决心，既能有效回应乡村教师的最大关切，整体提升乡村教师的综合待遇水平，相信也将有力增强乡村教师职业吸引力，有力吸引优秀人才加入乡村教师队伍和稳定长期从教。"[①]

现实中，乡村教师生存状况与乡村教师的留任意愿高度相关。影响乡村教师留任意愿的因素是多方面的，包括但不限于乡村教师的工资待遇、职业生源发展机会与空间、乡村学校的住宿和工作环境等。在调查过程中，我们接触过的一位乡村学校校长这样说道："学校清楚教师的生活和工作条件，你比如说，一些青年教师抱怨学校教师宿舍条件不好，学校也想改善教师的居住条件，但缺少资金，也没有办法进行翻修。教学楼还是十多年前翻修过，去年暑假我们在外墙刷了一层漆。现在整个学校12个班，只有一个多媒体教室，这个多媒体教室还经常出问题。"课题组走访的其

---

① 唐琪. 全面提升待遇，增强乡村教师职业吸引力［N］. 中国教育报，2021-03-06.

他几所乡村中小学的情况也是一样，无论是教师生活环境还是工作环境，都远远落后于城市学校。另一位校长反映："我们县前几年办了两所私立性质的学校，私立学校提供给教师的待遇比我们农村小学要高很多。一些教师，特别是年轻的未婚教师，他们面临这样的机遇，离职的意愿就比较大。"事实上，乡村教师生存状态欠佳，是乡村教师流失的主要诱因。

第三节　乡村教师发展的意义

乡村教师是在乡村地区从事教育教学工作的相关人员，其服务对象为全体乡村学校学生。现实中，乡村教师不仅对于乡村教育具有重要意义，同时是乡村文化传承与创新的主体力量。乡村教育事业的发展和乡村文化的传承与创新，无法离开乡村教师的辛勤付出。

一、乡村教师发展之于乡村教育的意义

乡村社会发展，乡村教育先行；乡村教育发展，乡村教师先行。在乡村社会的发展过程中，乡村教师是促进乡村各项事业进步的重要承担主体，他们是保障乡村基础教育质量的主力军，担负着教书育人重大责任。在乡村教育和乡村社会发展的大局中，乡村教师具有无可替代的作用。

乡村教育依靠乡村教师。2015 年 6 月 1 日，国务院下发了《关于印发乡村教师支持计划（2015—2020 年）的通知》（以下简称《支持计划》），乡村教师这个群体再次受到了社会的广泛关注。《支持计划》中提到，为了深入推进全面建成小康社会、全面深化改革、全面依法治国、全面从严治党"四个全面"战略布局，认真贯彻党中央、国务院关于加强教师队伍

建设的部署和要求，采取切实措施加强老少边穷岛等边远贫困地区乡村教师队伍建设，明显缩小城乡师资水平差距，让每个乡村孩子都能接受公平的和有质量的教育，特制定乡村教师支持计划。[①] 发展乡村教育，帮助乡村适龄儿童和青少年接受优质教育，阻止贫困现象代际传递，是功在当代、利在千秋的大事。教育大计，教师为本。发展乡村教育，乡村教师是关键，必须把乡村教师队伍建设摆在优先发展的战略地位。现实中，"由于受城乡发展不平衡、交通地理条件不便、学校办学条件欠账多等因素影响，当前乡村教师队伍仍面临职业吸引力不强、补充渠道不畅、优质资源配置不足、结构不尽合理、整体素质不高等突出问题，制约了乡村教育持续健康发展。实施乡村教师支持计划，对于解决当前乡村教师队伍建设领域存在的突出问题，吸引优秀人才到乡村学校任教，稳定乡村教师队伍，带动和促进教师队伍整体水平提高具有十分重要的意义"[②]。

应该看到，乡村教师是全面提升乡村教育质量的能动因素，是推动乡村教育改革的助力器。乡村教师发展对于乡村教育和乡村适龄儿童、青少年的健康成长具有深远的意义。当前，伴随着基础教育改革的深入推进，建设一支优秀的乡村教师队伍的需求趋于紧迫。缺少了素质优良又乐于奉献的优秀乡村教师，必然难以从根本上保障当前乡村教育的质量，同时，对于乡村学生的成长与发展而言，也必然会产生不利影响。乡村教师发展之于乡村教育的重要意义，正如刘守英教授于 2021 年 3 月在振兴乡村教

---

① 孙卫华. 我国乡村教师支持政策现状——基于政策目标的分析视角［J］. 浙江社会科学，2018（5）：101.

② 刘佳. 我国"特岗教师计划"实施十年后的回顾、反思与展望［J］. 现代教育管理，2017（2）：23.

育公益论坛上所言：①

乡村振兴是实现中华民族伟大复兴的重要基础。乡村教育振兴是乡村振兴的重要支点，决定着广大乡村孩子的未来，承载着亿万乡村家庭的希望，事关整个国民素质的提升，是功在当代、利在千秋的工程。教师是乡村教育的灵魂，是办好乡村教育的关键，必须把乡村教师队伍建设摆在优先发展的战略地位。

陶行知先生曾说，学校是乡村的中心，教师是学校、乡村的灵魂。20世纪 30 年代，以梁漱溟为代表的教育者们在山东的邹平、菏泽、济宁等地区发起"乡村建设运动"，兴办村学与乡学，以教育引领整个乡村的新礼俗、新风貌、新世界，在中国乡村教育史上留下了浓墨重彩的一笔。现在位于邹平的"梁漱溟纪念馆"，依然见证着他们对乡村教育振兴之路的伟大探索。新中国成立以来，一大批优秀的乡村教师，深耕乡村教育沃土，书写了传道授业、滋兰树蕙的华彩篇章，推动了乡村教育事业的长足发展，培养了一批又一批优秀人才，对乡村经济社会发展做出了积极贡献。如今，大量乡村教师在一系列政策的保障和激励下，选择坚守乡村、潜心育人，成为乡村孩子的守望者、乡村教育的大先生，让每一个乡村孩子都能在家门口享受到优质教育资源，让每一个乡村孩子都获得人生出彩的机会，有效促进了脱贫攻坚任务的完成和贫困代际传递的阻断，助推了乡村经济社会的发展。

我们要推进乡村教师队伍改革，建设一支热爱乡村、奉献乡村、数量

---

① 陈辉. 乡村教育高质量发展是乡村振兴的重要支点［EB/OL］.［2021-06-04］. http：//news.10jqka.com.cn/20210604/c629947792.shtml.

充足、业务精湛的乡村教师队伍，为乡村教育高质量发展固本培元。[①]

现实中，乡村教师发展是深化乡村基础教育课程改革，进而提高乡村教育质量的内在诉求。教师是课程改革的直接实施者，若没有教师的理解、配合与支持，宏伟的课程改革目标将无法实现，提高教育质量将成为空谈。正如埃及教育家巴哈丁所言，"没有教师，就没有教育改革，教师是教育过程的基石……教师乃是在学校，在班级碰到实际问题的最知情者，不能设想我们的教育改革没有教师参加是可以完成的，因为教师是教育过程中的神经中枢"[②]。事实上，教师越来越成为课程改革中的关键群体，这一点在世界各国的课程改革中都取得了广泛共识。我国新一轮基础教育课程改革实施以来，尽管乡村学校做了许多艰苦努力，但乡村与城市在推进课程改革方面的差距还比较大，乡村学校在新课程的实施水平、教师的适应能力、课堂教学的有效性和多样性等方面，明显滞后于城市学校。[③]乡村学校在推进课程改革中遇到许多困难，其中，乡村学校的师资力量相对不足是首要因素。作为乡村基础教育课程改革的实施者，乡村教师需要以更好的教育理念、更丰富的教学方法和更专业的课程实践能力，应对新课程改革的要求和挑战。这使乡村教师陷入了双重困境：既要背负课程改革的重任勇往直前，又要面对自身的困惑和无助。因此，积极寻找对策，促进乡村教师队伍良性的和动态的发展，帮助乡村教师走出课程改革中的困境、

---

① 邓云锋. 教师是乡村教育的灵魂，是办好乡村教育的关键 [EB/OL]. [2021-04-23]. https://www. thepaper. cn/newsDetail_forward_12350778.

② [埃]侯赛因·卡迈勒·巴哈丁. 教育与未来 [M]. 王道余，译. 北京：人民教育出版社，1999：79-81.

③ 曹长德. 论"国培计划"的改进与完善 [J]. 中国高教研究，2013（10）：96.

克服课程改革中的难题，是深化乡村基础教育课程改革和提高乡村教育质量的基本要求。

事实上，不仅新课程改革的实施无法离开乡村教师，乡村教师的发展还是促进基础教育均衡发展和实现教育公平的重要条件。由于不同地区经济社会发展水平存在差异，我国当下基础教育发展的地区差距悬殊，同时，城乡教育发展不均衡。乡村教师与城市教师在数量、结构、待遇和职业生涯发展空间上，都存在较大的差距。现实中，乡村教育不仅是促进乡村经济社会发展的基础，也是我国基础教育系统的重要组成部分。乡村教师作为乡村基础教育中的"能动因素"，对于乡村教育的发展具有至关重要的作用。乡村教师发展状况如何，直接决定乡村教育发展的水平，影响我国教育事业和经济社会的总体发展状态。目前，乡村教师队伍建设中存在的种种问题，影响了乡村教育发展和质量提高。这些问题如果长期得不到有效的解决，将最终影响基础教育的均衡发展，同时也会加剧教育不公平问题。一般认为，追求教育公平是进步社会的要求和表现。我国《教育法》明确规定："公民不分民族、种族、性别、职业、财产状况、宗教信仰等，依法享有平等的受教育机会。"乡村教师发展和乡村教育质量的提高是促进基础教育均衡发展和实现教育公平关键的一环。① 在教育平等理论的视域下，人人享有平等的受教育权利和入学机会，仅仅意味着教育"起点平等"；而教育"过程平等"，则要求学生在接受教育的过程中，能够享有平等的教育资源和环境，尽可能地全面发展。这又在教育"起点平等"和教育"过程平等"的基础上，教育的"结果平等"才将成为可能。在这一

---

① 陈海凡. 初任教师的适应与思考［J］. 学科教育，2003（04）：76.

意义上说，积极构建乡村教师发展的保障机制，提升乡村教师的专业能力和职业生涯发展水平，使广大的乡村适龄儿童和青少年接受优质教育，是促进基础教育均衡发展和实现教育公平的重要举措。

二、乡村教师发展之于乡村文化的意义

任何文化体系都具有自身的存在价值，这种价值在本质上表现为，该文化对处于其中的人的作用与影响。乡村文化是一种具有独特价值的文化体系，一般而言，乡村文化具有教化的功能。这种教化功能体现在，"教给生活在这一文化视域下的个体既定的知识和技能，提高他们分析问题和认识问题的能力，培养和规范他们的行为方式与行为习惯，塑造健全的道德人格，并有效调节人与自然、人与他人、人与社会，以及人与自身的各种关系"[①]，继而建立起稳定的和有序的乡村社会秩序。一般认为，乡村教师是乡村社会中知识分子的主体力量，这一群体的发展将有助于促进乡村文化的丰富与进步。

（一）乡村文化的内涵

中国的文化源远流长，广大乡村是培育和滋生传统文化的重要根源。事实上，乡村一词本身就具有浓重的文化气息，"乡村文化"则蕴含着浓厚的乡村文化内涵。

第一，对于文化的一般解读。"人总是文化的人"[②]，在这一意义上说，人的存在一定程度上表现为一种文化性的存在。在世界范围内，由于社会背景和文化本身存在差异，人们对于文化具有不同的理解。从词源上看，

---

① 邓浩迪. 乡村文化振兴中的无神论宣传教育 [J]. 科学与无神论, 2019 (04): 49-53.
② 廖小平. 改革开放以来价值观演变轨迹探微 [J]. 伦理学研究, 2014 (5): 56.

英语中的 culture 和汉语中的文化具有一定差异。culture 在初期主要是耕耘、种植或栽培之意，后来逐步引申为对于人的性情陶冶和品德教养的含义；而汉语词源中的文化从一开始就包含对于"人的精神修养和教化"①的含义。

考察汉语中"文化"的词源可以发现，"文"与"化"原本是两个各有其义的独立汉字。其中，"文"是指颜色相异交错而形成的纹理。正如《易经·系辞下》所言："物相杂，故曰文。"②这里主要是用"文"来表示动物身上的纹理。此后，"文"字又产生了一些引申含义，如文字或文章等。在此基础上，"文"可以指诗词曲赋、礼乐制度、法令条文和精神修养，在礼乐制度和精神修养的层面上，"文"兼具美、善和德行的含义。"化"是指事物动态变化的过程，即生成或造化。如《庄子·逍遥游》中"化而为鸟，其名曰鹏"，其中的"化"即指变化；《周易·系辞下》"男女构精，万物化生"中的"化"即生成。③在以上表述中，"化"表示事物形态或性质的改变，并引申为风俗、风气教化的含义。"化"字的引申含义与现代汉语中"文化"含义最相近的是"教化"，也即伦理德性的养成。"文化"作为一个完整的词汇最初出现于西汉刘向的《说苑·指武》，"凡武之兴，为不服也；文化不改，然后加诛"。④当文化与"武力"相对应时，指文治教化；它与无教化相对，表示一种合宜或有序的状态。可以看到，

---

① 陈文胜. 合乡并村改革切忌大跃进［N］. 光明日报，2015-12-27.

② 陈文胜. 我的人生与中国改革一路同行［J］. 中国乡村发现，2008（2）：98.

③ 赵霞. 乡村文化的秩序转型与价值重建［M］. 石家庄：河北人民出版社，2013：6.

④ 吉国秀. 婚姻仪礼变迁与社会网络重建：以辽宁省东部山区清原镇为个案［M］. 北京：中国社会科学出版社，2005：249.

在古代汉语中，"文化"的功能主要体现于教化，教化的对象可以是人，也可以是物或社会，即以文"化"人，以文"化"物，以文"化"社会。

近年来，一些学者从不同的角度解读了"文化"的概念。北京大学哲学系张岱年教授认为，人们可以将"社会生活分做三个方面：一是经济，二是政治，三是文化。广义的文化包括物质生产和精神生产的全部内容，是人类在社会生活中所创造的一切；次广义的文化是指与经济、政治有别的全部精神生活的成果；狭义的文化专指文学艺术"①。著名学者许嘉璐将文化理解为广义与狭义两层含义，在许嘉璐看来，广义的文化是指人类所创造的物质和精神的所有成果的总和，狭义文化即人类所创造的精神成果。在这一思路的指引下，他将文化分为三个层级：一是表层文化，又称为物质文化；二是中层文化，又称为制度文化，包括风俗、礼仪、制度、法律、宗教和艺术等；三是底层文化，又称为哲学文化，是指个体或群体所拥有的人生观、伦理观、世界观和审美观等。②费孝通先生也将文化分为三个层次，即器物层次、组织层次和精神层次。其中，器物层次即生产工具、生产条件等；组织层次包含政治组织、生产组织和国家机器等；精神层次主要是指价值观念。马克思主义认为，文化应当具有广义的内涵，是物质文化和精神文化的统一，不仅包括精神领域内的生产实践和成果，而且包括人们在认识世界的过程中进行的生产实践，还包括人们在改造自然的过程中所取得的物质财富，更包括人们进行上述活动所发挥的主观力量。③通过上述对于文化理解的不同观点可以发现，人们应当从不同角度

---

① 倪建中. 文明中国［M］. 北京：中国社会出版社，1996：39.

② 洪勇. 试论民俗文化的特征与保护［J］. 南方文物，2004（3）：67.

③ 黄宗智. 华北的小农经济与社会变迁［M］. 北京：中华书局，2004：310.

或层面把握文化的内涵，并在此基础上重视文化的现实意义和实践价值。

在本书中，乡村文化主要是指一种广义存在的文化，即特定区域范围内，乡村社会及其成员所共同拥有或遵守的社会规范、价值体系及其物质化的存在形式。在这一意义上说，乡村文化不仅涉及观念意识与思想方法等精神领域，同时熔铸于乡村社会文明的各个层面以及乡村社会成员的内在规定性之中，是乡村社会运行的内在机理，自觉地左右着相关成员的生活实践和社会交往，并在深层次影响着乡村社会的运行与发展。探讨乡村教师发展的有关问题，不应忽视乡村文化的意义，惟其如此，才能彰显乡村教师群体的独特性，突出乡村教师对于乡村社会的适应性。

第二，乡村文化的内涵。相形于城市文化，乡村文化在地域上通常是指那些展现乡村情境的具体要素及其外在表现，包括农家摆设、传统节日、自然村貌、地方戏曲、传统艺术、民间禁忌等，都可以被视为乡村文化的表现形式。一般而言，上述要素会"随着历史的变迁和地域差异而变化，展示着多彩多姿的乡土风情和农家韵味的乡村情境"[①]。考察乡村文化的精神意义可以发现，乡村文化是乡村社会成员生活世界的重要组成部分，也是乡村居民安身立命的价值所在。具体而言，乡村文化是"农民在长期从事农业生产与乡村生活的过程中，逐步形成并发展起来的一套思想观念、心理意识和行为方式，以及为表达这些思想观念、心理意识和行为方式所形成的种种成品"[②]。现实中，乡村文化同时兼具隐性和显性的表现方式。其中，隐性的表现方式如农民的情感心理、处世态度、行为习惯和生活情

[①]　庞海青. 乡村文化与新农村文化建设 [J]. 社会，2010（6）：222-223.

[②]　陆益龙. 后乡土性：理解乡村社会变迁的一个理论框架 [J]. 人文杂志，2016（11）：73.

趣等；显性的表现方式包括制度章法、民俗习惯和生活用器等。一般来说，乡村文化具有较为明显的自发性和独特性，它可以通过潜移默化和言传身教等隐性的方式，逐步影响处于其中的社会成员，使社会成员的行为、观念和心态与相应的乡村文化融合，从而一方面使得文化本身在较长的时期内得以传承和发展，另一方面影响着处于其中的社会成员的观念与行为。

应该承认，乡村文化具有其存在的独立的价值系统。这种价值系统既表现为天人合一的自然主义情结，也兼具趋福避祸的民间信仰；既有"乌鸦反哺，羔羊跪乳"的朴素道德观，也有"出入相友，守望相助，疾病相扶"的良善交往原则；既有平和淡然的生活态度，也有充满希望的未来期冀。[①]从这一意义上说，乡村文化是乡村共同体的精神家园，表现为自然、淳朴而独到的文化品格，是民间百姓生活的一种智慧。在特定的社会背景下，乡村文化所蕴含的某种智慧值得一些生活在纯粹的欲望和争斗环境中的人们追求和向往。

毫无疑问，不同时空背景之下的生活共同体都有其自身的文化特征。普列汉诺夫曾经表明："一个民族的文化，都是由它的精神本性所决定的，它的精神本性是由该民族的境况造成的，而它的境况归根到底，受生产力状况和它的生产关系所制约。"[②]现实中，乡村文化建设的基本思路应该拒绝将城市文化片面地移植到乡村，如此一来，文化将呈现同质化发展的状态；而是要在文化转型变迁过程中，以高度的文化自觉和自信守护乡村

---

① 吉国秀，李丽媛. 作为生存策略的农村民俗：变迁、回应与中国社会转型 [J]. 民俗研究，2011（2）：94.

② 金观涛，刘青峰. 兴盛与危机——论中国社会超稳定结构 [M]. 北京：法律出版社，2010：378.

文化中的精华部分，持续发挥其文化的凝聚力、发掘其文化的创造力，从而实现文明的振兴与复兴。黑龙江省中国特色社会主义理论体系研究中心研究员刘金祥这样说道：

现实中，由于不同民族所处的生活共同体的时空背景存在差异，每个民族的文化均有其个性化特征。整体而言，中国传统乡村文化形成于中国乡村独特的社会、历史和地理条件中，具有内聚性、趋同性和局限性等特征。[①] 其中，乡村文化的内聚性是指，乡村文化在效用上表现为一种共同体成员内在的和自发形成的价值观念，趋同性是指乡村文化在内涵上区别于城市文化所表现出的异质性、多元性和复杂性，从而在一定程度上表现出趋同的特征；局限性是指乡村文化的视野相对较窄，具有一定的"小农本位主义"的特点。[②] 在中国传统的乡村社会中，乡村居民生活和居住于特定的乡村区域，以农业为主要生存手段和谋生技能，并一直延续着一种小农经济的生产方式和生活方式。"他们自给自足，几乎没有什么更高的理想坐标，虽然知道与外面的世界相比，他们的生活差距很大，但是依然安于现状，似乎是在一个更缓慢、更平静和更稳妥的水平上运行……于是就发展了一些心理和道德上更平和、更消极的性格与习惯。"[③] 这是乡村文化局限性的主要表现。

（二）乡村教师发展有助于振兴乡村文化

乡村教师不仅是乡村教育的一线工作者，而且是乡村社会成员的重要

---

① 林语堂. 中国人［M］. 郝志东，沈益洪，译. 上海：学林出版社，1994：13-28.

② 金观涛，刘青峰. 兴盛与危机——论中国社会超稳定结构［M］. 北京：法律出版社，2010：138.

③ 林语堂. 中国人［M］. 郝志东，沈益洪，译. 上海：学林出版社，1994：25.

组成部分。乡村教师的社会角色既体现在乡村教育的实践活动中，又体现于乡村社会的文化生活里。乡村教师在乡村文化传承与创新的过程中具有知识核心的地位。在乡村文化振兴的战略背景下，应当重视乡村教师发展对于乡村文化的意义。

第一，乡村教师发展有利于乡村文化的保存与传播。一般而言，乡村教师具有一定的乡村生活经验，他们熟知自身所属地域的乡村文化内涵与构成，了解乡村文化生活的实际状态。因而，在乡村学校日常教育教学工作中，乡村教师作为乡村知识分子的主体力量，不仅是乡村教育的主要的承担者，同时是乡村文化重要传承者。应该承认，乡村教师具有对乡村文化进行辨别筛选、汇总整理和保存发扬的能力。现实中，将优秀乡村文化融入到日常教育教学工作，是对于乡村教师的应然要求。从这一意义上说，促进乡村教师发展将有利于乡村文化的保存与传播。因此，乡村教师应当注重提升自身的科学文化素养，了解区域风土人情和乡村文化历史，提高自身课程开发能力，积极制定地方本土课程，将区域乡村文化融入到日常教育教学过程中。

乡村教师作为乡村社会中具有较高文化水平与专业素养的职业群体，是优秀乡村文化传播的重要力量。一般而言，乡村教师有能力承担乡村文化传播与交流的职责。一方面，在对内日常教育教学过程中，乡村教师能够汇集优秀的乡村文化，并将之视为重要的教育资源，对乡村学生施加积极影响，进而使优秀的乡村文化得以传播。另一方面，在外部交流过程中，乡村教师自身所承载的具有区域特色的乡村文化，将使得区域乡村文化在更广范围得以传播。现实中，乡村教师可以在把握乡村文化的丰富内涵的基础上，成为乡村文化传递与发展的重要推动者。

第二，乡村教师发展有利于乡村文化提升与创新。一般来说，乡村文化是以农民为主体，以乡村社会的知识结构、价值观念、乡风民俗、社会心理和行为方式等为主要内容，以农民的群众性文化娱乐活动为主要形式的文化类型。乡村文化与城市文化、都市文化相对应，来源于村民的生产生活实践，乡村文化的"再生产"裹挟在乡村居民围绕土地日复一日的生产实践与充满乡土气息的生活中。① 乡村文化的上述特征表明，乡村文化的提升与创新是一项具有特定要求的任务，既要具有一定的科学文化知识，同时要掌握区域乡村文化现状。从这一意义上说，乡村教师在进行文化甄别与选择的过程中具有"取其精华，去其糟粕"的能力，从而能够实现对于区域乡村文化的取舍。

同时，乡村教师特殊的职业内容和意义，决定了其可以通过教育学生的方式，培养具有创造力的人才，来继承和发展特定区域的乡土文化。传统乡村文化的再生产具有鲜明的自组织特性。协同学创始人哈肯曾经指出："如果系统在获得空间的、时间的或功能的结构过程中，没有外界的特定干预，我们便说系统是自组织的。"② 从空间维度看，乡村起源于人类社会早期为了生存而自然形成的群居部落形态，不仅涵盖了人类生产生活所依赖的全部自然要素，也包括打上人的"烙印"的其他实践活动，在这一独特的空间中，共同体成员在日复一日的生产生活实践中自发形成具有一定同质性的思维方式、行为准则、社会习俗、传统习惯、价值观念、族群意识和地域心态等，在无意识的自然状态下完成了"自然空间"的"人化"

---

① 闫小斌，范红，闫毅. 乡村文化再生产的秩序重构［J］. 图书馆论坛，2019（11）：2.

② 高春凤. 自组织理论视角下的城市社区文化建设［J］. 经济研究导刊，2011，7（25）：173.

过程。① 从这一意义上说，乡村文化的提升和创新主要依赖于乡村社会及其成员的主体力量，而乡村教师作为乡村未来社会或成员的塑造者，具有提升或创新乡村文化的独特作用。对此，华中师范大学马敏教授具有深刻的认识：

可以看到，乡村教师发展有助于乡村文化的传承与创新。乡村文化是中华优秀传统文化的重要源头，也是中华文化的组成部分，更是乡村社会成员生活的精神家园。② 尊重并延续乡村文化，既是对传统文化历史源头的守护和传承，也是对传统文化的锻造与提升。现实中，在当代社会工业化和城镇化的进程中，乡村文化在一定程度上呈现消逝的现象，乡村文化衰退令人惋惜，"乡村文化根基薄弱，游离于乡村与城市的夹缝之中"③。导致乡村文化危机的原因很多，涉及政治、经济、文化、社会、生态等多种要素，乡村传统消失、传承中断、共同体意识缺失、生态破坏等现象，均可以理解为乡村文化危机的表现。现实中，在乡村文化失范的背景下，乡村教育应当充分利用乡村丰富的文化教育资源，传承和创造厚重的乡村文化。传承和创造乡村文化，一方面意味着乡村教师应当更新观念，认识到乡村文化发展的时代紧迫性，重视乡村文化和乡村教育事业发展之间的内在关联，并将乡村文化视为教育事业发展的重要推动力量。另一方面，传承和创造乡村文化，意味着乡村教师应当理性地继承乡村文化传统，并积极促进乡村传统文化的现代化转型。

---

① 闫小斌. 从空间中的生产到空间的生产——图书馆服务转型的新趋势 [J]. 图书馆论坛，2015，35（5）：27-31.

② 郭晓辉. 乡村文化建设大有可为 [N]. 江西政协报，2019-11-12（003）.

③ 郭文安，陈东升. 国民素质构建与基础教育改革 [M]. 北京：人民教育出版社，1997：35.

第二章　相关探索：乡村教师发展的研究现状

　　梳理和分析乡村教师发展的研究现状，能够从整体的视角理清我国乡村教师发展的研究脉络，准确把握乡村教师发展的研究进展与走向。从文献内容来看，乡村教师发展研究的关注重点从乡村教师生存状态逐渐向乡村教师专业发展以及核心素养等方面转变。如何对标乡村教育需求，培养高质量和高水平的乡村教师，是近年来乡村教育亟需解决的问题。在继承过去乡村教师研究成果的基础上继续开展理论和实践创新，是新时代我国乡村教师研究人员需要思考的命题。那么，新世纪以来我国乡村教师发展领域的相关研究经历了怎样的发展阶段？每个阶段关注的核心问题是什么？研究者和研究机构之间呈现何种关系？当前乡村教师发展研究的困境、热点及发展趋势何在？本章在梳理新世纪以来我国乡村教师发展研究的进展中，试图回答以上问题。

　　为了科学回答以上问题，本章基于知识图谱的分析方法，梳理我国乡村教师发展的研究现状。知识图谱的分析方法是借助于图形学、信息科学、计量学和信息技术等学科知识的一种文献分析方法，这种分析方法试图以可视化的图像，形象展示相关学科的知识结构、规律和分布情况，从而聚焦学科动态发展脉络、研究热点和前沿。CiteSpace 是一款常用的知识图谱分析工具，由德雷塞尔大学计算与信息学院陈超美教授设计开发。CiteSpace 可以在科学知识研究基础上二次分析其中蕴含的潜在知识，由最初的针对文献共引和引文空间知识聚类的分析和挖掘，扩展到知识单元之间的贡献分析，包括合作者、研究机构等功能[1]。因其设计及功能蕴含深厚的理论基础，且图谱整合视觉、数学和哲学思维[2]，应用流程简洁易于操作，CiteSpace 已成为目前最为流行的知识图谱分析工具之一。在部分中，我们采用了 CiteSpace5.4 软件为知识图谱分析工具。

在文献来源上，本章选取的文献全部来源于 CNKI（中国学术期刊网络出版总库），以"乡村教师"或"农村教师"为主题进行搜索，选择 21 世纪以来期刊中的 CSSCI 来源，共检索到 1417 篇文献，通过手工筛选，剔除无关文献，以及会议、新闻报道、征稿等文献后，共得到 930 篇有效文献。所有统计数据检索日期为 2000 年 1 月 1 日至 2018 年 12 月 31 日。在具体方法上，本章旨在通过文献计量和可视化的手段，对我国 21 世纪以来乡村教师发展的相关研究进行全方位梳理和解读，并试图以立体化和多维度的形式，呈现乡村教师发展研究的知识图谱。主要内容如下：其一，

---

[1] 李杰，陈超美. CiteSpace: 科技文本挖掘及可视化[M]. 北京: 首都经济贸易大学出版社，2016: 1-4.

[2] 陈悦，陈超美. CiteSpace 知识图谱的方法论功能[J]. 科学学研究，2015，2: 242-253.

统计研究样本文献数量年度分布情况，绘制乡村教师发展研究的时区图谱，对 21 世纪以来乡村教师研究的不同发展阶段特征进行总结和反思；其二，通过研究文献作者及机构的统计分析，深度挖掘乡村教师发展的相关研究所呈现的核心学术团体及合作关系，探讨相关研究的连续性和合作性等特征；其三，绘制关键词聚类知识图谱、关键词共现图谱和高频词及高中介中心性关键词表，探究相关研究的发展趋势与热点；最后，针对相关研究的发展阶段、趋势及热点，结合研究过程中存在的问题，对相关领域研究的未来发展进行反思与展望。

第一节　乡村教师发展研究的阶段

为了梳理乡村教师发展相关研究的进展及其状态，将 21 世纪以来相关研究文献发表年份及数量梳理绘制成年度趋势折线，如图 1 所示。根据我国乡村教师发展研究文献数量变化的图像分析发现，其演变过程呈现新事物 S 形发展特点，即表现为先缓慢上升再快速攀升至波动下降中保持适度稳定发展态势。在 21 世纪初期至 2005 年是增长较为平缓的阶段，表明这一时期乡村教师发展的研究处于初步探索萌芽期；从 2006 年至 2011 年，乡村教师发展的研究文献数量直线攀升，说明该时期相关研究处于快速发展阶段；2012 年至 2018 年，文献数量呈短暂下降至持续稳定发展状况，2014 年以后振幅较小，发文量保持在年均 80 篇左右，该阶段是乡村教师发展研究的高峰期或热点期，表明乡村教师发展的相关研究在不断的反思和总结中，逐渐趋向成熟。

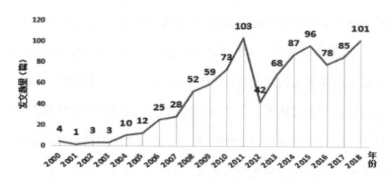

图 2-1　乡村教师研究文献发表年度趋势图

结合相关研究的时区图谱（如图 2-2），将乡村教师发展研究的关注重点划分为：关注"制度建设"、注重"乡村教师的专业成长"以及"乡村振兴背景下的乡村教师发展研究"三个阶段。

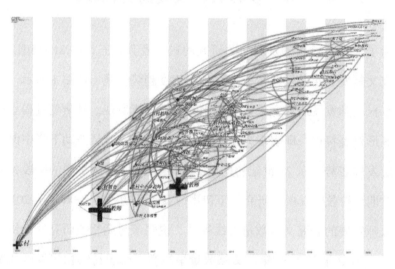

图 2-2　乡村教师研究时区图谱

一、2000—2005 年：关注乡村教师发展的制度建设

这一阶段乡村教师发展处于物质和精神双重匮乏的时期，相关研究侧重于乡村教师生存状态和教师培养质量等内容，如工资拖欠、教师住房及

乡村教育基础设施等物质条件，乡村教师家庭关系、心理健康及职业晋升等精神问题。2003 年在《教育研究》第 8 期发表的《关于乡村教师队伍建设问题的思考》一文指出，长期困扰乡村教师发展的根本问题有：工资拖欠问题严重、教师队伍整体素质相对不高、人事管理制度不健全等①。

　　面对乡村教师发展面临的现实困境，我国乡村教师研究开始关注乡村教师相关政策的讨论与探索，针对影响乡村教师生存状态的主要因素，提出了健全乡村教师工资发放制度、规范乡村教师持证上岗条件、制定乡村教师职业发展路径等制度建设相关改进措施。同时期，国家层面开始制定并实施《关于首次认定教师资格工作若干问题的意见》《关于进一步加强农村教育工作的决定》等相关政策文件，相关文件明确指出，要依法执行教师资格制度，建立和完善乡村教师工资保障机制，健全城乡教师合作交流机制。该阶段乡村教师发展的相关研究确立了乡村教师在基础教育改革中的重要地位，深刻揭示了乡村教师的基本生存状态，也从教师观念陈旧、学历不达标等角度剖析了乡村教师制度建设中存在的问题。对于当时的乡村教育研究者而言，亟待解决的问题是，如何建立健全乡村教师发展的政策保障机制。

二、2006—2011 年：注重乡村教师的专业成长

　　随着国家相关保障政策的逐渐完善，乡村教师发展的相关研究自 2006 年以后呈现快速增长趋势。研究者关注的内容由乡村教师生存状态向教师专业发展转变，在探索突破"生存状态""困境及对策"等研究热点的同

---

① 田慧生. 关于农村教师队伍建设问题的思考［J］. 教育研究，2003（08）：5-8.

时，拓展了"代课教师""专业发展""教师教育""均衡发展"等新领域。2006 年，庞丽娟教授指出，乡村教师队伍建设存在代课教师数量庞大而素质较低、结构复杂而老龄化严重、教学方法落后、教育观念陈旧和缺乏相应的岗前培训等问题 ①。2007 年庞丽娟教授再次对代课教师展开深度调研，肯定了该群体在义务教育改革中不可磨灭的历史性贡献，同时提出增加教师编制、加大教师培训力度等系列改革措施 ②。紧随其后，杨润勇 ③、安雪慧 ④、彭婷 ⑤ 等学者深入分析了 2001 年出台的"代课教师清退"系列政策，指出了该政策在实施过程中的存在问题和阻碍因素。

应该承认，清退代课教师是在我国基础教育事业发展的蓬勃阶段，为确保乡村学校获得优质师资力量而采取的措施。但同时应当看到的是，由于乡村教师需求供不应求和地方财政收支不平衡，清退代课教师的"一刀切"的策略并不能满足乡村基础教育的发展需求，无法在根本上解决乡村基础教育质量相对低下的现实问题。在这样的背景下，乡村教师研究逐渐向教师专业发展和教师教育转换，这期间主要聚焦的领域包括：乡村教师

---

① 庞丽娟，韩小雨. 我国农村义务教育教师队伍建设：问题及其破解［J］. 教育研究，2006（09）：47–53.

② 庞丽娟，韩小雨. 我国农村代课教师：现实状况及政策建议［J］. 教育发展研究，2007（04）：35–39.

③ 杨润勇. 农村地区"中小学代课教师"政策终结的障碍因素分析与思考［J］. 教育理论与实践，2007（17）：21–25.

④ 安雪慧，颉俊祥. 西部农村代课教师发展现状调查［J］. 教师教育研究，2008（1）：63–68.

⑤ 彭婷. 农村代课教师清退补偿模式研究——以《兰州市解决农村代课教师问题工作方案》为例［J］. 公共管理学报，2010，7（03）：83–88，126.

素养、乡村教师培训以及资源优化配置等方面。于月萍[①]等学者认为，在该阶段探索提前退休、转岗等合理的退出机制、推进实施"特岗计划"等，是解决乡村教师队伍素质相对偏低的有效措施。肖正德[②]、茹荣芳[③]、李凤兰[④]等学者试图从文化视野和信息技术等维度探讨乡村教师专业发展的新路径，为走出乡村教师发展困境带来了新的视角。这一时期，乡村教师研究更加关注乡村教师的生存状态，并倾向于利用网络资源、远程教育等新技术提升乡村教师培训质量，从而有效促进乡村教师可持续发展。

三、2012—2018 年：乡村振兴背景下的乡村教师发展研究

2012 年，乡村教师发展研究的文献数量急剧下降。在一定程度上，这标志着相关领域的研究从理论探讨过渡到实践经验的总结。这期间，越来越多的研究者也逐渐意识到乡村教师研究不能局限于乡村教师或乡村教师专业发展本身，而要站在振兴乡村教育的高度进行深度反思。伴随着乡村教师研究从教师生存状态转向对于教师素养的关注和乡村教师的人文关怀，该阶段相关研究倾向于关注乡村教师的职业认同、乡村教师流动、乡村教师培训、教育公平以及教师资源配置等实践层面的问题，特岗教师、卓越教师以及全科教师等核心概念的出现，开启了我国振兴乡村教育发展

---

① 于月萍，李潮海. 农村教师退出及补充机制研究［J］. 中国教育学刊，2010（10）：12-15.

② 肖正德. 文化视野中的农村教师专业发展［J］. 教育理论与实践，2006（21）：44-46.

③ 茹荣芳. 文化生态取向下农村教师专业发展的现实诉求［J］. 中国教育学刊，2011（4）：63-66.

④ 李凤兰. 远程培训在线教学支持的问题及对策研究［J］. 中国电化教育，2011（07）：59-63.

的新局面。

在这一阶段，乡村教师发展的相关研究在全国范围内展开实践调研且成效显著，主要体现在以下三个方面：一是全面启动对于乡村教师职业倦怠、离职意向及文化困境等问题的实证研究，提出了较高的职业认同感、完善的激励机制以及培训体系，对于促进乡村教师发展的重要意义。邬志辉等学者采用问卷和访谈等形式，对全国 9 个省份 162 所学校的青年教师进行调研发现，职业认同感低的乡村教师呈现出向城区流动的趋势[①]。肖正德等人认为，精神懈怠、信息技术能力不强和科研水平不高是该时期乡村教师发展面临的三大困境[②]。二是特岗教师、卓越教师和全科教师的相关研究，推动了乡村教师形态的发展和演变。这一时期，结合各地区特岗教师的发展状况，针对特岗教师实施成效、培训需求以及去留困境问题展开了大量的实证研究及反思。2014 年，卓越教师计划继特岗教师计划之后全面实施，以培养高水平、有特色的师范专业教师为目的，试图从源头上为乡村教育选送核心素养较高的乡村教师。在乡村教师编制紧缩和义务教育规模受限的背景下，培养全科教师成为卓越教师"下得去、留得住和教得好"的重要手段。这一时期，相关研究也提出了全科教师的特色培养模式，如肖其勇的"3+1"培养模式[③]等。三是推动乡村教育向实现乡村教师资源优化配置、促进教育公平的目标大步迈进。教育公平是乡村教师研究领域

---

① 张源源，邬志辉. 我国农村青年教师的社会来源与职业定位研究——基于全国东中西 9省 18 县的调查分析［J］. 教师教育研究，2015（4）：42–47.

② 肖正德，李宋昊. 新课程改革中乡村教师之尴尬境遇及文化学审视［J］. 教育研究与实验，2014（5）：42–46.

③ 肖其勇. 农村小学全科教师培养特质与发展模式［J］. 中国教育学刊，2014（3）：88–92.

持续探索的焦点问题之一，一方面，相关研究试图从乡村教师的组织公平感和身份认同感等方面，构建乡村教师发展的社会体系，为"国培计划""乡村教师支持计划"的有效实践提供基础和依据[①]；另一方面，研究者开始关注乡村教师发展过程中的资源均衡分配问题，相关研究立足于城乡教师在经济、文化和社会资本中存在的严重不平衡与不对称[②]，提出了岗位差异性补偿、本土化定向培养、依托高等师范院校力量培养特岗教师、卓越教师和免费师范生的思路。

总体而言，该阶段的乡村教师研究立足于乡村教育振兴的时代背景，从提升乡村教师待遇和地位、优化乡村教师资源、健全乡村教师培训体系等维度，试图提出改善乡村教师供给，促进教育公平，增强乡村教师的幸福感的具体策略，从而为发展高质量和高水平的乡村教育提供有力的师资保障。

第二节　乡村教师发展研究的特征

一、研究群体及机构分析

通过对检索的 930 篇文献的作者合作关系进行统计分析发现，相关研究的独著论文有 448 篇，占比为 48.71%；两人合著论文为 358 篇，占比 38.5%；三人及以上合著论文较少，有 109 篇，占比 11.72%（如表 2-1）。

---

① 吴亮奎. 乡村教师专业发展的矛盾、特质及其社会支持体系构建［J］. 教育发展研究，2015（24）：53-58.

② 唐松林，王晨. 差异补偿：弥补城乡教师均衡之外援力［J］. 教育理论与实践，2015，35（17）：14-16.

整体而言，独著论文作者从萌芽期到成熟期下降了 21.6%，而三人及其以上合著作者论文增长了 9.02%，这表明，随着乡村教师发展研究的深入，研究者之间的合作呈现加强趋势。

表 2-1　21 世纪以来乡村教师研究的作者情况统计

作者情况		萌芽期	成长期	成熟期	总计
核心作者	发表论文数	1（3.03%）	69（20.29%）	149（26.75%）	219（23.55%）
合著情况	独著	23（69.70%）	194（57.06%）	231（41.47%）	448（48.17%）
	两人合著	7（21.21%）	118（34.71%）	233（41.83%）	358（38.50%）
	三人及其以上合著	2（6.06%）	23（6.76%）	84（15.08%）	109（11.72%）
	未注明作者	1（3.03%）	5（1.47%）	9（1.62%）	15（1.61%）

针对乡村教师研究的核心学术团体进行定量统计分析，不仅能够探索核心群体的分布情况，还可以深入把握核心群体之间的合作状态。根据文献计量学中的普赖斯定律，核心作者发文数＝ 0.749*，其中 Npmax 为研究文献发表最多作者的文章数。对检索的 930 篇文献进行统计分析发现，发文数最多的作者是邬志辉，发文量为 18 篇。为了增加研究结果的准确性，本书将论文发表数量在 4 篇及以上作者确定为乡村教师研究的核心作者。研究发现核心作者共计 35 位，发表文献总数量为 219 篇，占该时期发文总数的 23.55%。根据普莱斯定律，乡村教师核心作者的发文总数尚未达到总文献数量的 50%，表明当前乡村教师研究作者之间尚未形成有较强影响力的核心学术团体。

为进一步考察乡村教师研究作者合作关系，研究借助 CiteSpace 工具，将节点选为作者，时间切片设置为 1，阈值设置为 50，得到乡村教师研究的作者合作知识图谱，如图 2-3 所示。

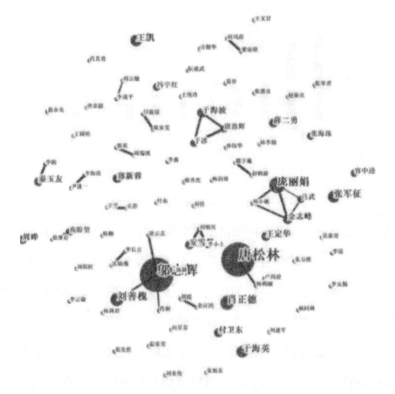

图 2-3　乡村教师研究作者合作知识图谱

　　图谱中的节点代表作者，连线的粗细程度表示作者之间合作关系的强弱。分析结果显示，图谱分析模块值 $Q = 0.9348>0.4$，说明划分的作者结构具有显著性；平均轮廓值 $S = 0.254>0.05$，该聚类分析具有较高可信度。该图谱中，由 86 个节点形成 27 条连线，网络密度为 0.0074，大部分作者呈现孤立状态，这表明乡村教师研究群体呈现"大分散"和"小集中"的特点。针对 21 世纪以来的各个研究机构在乡村教育研究方向公开发表的文献数量，排序第一的机构发文数量为 65 篇。根据普赖斯定律计算取整后可知，乡村教师研究领域的核心机构在 21 世纪以来发表文献数应大于等于 6 篇，如图 2-4 所示。

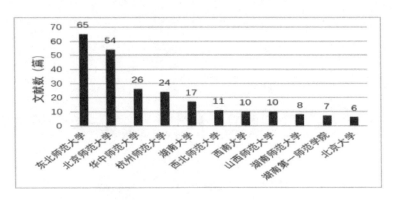

图2-4 乡村教师研究高产机构分布

从乡村教师研究作者合作知识图谱来看，21世纪以来乡村教师研究形成三个人以上的合作团体有四个：第一个团体以东北师范大学中国农村教育发展研究院邬志辉、刘善槐为代表，该团体主要聚焦我国乡村教师编制预算、核心素养、教育政策以及国际经验等研究内容；第二个团体由北京师范大学中国教育政策研究院庞丽娟、金志峰和吕武组成，主要围绕乡村教师队伍建设过程中的教师身份、教师培训和教师均衡发展等内容展开研究。第三个团体由东北师范大学中国农村教育发展研究院于海波，东北师范大学于冰、唐恩辉组成，主要针对乡村教师短板、困境及策略展开研究。第四个团体由国家教育发展研究中心安雪慧，北京大学李小土、刘明兴组成，主要研究乡村教师激励机制、教师待遇等问题。

从相关研究的高产机构分布图可以发现，东北师范大学、北京师范大学以较大优势占据发文量的前两名，华中师范大学和杭州师范大学发文量紧随其后。这表明，师范院校仍然是目前我国乡村教师研究的主要力量，在乡村教师研究方面具有丰富的研究经验和重要影响力。

通过核心作者、合作关系以及核心机构的分析可以发现，一方面，乡村教师研究群体分布较为分散，核心作者孤立点存在较多，交流局限于机构内部，随着研究的深入，作者的合作关系呈现逐渐加强的趋势。另一方面，核心机构外部作者之间缺乏合作，跨校相对交流少，研究课题及成果信息之间沟通相对不畅、互动性不强，这表明乡村教师研究尚未形成核心学术团体。

二、载文期刊分析

一般认为，学术期刊是承载研究动态和成果的重要载体。本书所统计的 930 篇文献发表在 141 种 CSSCI 期刊上，平均载文量为 6.6，部分高产核心期刊如表 2-2 所示。其中，《教育理论与实践》《教师教育研究》《中国教育学刊》为载文量排名前三的期刊，这主要源于期刊长期致力于乡村教育理论与实践、教师专业发展等问题的研究。另外，还有《教育发展研究》等 8 种期刊载文量超过 20 篇，以上 11 种期刊刊载乡村教师研究文献共 492 篇，占文献总数的 52.9%。这样的数据表明，我国乡村教师发展研究的文章期刊相对集中，且影响因子较高，在密切关注乡村教师发展的同时推动教育理念和教学模式的变革，也表明乡村教师的研究水平和质量呈现良好的发展趋势。

表 2-2　乡村教育研究主要期刊载文量（单位：篇）

期刊	篇数	占比
教育理论与实践	92	9.89%
教师教育研究	81	8.71%
中国教育学刊	73	7.85%
教育发展研究	69	7.42%
教育研究	44	4.73%
湖南师范大学教育科学学报	25	2.69%
上海教育科研	24	2.58%
现代教育管理	22	2.37%
教育研究与实验	21	2.26%
教育探索	21	2.26%
教育评论	20	2.15%

三、研究热点和前沿分析

关键词是文章的核心和精髓，能够在很大程度上揭示文章的主题、特征及蕴含观点。高频关键词可以表明乡村教师研究的相关热点问题。利用 CiteSpace 工具对检索的 930 篇文献提取频次大于 15 的关键词并测算中心性，整理后得到数据如表 2-3 所示。

表 2-3　关键词贡献频次及中心性

序号	关键词	频次	中心性
1	农村教师	192	0.26
2	乡村教师	159	0.1
3	教师专业发展	86	0.47
4	农村	77	0.24
5	农村教育	49	0.31
6	教师队伍	36	0.48
7	义务教育	30	0.18
8	对策	23	0.17
9	学校	23	0.5
10	教师培训	22	0.22
11	教师教育	19	0.31
12	乡村教育	18	0.1
13	代课教师	18	0.16
14	特岗教师	17	0.16
15	均衡发展	17	0.13
16	教师编制	15	0.13
17	教师流动	15	0.16
18	教育公平	15	0.18

除去主题词"乡村教师""农村教师"，教师专业发展、农村、农村教育、教师队伍、义务教育、对策、学校、教师培训、教师教育和乡村教育是频次和中心性均在前 10 位的关键词。这表明我国乡村教师研究关注教师专业发展、教师培训以及乡村教育的问题及对策。

将关键词聚类知识图谱的节点设置为关键词，时间切片设置为 2，提取文献数据频次前 50 的关键词，得到乡村教师研究领域关键词聚类知识图谱（如图 2-5 所示）。该图谱聚类产生 177 个节点，212 条连线，网络密度为 0.0136，模块值 Q 为 0.804（>0.3），表示自动离合得到的社团结构是显著的，平均轮廓值 $S = 0.6687$（>0.5），表明聚类结构显著且合理。该聚类知识图谱形成 12 个聚类名称，最大的分别是公共性和农村幼儿教师，表明已有研究高度聚焦教师队伍建设、均衡发展和教师身份认同等领域。

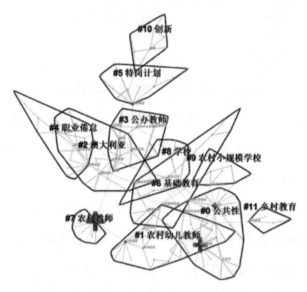

图 2-5 乡村教师研究领域关键词聚类知识图谱

为了深入了解乡村教师研究热点的演变，借助 CiteSpce 绘制乡村教师研究领域关键词突现情况如图 2-6 所示。

Keywords	Year	Strength	Begin	End	2000 - 2018
农村	2000	8.3274	**2000**	2009	
农村教育	2000	3.5136	**2004**	2009	
基础教育	2000	3.4258	**2006**	2010	
农村中小学教师	2000	4.1048	**2006**	2012	
学校	2000	5.0371	**2006**	2009	
代课教师	2000	5.6424	**2006**	2008	
农村教师专业发展	2000	3.6141	**2008**	2009	
教师教育	2000	3.5082	**2009**	2010	
均衡发展	2000	3.4098	**2010**	2013	
对策	2000	3.9254	**2010**	2011	
城乡教师	2000	3.1453	**2013**	2014	
乡村教育	2000	5.7713	**2015**	2018	
乡村学校	2000	3.928	**2015**	2018	
乡村教师	2000	34.0348	**2016**	2018	

图 2-6 乡村教师研究领域关键词突现情况

通过对表 2-3、图 2-5 和图 2-6 中共现关键词聚类图谱关联分析，结合文献研究内容，将我国乡村教师发展研究热点归纳为以下四类。

第一，乡村教师专业发展。由聚类 #0、#1、#6 组成，集中体现在乡村教师专业发展的困境与对策研究，子聚类包含专业发展、教师队伍、教师培训、教师教育等关键词。一方面，从乡村教师生存状态的视角探究乡村教师专业发展内在诉求，如编制匮乏、工资拖欠、财政补给不足、课业繁重等因素，导致乡村教师无暇顾及自身专业发展；另一方面，从乡村教师队伍建设追根溯源，如乡村教师发展起点相对较低、晋升途径有限、整体学历较低和知识面狭窄等。造成乡村教师专业发展困境的主要因素包括：相关政策不健全、考核与评价指标体系存在缺弊、教师自身学习意识淡薄等。

基于以上困境，学者们尝试从教育学、心理学和生态学等维度，寻找促进乡村教师专业发展的具体途径。茹荣芳认为，学校文化、评价机制和教师合作意识，是乡村教师专业发展的文化生态要素，有鉴于此，她提出要唤起乡村教师的主体意识，重构乡村教师研修共同体，创设多元评价机制，以促进乡村教师专业发展①。徐君等人借鉴国外成人教育理念，提出"自我导向学习"的乡村教师专业发展路径②。王凯提出"留城培育"政策③，以应对乡村教师培训资源匮乏的问题。综观乡村教师专业发展的既有研究可以发现，相关研究已经取得一定成果，但仍须进一步关注以下问题：一是从国家政策层面继续完善乡村教师培训保障体系；二是在学校层面建立并落实多元评价激励机制，构建合作共享的乡村教师研修共同体；三是强化乡村教师的主体意识，增强其荣誉感、幸福感和自我认同感。

第二，乡村教师身份认同和职业倦怠。由聚类 #3、#4、#5 组成，主要以乡村教师职业困境为研究视角，包括代课教师、特岗教师、职业倦怠、身份认同等关键词。乡村教师身份认同强调乡村教师身份的感知与判断，包括自我认同和社会认同两个方面。21 世纪以来，研究者对不同地区的乡村教师进行调研发现，我国乡村教师自我认同和社会认同感均较低④。原因是：乡村教师承载着政府、社会和家庭等多方面的嘱托和重任，而其完成责任或使命的资源与能力存在缺弊；乡村教师对工作环境、待遇、劳动负担满意度不高。乡村教师职业倦怠源于乡村教师对教师职业表现的期待

---

① 茹荣芳. 文化生态取向下农村教师专业发展面临的困境及其对策［J］. 教育探索，2011（7）：103–104.

② 徐君. 自我导向学习：农村教师专业发展的有效途径［J］. 教师教育研究，2009，21（3）：19–24.

③ 王凯. 留城培育：应对农村新任教师专业发展校本资源匮乏［J］. 教育研究与实验，2013（1）：65–68.

④ 李金奇，周守军. 义务教育阶段农村教师身份认同分析——基于湖北省农村学校的调查［J］. 教育发展研究，2012，32（22）：86–90.

与实际状态之间的落差感，总体而言，处于波动的状态，并且受到年龄、性别、学历、任教年级以及家庭背景等因素影响①。因此，相关研究提出了提高乡村教师待遇、保障乡村教师地位、增强乡村教师幸福感，应当成为我国长期坚持的教育政策和导向。

第三，教育公平和均衡发展。由聚类 #7、#8、#9、#11 构成，子聚类包括义务教育、乡村教育、均衡发展、教师流动、教育公平等关键词。教育公平是实现城乡统筹发展的重要因素，也是乡村教师研究领域长期不断探索的热点问题，相关研究主要围绕资源配置和教师均衡发展开展探讨。21 世纪以来，各级政府和教育行政部门采取了一系列措施促进乡村教育发展，努力缩小城乡教育差异，如加大教育经费投入、改进乡村学校硬件和软件设施等。乡村教育在办学条件和经费投入上虽然有明显提高，但是仍存在大班额，校际、城乡差异较大，乡村教育资源闲置导致的乡村孩子受教育权不平等的问题。教师队伍均衡发展是乡村教育公平和均衡发展的关键要素，"特岗计划""国培计划"、免费师范生和"卓越教师计划"创新了乡村教师补充机制，从供给侧提升教师质量和教学水平，缩小城乡教师差距。但现实中，乡村教育仍然存在优秀教师容易向城市流失、编制结构不合理、教师培训体系单一、教学模式固化等问题，进而导致了乡村教师队伍整体薄弱。研究者认为，构建合理的城乡教师双向流动机制、建立分层分类的精准化教师培训体系、培养"一专多能"的全科教师，是全面提升乡村教师素养，促进城乡教师统筹发展的重要思路。

第四，国外乡村教师研究。由聚类 #2、#10 组成，研究者主要介绍

---

① 傅王倩，姚岩. 特岗教师的地域融入与职业倦怠的关系研究——基于全国 13 省的实证研究［J］. 教育学报，2018，14（2）：91-98.

了澳大利亚、美国等国家乡村教师发展经验。相关研究指出，一方面，澳大利亚政府针对如何吸引并留住乡村教师问题，以项目的形式开展了系列计划，构建了"为农村准备教师"的模型①，形成了职前储备、入职指导与在职更新的一体化的乡村教师发展体系②；另一方面，美国联邦政府针对落后地区乡村教育采取的政策干预、设置帮扶资助项目等措施，在财政支持、校本培训以及借助公益力量等方面，可以为我国乡村教师发展带来启示③。

第三节　乡村教师发展研究的展望

随着教师教育理论与实践的发展，乡村教师发展问题日益受到关注。越来越多的研究者认识到乡村教师发展的重要意义。然而，我国教师发展深受城乡二元经济社会发展体制的影响，城市教师和乡村教师发展客观上仍然存在差距。如何立足于乡村教师发展的既有研究成果，并在此基础上展望未来研究趋势，是进一步发挥乡村教师理论研究指导实践功能的基本要求。新世纪以来，尤其是近十年来，在教育改革的宏观背景下，我国乡村教师发展研究自觉关照改革旨趣与要求，在诸多方面取得了新的进展，相关研究成果对于教育改革决策的影响力和指导力不断提升。但同时应当

---

① 付淑琼，张家雯. 为农村准备教师：澳大利亚政府的系列项目研究［J］. 教师教育研究，2015，27（4）：108–114.

② 杨茂庆，刘玲. 21 世纪澳大利亚农村学校师资保障：现实困境与应对策略［J］. 教师教育研究，2018，30（3）：124–131.

③ 焦楠，陆莎，李廷洲. 落后地区教师队伍建设的政策创新——新世纪美国联邦政府的政策举措与启示［J］. 教育发展研究，2018（2）：68–76.

看到的是，乡村教师发展研究仍然存在缺弊，如，"对乡村教师发展影响因素的研究相对不足""立足于教育公正视角的乡村教师发展研究相对缺失"等。①

回顾 21 世纪以来我国乡村教师发展研究所取得的学术成果可以发现：乡村教师发展研究文献数量呈现逐年递增的良好态势；乡村教师发展研究核心作者数量虽然较多，但是呈现"大分散"和"小集中"的特点，作者之间的合作度呈逐渐增长趋势；研究机构和期刊较为集中，但尚未形成核心学术团体；从关键词聚类图谱来看，乡村教师研究聚焦在乡村教师专业发展、乡村教师身份认同和职业倦怠、教育公平和均衡发展，以及外国乡村教师研究四个方面。应该承认，乡村教师研究成果为提升乡村教师核心素养、增强乡村教师核心竞争力、促进城乡教育公平提供了丰富的思路；为塑造人人参与构建乡村教师支持系统的美好图景增添了新鲜色彩。对标新时代乡村教师队伍建设需求，立足我国乡村教师的既有研究成果与不足，未来我国乡村教师研究可以从以下几个方面展开。

一、凝聚多方主体，构建乡村教师发展的研究共同体

通过对 21 世纪以来我国乡村教师研究学术群体、研究机构的知识图谱分析发现，目前我国乡村教育研究尚未形成核心学术群体，研究机构以师范院校为代表的高校为主。但是从作者和机构合作网络知识图谱来看，核心作者和主要研究机构之间的合作度均很低，且主要局限于机构内部合作，跨学科、跨区域的交流非常欠缺，导致核心研究力量相对分散，不能

---

① 李彦花. 成为文化人——乡村教师公共性回复的关键［J］. 大学教育科学，2008（5）：68.

充分调动并发挥核心学术群体对本领域研究的前沿引领价值。而跨学科、跨区域的多方交流能够有效避免由于研究者认知局限或某一学科知识的单一性或绝对化，促进不同领域学术群体进行对话交流，在有效促进不同领域知识的耦合与重构方面有着重要意义。因此，依托有成果、有影响力的核心研究机构，如以邬志辉、秦玉友为代表的东北师范大学，以庞丽娟、郑新蓉为核心的北京师范大学等，建立跨区域、跨学科、协同创新的乡村教师核心研究团队，鼓励多学科力量积极参与各项科研项目的申报、研究和共享，不断探索并激活乡村教师研究使命，为乡村教师研究走上新的历史征程开辟道路，为全面振兴乡村振兴开启新局面。澳大利亚和美国应对乡村教师"留不住、教不好"困境，最具特色的措施便是注重多方合作，包括政府、学校、社区、公益组织等社会力量。我国政府在培养优质的乡村教师过程中扮演着政策引领、决策帮扶和资金筹划的重要角色，在政策上提升乡村教师待遇、提高乡村教师地位，营造"尊师重教"的社会氛围。相对而言，企业、学校和乡村的力量略显薄弱，乡村教师研究可以着手从学校服务乡村发展的角度出发，建立学校为乡村发展、企业效益输送专业知识和技能，而地方政府和企业以资助项目的形式促进乡村教师专业发展的良性循环机制，从而形成依靠政府、企业、学校三方协作的乡村教师研究共同体。

二、聚焦乡村教育振兴，深化乡村教师发展的研究内容

21世纪以来，乡村教师研究内容从萌芽期的政策建设到全面振兴乡村教育，不仅在研究范畴上追求广度，内容上更应该聚焦新时代乡村教育发展新需求，应着眼于长期制约乡村教师发展的瓶颈问题，如城乡教师结构

不合理、管理体制机制亟待沥青、乡村教师培训模式缺乏针对性等，这些也是乡村教育可持续健康发展必然要解决的关键问题。一是乡村教师研究价值要立足乡村发展。研究者只有合理定位乡村教师的核心价值，才能引领乡村教师摆脱自我认同感低的困境，确保乡村教师以提升乡村教育质量、促进教育公平的思想引领乡村振兴。二是乡村教师研究要服务乡村建设。乡村教育的相关调查暴露了乡村学校教育活动脱离乡村实际、乡村教师缺乏乡村意识、乡村孩子不能接受传统文化熏陶、不愿返回乡村工作等现实问题①。乡村教育承担着乡村建设的重要文化责任和使命，乡村教师研究内容应在服务乡村教师视野下，构建精准乡村教师培训体系，开发本土特色校本课程，建立具有中国特色的乡村教师研究理论和实践体系。三是乡村教师研究要关注微观应用研究。根据我国乡村教师研究热点显示，已有研究更多的探讨乡村教师编制、生存状态、教师培训、均衡发展等较为宏观的普遍性问题，而在针对不同层次教师建立分层分类培养体系、根据不同地域发展状况设计个性化校本课程等问题上缺乏有效的实证研究。因此，乡村教师研究主题应进一步强调以乡村振兴实际问题为导向的微观应用研究领域。

三、融合信息技术手段，拓宽乡村教师发展的研究工具

我国乡村教师研究大多结合相关政策的出台和实施要求进行合理性研究，主要从教育学、经济学、生态学的视角，采用问卷调查、访谈、个案研究等常规研究方法，也不乏从量化研究和质化研究两个维度进行实证研

① 薛晓阳. 乡村教育与乡村建设的政策隔离及问题——以农村教育的文化责任和乡村义务为起点［J］. 清华大学教育研究，2018，39（2）：57-64.

究，但总体而言，缺乏信息技术的有力支撑。2018 年 6 月发布的《师范生信息化教学能力标准》关注师范生学生、教师的双重角色，从职前教师基础技术素养、技术支持学习和技术支持教学三个维度描绘未来教师应该掌握的技术知识和应用技能[①]。合理运用信息技术支持乡村教师的教学工作以及教师专业发展成为未来的发展趋势，无论对于乡村教师实践者还是乡村教师研究者而言，"互联网＋教师教育"创新行动都是 21 世纪对人才的需求导向。乡村教师研究急需同信息技术发展接轨，深入探讨人工智能、大数据、云计算等技术在乡村教师教学和培训中的应用，结合线上线下混合式培训的深度学习理念，帮助构建新型乡村教师深度培训模式。当前，蓝墨云班课、学堂在线雨课堂、超星学习通等学习软件和平台的兴起，在共享优质教师培训资源和教学资源的同时，存储了大量教师学习、教学和互动过程数据，成为乡村教师研究者最真实的和准确的数据来源。而大数据和云计算等数据挖掘技术的兴起，应当成为乡村教师研究的助推器，社会网络、元数据、知识图谱等技术，应当成为未来乡村教师研究的新手段。

---

① 任友群，闫寒冰，李笑樱.《师范生信息化教学能力标准》解读［J］. 电化教育研究，2018（10）：5–14.

第三章　多方共勉：乡村
教师发展的主体支持

在我国当前乡村教师发展的支持体系中，存在多方面的主体力量。多年来，正是由于多方主体对于乡村教师发展的持续和有力支持，才使得乡村教师发展获得了相应的资源与条件，并取得了一定的发展成效。

第一节　乡村教师发展的政府支持

一直以来，政府是促进我国乡村教师发展的重要主体力量，政府主要通过制定与实施乡村教师支持政策的方式，为乡村教师发展提供支持。乡村教师支持政策是指各级政府和教育行政机关为解决乡村教师发展过程中的实际问题而制定与出台的细则、决定、意见或办法。长期以来，受多方面因素的不良影响，我国乡村教师队伍建设面临多方面突出问题，制约了乡村教育的持续健康发展。基于这样的历史和现实背景，我国制定和实施了诸多支持乡村教师发展的政策举措。

一、乡村教师支持政策现状

在本部分中，笔者试图基于政策目标的分析视角，探讨我国乡村教师支持政策的现状。政策目标的分析视角是指关注政策的内容、过程特点和政策表现的一种政策分析过程。基于政策目标的分析视角，我国乡村教师支持政策的主要内容包括，以"优质师资输入"为主要目标的支持性政策和以"提高既有乡村教师素质、教育、生活和工作条件"为主要目标的支持性政策；乡村教师支持政策的主要特点表现为，政策目标是关注乡村教师发展、政策过程是"由上而下"与"由下而上"并存、政策效应是成效与问题并存；进一步优化乡村教师支持政策，应当立足于促进乡村教师发展的基本目标，关注乡村教师的内涵与外延状态，重视乡村教师发展效应或结果。

（一）政策内容

乡村教师支持政策的内容是指各级政府或教育行政机关为解决乡村教师发展过程中的实际问题而制定与实施的专门性政策。从政策目标的角度来看，我国乡村教师支持政策的主要内容包括以下两方面。

第一，以"优质师资输入"为主要目标的乡村教师支持性政策。这类政策主要包括以下几个方面：一是"硕师计划"，其主要精神是通过提供"推荐免试攻读教育硕士研究生"等优惠条件，吸引优秀大学应届本科毕业生到国家和省级贫困县、尤其是县级以下的乡村学校任教，"硕师计划"自2004年起实施，2010年起服务范围由国家级和省级扶贫开发工作重点县扩大到全国所有县镇及以下乡村学校。[①] 二是"特岗计划"，主要精神是公开招募普通高校优秀毕业生到西部"两基"攻坚县义务教育阶段学校任教，引导和鼓励优秀高校毕业生从事乡村教育工作。三是优质师资支教计划，2006 年 2 月，教育部下发《关于大力推进城镇教师支援农村教育工作的意见》，强调"城镇中小学教师晋升高级教师职务以及参评优秀教师和特级教师应当具有一年以上的乡村学校任教经历"[②]；2014 年 8 月，教育部、财政部、人力资源和社会保障部联合下发《关于推进县（区）域内义务教育学校校长教师交流轮岗的意见》，明确要实现县（区）域内校长教师交流轮岗的制度化和常态化，支持城镇办学水平高的中小学校与乡村学校建立师资共享机制。四是"定向师范生培养计划"，主要精神是遵循定向招生、定向培养和定向就业的"三定向"要求，从应届高中毕业生中招收优秀生源，在完成规定的师范院校培训后，定向师范生被分配到预定的乡村教师岗位。除此之外，以"优质师资输入"为目标的乡村教师支持政策还包括一些支农和惠农政策中的具体措施，如人力资源和社会保障部组织实施的"'三支一扶'计划""大学生志愿服务西部计划"等。

第二，以"提高既有乡村教师素质、教育、生活和工作条件"为主要目标的支持性政策。这类政策主要包括以下四个方面：一是组织实施"乡村教师系列培训"计划，相关政策通过顶岗置换、网络研修、送教下乡、校本研修等多种方式，大规模培训乡村教师，具体政策包括"中小学教师

---

① 俞迎达，陈越奋. 硕师计划研究生培养质量监控研究 [J]. 继续教育研究，2015（3）：115.

② 国务院法制办公室. 中华人民共和国三农法典 [M]. 北京：中国法制出版社，2014：403.

国家级培训计划""中西部农村骨干教师培训项目""乡村教师素质提升计划""西部农村中小学教师国家级远程培训计划""万名农村中小学教师国家级远程培训计划"等。二是义务教育学校岗位设置改革，教育部于2007 年 5 月印发《关于义务教育学校岗位设置管理的指导意见》，规定促进城镇学校与乡村地区同类学校之间的教师高级、中级岗位结构比例相对均衡，并保证乡村地区学校不低于城镇同类学校标准；在职称评聘中，"优先考虑长期工作于乡村中小学校的优秀教师"[①]。三是乡村学校编制改革，2009 年 3 月，教育部下发《关于进一步做好中小学教师补充工作的通知》，明确参照县镇标准核定乡村中小学教职工编制，增加乡村寄宿制中小学校编制；2014 年 11 月，《中央编办、教育部、财政部关于统一城乡中小学教职工编制标准的通知》，要求统一城乡中小学教师编制标准，并依据实际需求，对乡村边远地区学校给予适当倾斜。四是义务教育学校绩效工资政策，国务院办公厅于 2008 年发布《关于义务教育学校实施绩效工资的指导意见》，强调保障和改善义务教育教师、特别是乡村义务教育教师的工资待遇，在绩效工资实施过程中，"对部分财力薄弱地区的乡村义务教育学校给予适当支持"[②]。现实中，以"提高乡村教师素质、教育、生活和工作条件"为主要目标的支持性政策一方面旨在通过加强乡村教师在职培训的方式，提高既有乡村教师的职业素质与能力；另一方面试图通过改善乡村教师教育、生活和工作条件的方式，稳定和扩大乡村教师队伍。

综上选择从国家层面制定的主要乡村教师支持政策出发，分析了我国

---

① 薛正斌. 教育社会学视野下的教师流动［M］. 兰州：甘肃人民出版社，2012：11.

② 国务院办公厅转发人力资源社会保障部财政部教育部关于义务教育学校实施绩效工资指导意见的通知［R］. 辽宁省人民政府公报，2009（2）.

乡村教师支持政策的基本内容。原因是，国家层面的乡村教师支持政策具有实施范围广、影响力大的特点；同时，在我国当代政策环境中，国家层面的相关政策不仅规定了具体的政策目标，而且明确了政策目标实现过程中的多重路径或选择，在我国乡村教师支持政策系统中具有顶层设计的特点，是地方各级政府应当遵守、贯彻和落实的政策内容，因而更具代表性。可以看到，我国乡村教师支持政策内容丰富，相关政策一方面注重提高既有乡村教师的能力与素质，另一方面试图通过多重政策手段或方式，吸引和鼓励优秀师资力量流入乡村教师队伍。

（二）政策特点

乡村教师支持政策是我国在乡村教师发展相对不足的历史和现实背景下采取的支持性政策。从乡村教师支持政策的政策目标、政策过程和政策效应来看，我国乡村教师支持政策具有以下特点。

第一，政策目标是关注乡村教师发展。教师是教育质量的保障和教育事业发展的基石，一直以来，我国乡村教师发展状态的相对不足，在很大程度上制约了乡村教育质量的提高和乡村教育的整体发展。在质量上，受"地理因素、生活条件、工作环境和收入待遇等多方面因素的影响，乡村教师的职业吸引力相对不强"[1]，优秀师资力量往往易于被城镇中小学校吸引而很难进入乡村学校，致使乡村教师队伍在多方面质量表现上，呈现相对不足的状态。在数量上，我国乡村学校教师呈现复杂的形态，一些地区由于学生父母外出，学生留守乡村，导致乡村教师身兼多职，扮演多种

---

[1] 东北师范大学农村教育研究所. 如何提高乡村教师职业吸引力 [J]. 教师博览，2014（12）：53.

角色，负担沉重；一些地区的学生跟随父母外出就学，教师的正常工作过程受到影响，甚至出现富余教师。

与此同时，以骨干教师为代表的优质乡村教师的"单向、上位"流动，使得原本相对不足的乡村教师数量发展状态，呈现更加严峻的形势。[①]基于这样的历史和现实背景，乡村教师支持政策始终重视乡村教师队伍建设，将促进乡村教师发展作为相关政策的基本目标趋向。从政策的主要内容可以看到，我国乡村教师支持政策的总体目标立足于促进乡村教师发展，政策的具体目标具有立体与多维的特点，既注重稳定与扩大乡村教师规模，也追求乡村教师素质与能力提高，并且重视改善乡村教师教育、生活和工作环境，创新优秀乡村教师补充机制。

第二，政策过程是"由上而下"与"由下而上"并存的。政策过程是由一系列的功能环节或阶段所构成的复杂性周期过程。从乡村教师支持政策过程中相关主体之间的信息对流与相互影响过程来看，地方各级政府、教育行政部门、乡村学校和教师在相关政策活动的探索性实践中，正逐步形成一种"由上而下"与"由下而上"的双向互动的路径。

一方面，"精英群体"在乡村教师支持政策过程中的功能趋于加强。乡村教师支持政策过程中的"精英群体"主要包括管理精英和专家学者精英。首先，来自于政府部门的管理精英在乡村教师支持政策过程中发挥着重要作用，乡村教师支持政策的制定与执行，在很大程度上依靠管理精英角色的充分发挥。管理精英在乡村教师支持政策过程中的作用主要体现为"定调子"，即从整体与全局的高度，确立乡村教师支持政策的基本精神、

---

① 孙钰华，马俊军. 农村教师流失问题的职业锚角度考察［J］. 教育发展研究，2007（4）：48.

主要目标和执行原则等。其次，专家学者在乡村教师支持政策过程中的影响日益凸显。在乡村教师支持政策过程中，专家学者往往被视为政策过程的"智囊"。在政策调研过程中，专家学者通常深入到地方教育行政部门、乡村学校和乡村教师的日常工作与生活开展调查研究，了解乡村教育和乡村教师的实际状态；在政策起草与确立过程中，专家学者通常会受管理精英的委托，针对乡村教育和乡村教师的实际状态，起草相应的支持性政策文件，并提供多样化的政策措施与方案；在政策执行阶段，专家学者通常应有关方面征求意见的要求，提出政策执行的相关建议与对策。

另一方面，乡村教师支持政策过程中的"基层参与"逐渐提高。教育政策的过程不仅受制于"精英群体"的组成、结构和运作方式，而且受制于"精英群体"与外部环境之间的信息对流与相互影响。[①] 基于这样的理解，"精英群体"在乡村教师支持政策过程中，应当广泛深入基层，开展调查研究，支持和鼓励乡村教师和乡村学校参与讨论、收集基层信息，掌握实际情况并反映乡村学校和教师的现实状态和需求。应该承认，近年来我国乡村教师支持政策过程中的"基层参与"意识和程度不断提高。在乡村教师支持政策过程中，来自于乡村教师、乡村学校和乡村社会的基层智慧和力量不可小觑。同时，互联网的普及与自媒体时代的来临，在很大程度上进一步发展了基层力量参与乡村教师支持政策过程的条件与能力。现实中，基层力量对于乡村教师支持政策的关注与影响体现在以改善乡村教师教育、生活与工作环境，提高乡村教育质量和乡村教师待遇等为主要目标的多种政策过程中。

---

① 贺武华. 中国特色教育政策过程的路径特征探析——基于多案例嵌入分析 [J]. 浙江社会科学，2016（8）：100.

第三，政策效应是成效与问题并存。政策效应是指政策实施的实际状态和结果。任何一项政策的制定与出台，都具有一定的目的性和针对性，然而，将政策的文本形态转化为现实的可操作形态，实现政策的预期目标，并非是直线的过程。从我国乡村教师支持政策实施的实际状态和结果来看，乡村教师支持政策具有成效与问题并存的特点。

一方面，乡村教师的发展离不开乡村教师支持政策的推动，乡村教师支持政策在很大程度上淡化和解决了我国乡村教师发展过程中的突出矛盾，带来了乡村教师队伍建设在数量和质量上的积极变化，进而有力地促进了乡村教育发展。在数量上，"特岗计划"和"定向师范生培养计划"都发挥了积极的效应。"特岗计划"于 2006 年实施首年，即完成了 1.57 万名特岗教师的招聘工作，2017 年的招聘人数达到 8 万名左右，有 95% 以上的毕业生将到乡镇级以下中小学任教；[①]"定向师范生培养计划"于 2007 年起实施，教育部所属的 6 所师范大学在计划实施当年共完成了 1 万余名师范生的招生工作。此后，"计划"遵循"先行试点，逐步扩大"的原则，每年依据乡村中小学生数量的变动情况，确定招聘人数。在质量上，在乡村教师支持政策的作用下，诸多乡村中小学校第一次拥有了全日制本科学历甚至研究生学历的教师，乡村教师队伍的综合素质和教育教学业务能力逐渐提高。

另一方面，从乡村教师支持政策的实施状态与效应来看，乡村教师支持政策存在一定程度的失真现象。政策失真是指政策在执行过程中，出现执行活动和结果偏离政策目标的情形。乡村教师支持政策失真具有多方面

---

① 人民网. 今年全国计划招聘 7 万"特岗"教师［EB/OL］. （2016−04−05）［2016−07−09］. http://edu. people. com. cn/n1/2016/0405/c1006−28251454. html.

的表现，其中，政策片面化和表层化现象较为明显。就政策片面化而言，当前我国乡村教师支持政策在整体上存在一定程度的片面化现象，虽然乡村教师支持政策系统具有明确的政策目标与丰富的政策内容，但乡村教师发展和乡村教师队伍建设仍然存在多方面问题，乡村教师支持政策系统的整体目标尚未实现；与此同时，部分乡村教师支持政策的片面化现象尤为突出，以"城乡师资交流轮岗"相关政策为例，自2003年国家实施教师交流轮岗制度以来，在政策的指引下，不少地区开启了城乡校长教师交流轮岗的实践探索，但城乡校长教师交流的常态化机制尚未完全形成，城乡学校之间师资共享机制尚未建立，相关政策的具体目标并没有完全实现。政策表层化是指，政策实施取得了与政策目标或要求一致的表层行为，但一段时间后，相关政策要求的行为消失。在一些乡村教师培训政策活动中，相关主体能够按照政策要求积极组织乡村教师参与相关培训项目，但鉴于认识偏差或学校师资不足等主客观原因而放弃培训计划，或在培训参与过程中流于形式等，属于较为典型的政策实施表层化现象。

现实中，乡村教师支持政策失真现象具有多方面的原因。其中，不同目标政策之间的相互作用和补充，以及在其影响之下的政策本身的内容设计、工具选择和实施途径，可能造成政策先天性的不足；同时，以县级政府或教育行政部门为政策制定主体的相关政策目标与上级政策的精神或目标不一致，也可能造成先天性的政策偏离。

（三）政策优化基础

政策分析的主要意义在于提供进一步优化既有政策的基本方案，政策目标的分析视角注重在优化政策方案的过程中对于政策目标本身的考察和建构。乡村教师支持政策以维护与促进乡村教师发展为根本目的。教师队伍发展表现为教师队伍在内涵和外延上的积极变化过程，因而，优化我国乡村教师支持政策，应当密切关注乡村教师的内涵与外延发展状态；同时，重视乡村教师队伍的发展结果。

第一，关注乡村教师内涵。教师队伍的内涵是教育质量的关键指标和决定因素。美国专业教学标准委员会（NBPTS）认为，教师队伍的内涵以处于其中的教师质量为主要构成，教师质量是决定教师队伍整体内涵的关键因素。基于教师质量的有效性，NBPTS同时指出，教师质量的核心指标反映的是教师的实际教育教学业务水平与能力，具体可体现于教师的"学科知识水平、管理和监控能力、反思批判意识，以及交流沟通能力"等方面。[①]现实中，优化我国乡村教师支持政策，应当重视和加强关于乡村教师内涵发展要求或标准的研究，因为对于乡村教师内涵发展要求和标准的研究与认定，直接关系到相关支持性政策的方向选择、目标设置和整个政策活动过程。乡村教师支持政策的制定与实行，应当建立在明确乡村教师内涵发展标准的基础之上，唯其如此，才能避免政策目标和政策过程发生偏离。

需要强调的是，乡村教师内涵发展标准应当具有其独特性，构建乡村教师内涵发展标准，不应简单地套用对于城镇教师或其他教师群体的发展要求。基于这样的理解，促进乡村教师内涵发展的相关支持性政策应当在强化对于乡村教师"基本质量要求"的基础上，依据乡村教育特色和不同区域乡村教育的需求与特点，突出对于乡村教师内涵发展的个性化和特色化要求。

---

① 朱旭东，周钧. 美国教师质量观及其保障的机制、管理和价值分析［J］. 比较教育研究，2006，5：121.

第二，关注乡村教师外延。乡村教师外延是指乡村教师队伍所确指的对象的数量或范围。在 NBPTS 看来，教师队伍发展的外延标准并不以处于其中的教师的绝对数量或教师队伍规模来衡量，而主要取决于专任教师数与折合在校学生数的比例，即师生比；与此同时，透过教师数量或规模而体现出的教师的性别结构、年龄结构、学历结构和专业结构等在一定程度上决定教师队伍质量的外延性因素，是教师队伍外延发展的重要标准。[①]从这一意义上说，乡村教师队伍的内涵发展和外延发展呈现相关的状态，二者共同构成了乡村教师发展的整体内涵与要求。

有鉴于此，基于当前我国乡村教师队伍中存在的"专业对口率水平较低、年龄结构的老化与断层，以及职称结构和性别结构失衡等现象"，[②]未来我国乡村教师支持政策的目标设置，应当在注重进一步扩充乡村教师数量、优化乡村学校师生比的同时，更加关注乡村教师队伍的结构，突出对于乡村教师发展的多方面结构性要求。

第三，重视乡村教师发展结果。乡村教师发展结果是指，乡村教师队伍经过一系列的内涵和外延的积极变化过程而达到的实际状态。教师是教育事业的首要资源，乡村教育质量的提高和乡村教育的整体发展，在根本上依赖于乡村教师队伍的发展状态或结果。现实中，提高乡村教育质量、促进乡村教育发展水平，是乡村教师队伍建设的根本目的。在这一意义上可以说，无论是乡村教师队伍内涵的积极变化，抑或是乡村教师外延的发

---

① Angus D L, Professionalism and the Public Good: A Brief History of Teacher Certification [M]. Washington, D. C. : Thomas B. Fordham Foundation, 2001: 36.

② 叶敬忠，吴惠芳. 中国农村教育：反思发展主义的视角 [M]. 北京：社会科学文献出版社，2015: 204.

展状态，其最终目标均应当服务于乡村教育质量的提高和乡村教育的整体发展。

基于这样的理解，乡村教师支持政策活动应当提高对于乡村教师发展结果的理解与认识水平，在政策活动中，加强对于乡村教育质量和乡村教育发展水平的动态分析，研究并发布"乡村教育问题"的集中领域和动态数据，尤其需要重视"乡村教育问题"中的"教师因素"，将乡村教师发展结果置于乡村教育乃至整个宏观教育的现实背景之中加以考察。在此基础上，动态调整相关政策的具体目标、工具选择和时空安排等，进一步提高乡村教师支持政策的针对性和实效性。

二、乡村教师支持政策的基本精神评介

人类社会追求和实践平等的历程表明，市场机制和公共政策是实现平等的两种主要机制，由此形成了"交易平等"和"补偿平等"的分野。[①]其中，补偿平等主张反向歧视，是指机会和资源的配置优先倾向于弱势群体；或者面向弱势群体创造专门的机会和条件，以补偿其"先天"不足。一直以来，相对于城市中小学教师队伍，我国乡村教师队伍发展不足。贯穿于乡村教师支持政策的根本原理或基本精神，就是持续不断地对乡村教师队伍相对弱势的地位或状态给予"补偿"。可以说，乡村教师支持政策史上的重大政策安排，都从不同角度折射着我国教师发展事业持续稳步地以补偿的方式，追求乡村教师发展，进而淡化城乡教师队伍的差距。

---

① 曹爱军. 基本公共服务均等化：分配正义与补偿公平［J］. 商业经济研究，2015，31：46.

（一）提高乡村教师质量：乡村教师内涵发展的补偿

乡村教师质量所表现出的相对不足，意味着城乡教师在发展上存在内涵上的不平等。基于这样的背景，多年来，大量乡村教师支持政策试图为乡村教师创设特殊的在职教育资源、机会或条件，致力于通过加强乡村教师在职培养的方式，促进其质量表现的提高。其中，比较具有影响力的政策举措包括"国培计划"和"硕师计划"。

"国培计划"是加强中小学教师在职培养，提高中小学教师质量、特别是乡村教师质量的重要举措。相对于其他教师在职培养项目，"国培计划实施层面较高、组织规模较大，具有较高的系统性、全面性和科学性"[①]。为了突出"国培计划"对于乡村教师在职培养的特殊支持，中央财政专项支持中西部省份按照"国培计划"总体要求，实施乡村义务教育骨干教师培训项目，对中西部乡村教师进行有针对性的培训，同时引导地方完善教师培训体系，加大对于乡村教师的培训力度，培训计划的主要构成包括乡村中小学"教师置换脱产研修""短期集中培训"和"远程培训"等。

"硕师计划"是教育部为县镇级以下乡村学校培养骨干教师，提高乡村教师学历水平和综合素质的人才培养计划。"硕师计划"自2004年起实施，其主要精神是加强乡村教师在职教育，为乡村学校培养具有硕士研究生学历的师资力量。"硕师计划"主要以毕业于"重点高校"的乡村教师为培养对象，采取半工半读的方式，完成对于乡村教师的研究生教育。自2010年起，"硕师计划"的服务范围由国家级和省级扶贫开发工作重点县，扩

---

① 孙颖．"国培计划"的历史超越与现实障碍［J］．教育理论与实践，2013，22：41．

大到了全国所有县镇以下乡村学校。[1] 截至目前，"硕师计划"已培养了数万名具有硕士研究生学历学位的乡村教师。

"国培计划"和"硕师计划"是我国在城乡教师发展内涵不平等的历史和现实背景下，加强乡村教师在职培养、提高乡村教师质量，以补偿乡村教师内涵发展相对不足的支持性政策。除此之外，相同或类似的政策举措还包括"农村教师素质提升工程""农村中小学现代远程教育工程"以及各类以提高乡村教师质量表现为目的的"短期培训""参观访问"和"交流学习"等。现实中，基于乡村教师内涵发展的要求，进一步构建和完善乡村教师内涵发展的相关政策举措应当在明确乡村教师"内涵发展"标准的基础上，重视以下方面。

其一，充裕和改善乡村教师在职培养资源。资源是乡村教师在职培养和内涵发展的重要基础，缺乏必要资源支撑，乡村教师内涵发展将会成为柏拉图式的空想。多年来，乡村教师内涵的稳步提高离不开相关政策所带来的多方面资源。但总体而言，当前乡村教师在职培养的基础或条件仍然呈现相对不足的状态。一方面，乡村教师支持政策能够提供的资源仍然有限，相较于城镇中小学教师在职教育，乡村教师、尤其是中西部地区的乡村教师在职教育，仍然面临"培养经费不足、课程资源短缺、硬件设施不良"等突出问题；[2] 另一方面，部分乡村教师在职教育资源存在"目标设置不合理""结构欠佳"和"可利用程度低"等质量问题。[3] 有鉴于此，充裕

---

[1] 俞迎达，陈越奋. 硕师计划研究生培养质量监控研究 [J]. 继续教育研究，2015，3：115.

[2] 于海洪. 西部农村教师队伍建设研究 [M]. 成都：西南交通大学出版社，2012：66.

[3] 饶从满. 教育的比较视野 [M]. 合肥：安徽教育出版社，2012：194-198.

和改善乡村教师在职培养资源，需要相关政策在进一步加大乡村教师在职培养资源供给力度的同时，优化乡村教师在职培养资源质量。

其二，构建乡村教师内涵发展的新路径。国际教育发展委员会在提交联合国教科文组织的一份报告中写道："教育过程的正常顶点是在职教育。"[①] 梳理乡村教师支持政策的历史沿革可以发现，多年来，促进乡村教师内涵发展的相关支持性政策主要聚焦于加强乡村教师"在职教育"。应该承认，对于提高乡村教师发展的内涵而言，在职教育不仅是加强乡村教师适应和应对教育新理念和新环境的教育，而且是弥补部分乡村教师"基础教育"缺失、延长其职前教育的教育。现实中，"在职教育"作为提高乡村教师质量的有效路径，在很大程度上提高了乡村教师素质和能力，促进了我国乡村教师队伍内涵的整体发展。然而，在乡村教师内涵仍然存在"学科知识水平较低、管理和监控能力薄弱、反思批判意识不强，以及交流沟通能力不佳"等多方面顽固性缺弊的历史和现实背景下，相关政策举措应当在进一步优化和丰富乡村教师在职培养资源的同时，积极构建包括"入职培训"[②] "加强反思性教学"[③] 和"开展教育叙事"[④] 等在内的乡村教师内涵发展的新路径，形成促进乡村教师内涵发展的多方面力量。

（二）扩充乡村教师数量：乡村教师外延发展的补偿

鉴于乡村教师外延发展相对不足的历史和现实背景，一直以来，大量

---

① 联合国教科文组织. 学会生存：教育世界的今天和明天 [C]. 北京：教育科学出版社，1996：247.

② 马静. 英国新任教师入职培训的举措及启示 [J]. 教育评论，2016，5：156–157.

③ 熊川武. 论反思性教学 [J]. 教育研究，2002，7：12–27.

④ 丁钢. 教育叙事的理论探究 [J]. 高等教育研究，2008，1：32–37.

乡村教师支持政策试图在强调学历、专业和职业能力等质量要求的基础上，扩大乡村教师规模，优化乡村教师队伍结构。其中，具有代表性的政策举措包括"特岗计划"和"定向师范生培养计划"。

"特岗计划"是"农村义务教育阶段学校教师特设岗位计划"的简称。其主要精神是，公开招募普通高校优秀毕业生到西部"两基"攻坚县县以下的乡村义务教育阶段学校任教，"引导和鼓励高校毕业生从事乡村教育工作，逐步解决乡村教师队伍建设的不足"[①]。"特岗计划"所需资金主要是"特岗教师"的工资性补贴，由中央财政与地方政府共同承担。自"特岗计划"实施以来，中央财政用于教师的工资性支出经费已实现多次调整。

"定向师范生培养计划"的主要精神是，遵循定向招生、定向培养和定向就业的"三定向"要求，从应届高中毕业生中招收优秀生源，在完成规定的师范院校培训后，定向师范生被分配到预定的乡村教师岗位。2007年，国务院办公厅转发《教育部等部门关于教育部直属师范大学师范生免费教育实施办法（试行）的通知》，决定率先在教育部直属师范大学实行师范生免费教育，这标志着在高校招生并轨和师范教育综合化的浪潮下几乎中断的免费师范教育制度，正式恢复。

"特岗计划"和"定向师范生培养计划"的实施，为乡村学校输入了大量新鲜血液，是近十多年来我国创新乡村教师补充机制，促进乡村教师外延发展的一道声势浩大的景观。除此之外，大量政策还试图通过"提高乡村教师待遇""改善乡村教师生活和工作环境""授予乡村教师特殊荣誉"等间接方式，吸引优质师资进入乡村教师队伍，提高乡村教师外延发展水

---

①　教育部，财政部，人事部等．《关于实施农村义务教育阶段学校教师特设岗位计划的通知》［Z］．教师［2006］2号，2006-05-18．

平。基于当前乡村教师外延发展现状，进一步构建和完善相关补偿性政策应当尤其注重以下两点。

其一，明确乡村教师外延发展标准。现实中，对于乡村教师外延发展标准的认定，关涉相关政策的目标和过程。有关补偿性政策的制定与实施，同样需要建立在乡村教师外延发展标准的基础之上。尤其需要强调的是，基于当前乡村教师外延发展过程中"学历结构""专业结构""性别结构"和"年龄结构"等方面存在的不足，[①] 未来的相关支持性政策应当在进一步扩充乡村教师数量、优化乡村学校生师比的同时，更加突出对于乡村教师外延发展的多方面的结构性要求。

其二，丰富政策内容和举措，完善相关政策联动机制。应该承认，我国乡村教师职业吸引力相对不强具有深刻而复杂的历史和现实原因。因而，扩充乡村教师数量、优化乡村教师结构，造就一批素质优良、扎根乡村的教师队伍，要求相关部门构建和完善完整的政策内容和体系。相关政策举措应当与提高乡村教师待遇、改善乡村教师生活和工作环境，以及扩大乡村教师编制等政策相互配套、协同推进。换言之，促进乡村教师外延的发展，"应当在充分考虑各单项政策科学性和可行性的同时，加强系统内部政策之间的协调与互动，使政策系统的效应最大化"[②]。唯其如此，才能提高乡村教师职业吸引力，改善社会大众对于乡村教师职业的认知，在吸引优秀人才从事乡村教育的同时，避免或减少优秀教师流出，提高乡村教师外延发展的稳定性或持续性。

---

① 王慧. 中国当代农村教育史论［M］. 北京：光明日报出版社，2014：159-168.

② 吴家庆. 改革开放以来农村基础教育政策创新发展的特点［J］. 湖南师范大学社会科学学报，2008，4：12.

（三）调控城乡教师资源配置：乡村教师发展结果的补偿

乡村教师发展结果是指，乡村教师的内涵状态和外延状态经历特定时空背景的积极变化过程，而达到的"终点"状态。事实上，"终点"是一个相对的概念，并无绝对的标准。现实中，乡村教师发展的"终点"既是乡村教师队伍现实状态的反映，又是乡村教师队伍经过一系列内涵和外延发展的积极变化过程，而达到的实际结果。多年来，尽管乡村教师支持政策在乡村教师内涵和外延发展过程中，给予了多方面的补偿，并且取得了一定积极效应，但是城乡教师发展差距仍然存在，乡村教师队伍在多方面表现上，仍然落后于城市教师队伍。

教师是教育事业的首要资源。乡村教师队伍长期存在缺弊，不仅是"城乡教育不平等"的现实表现，而且是乡村教育整体水平不高的主要根源。因而，如何采取进一步的政策举措，对乡村教师发展给予结果上的补偿，是促进教育平等和实现乡村教育健康发展的现实要求。

现实中，在乡村教师内涵发展和外延发展过程中给予多方面的独立补偿的基础之上，进一步补偿乡村教师发展的弱势状态、缩小城乡教师队伍差距对于相关政策的要求是，通过政策作用调节城乡学校之间的教师资源配置，以进一步提高乡村教师质量、充实和优化乡村教师数量。综观乡村教师支持政策概况，这类政策举措主要包括"城乡教师交流轮岗工程"和"优质师资支教工程"等。

"城乡教师交流轮岗工程"的主要精神是，推动城镇优秀校长和骨干教师向乡村薄弱学校流动，实现县（区）范围内城乡学校校长和教师资源的均衡配置。国务院于2014年正式颁布《关于推进县（区）域内义务教育学校校长教师交流轮岗的意见》，明确了"交流轮岗工程"的人员范围、方式方法和激励保障机制，指出用三至五年时间，实现县（区）域内校长教师交流轮岗的制度化和常态化，并要求有条件的地区在更大范围内推进。与"城乡教师交流轮岗工程"具有一定强制性不同的是，"优质师资支教工程"主要遵循自愿的原则，鼓励城镇中小学教师队伍中的优质师资力量从事乡村教育工作、充实乡村教师队伍。教育部在《关于大力推进城镇教师支援农村教育工作的意见》中指出，地方教育行政部门应加强统筹协调，根据乡村学校实际需求，制订相关政策举措，并负责组织实施。该意见一方面鼓励加大对口支援工作力度，形成区域内长期稳定的"校对校"对口支援关系，支持城镇办学水平高的中小学与乡村学校建立师资共享机制，促进优质师资共享；另一方面强调要注重开展多种形式的智力支教，拓宽支教渠道，组织开展短期支教与兼职支教等形式多样的智力支教活动。

"城乡教师交流轮岗工程"和"优质师资支教工程"等政策实施以来，为乡村教师队伍建设带来了迅速而显著的积极变化。在内涵上，相关政策为乡村学校输入了优质教师资源，"极大地提高了乡村学校师资配置的底线，使得乡村学校与城镇学校在师资水平上的整体差距有所缩小"[①]；在外延上，"城乡教师交流轮岗工程"与"优质师资支教工程"等政策的实施，丰富了乡村教师数量，优化了乡村学校生师比，改善了乡村教师队伍结构。

需要指出的是，"调节城乡教师资源配置"属于对于一定区域或范围内教师资源、尤其是优质教师资源进行再分配的政策手段。从某种意义上讲，这种政策手段试图在不改变或提高教师队伍整体发展状态的前提下，达到改善乡村教师队伍状态、缩小城乡教师队伍差距的目的。实践中，这

---

① 孙刚成，翟昕昕. 义务教育教师轮岗交流制度的困境及其对策［J］. 教学与管理，2016，3：23.

类政策的构建与实施，一方面需要保证政策的合法性程度；另一方面要强宣传和引导，提高社会大众、公民团体和相关政策主体对于政策的理解和认识水平。

其一，提高政策的合法性程度。政策的合法性是政策得到社会大众、公民团体和相关政策主体认同和接受的依据，是政策有效性的前提，直接决定着政策的有效落实和政策效果。当前，我国"调节城乡教师资源配置"相关政策在"政策执行主体""政策内容""政策程序"方面，存在合法性缺弊。[①] 应该承认，通过"调节城乡教师资源配置"的方式补偿乡村教师发展结果，客观上将可能给城镇教师队伍建设和城镇学校教育质量带来消极影响，因而可能受到城镇学生、家长、学校，甚至是教育行政部门的抵制或反对。同时，受乡村学校生活与工作环境不良等因素的影响，部分城镇教师将"支教"或"轮岗"计划视为自身职称评审或业绩考核的硬性要求，参与乡村教育的热情并不充足。[②] 在这样的背景下，相关支持性政策的制定和实施，应当在谋求公共利益最大化的同时，充分听取各方意见，增进共识，在保障城镇学校的基本教学质量和学校运营不受影响的基础上，尊重相关教师的自主意愿和职业生涯发展需求。唯其如此，才能提高政策的合法性水平，淡化或消解相关主体对于政策的抵触情绪。进而，改善政策实施环境，提高政策效应。

其二，加强宣传和引导，提高社会大众、公民团体和相关政策主体对于政策的理解和认识水平。现实中，"调节城乡教师资源配置"的公共利益在于，可以在短期内实现改善弱势教师队伍发展状态、缩小不同教师队

---

① 郝保伟. 教师流动政策的合法性缺失及其重建［J］. 中国教育学刊，2012，9：6-8.

② 王慧. 中国当代农村教育史论［M］. 北京：光明日报出版社，2014：201.

伍发展差距，进而实现促进教育平等和提高教育整体发展水平的目标。各级教育行政部门和学校应该加大宣传力度，完善政策环境，努力在全社会形成教育均衡发展的社会共识和价值诉求，使"调节城乡教师资源配置"的相关政策举措，得到社会大众、公民团体和相关政策主体的认同，从而使社会的认同逐步与城乡教师流动政策的价值取向相一致，从观念上认同城乡教师流动政策。

以上探讨了我国乡村教师支持政策对于乡村教师发展的多方面补偿。补偿平等旨在追求结果上的合理性和可接受性，解决的是最少受惠者的利益再分配问题，通常被认为是平等的价值底蕴。现实中，乡村教师相对落后的发展地位或状态，决定了乡村教师队伍建设离不开相关补偿政策所提供的各类特殊的机会、资源或权利。需要强调的是，"补偿平等体现的是一种'恩赐的心态'，而打破制造不平等的多方面教育体制或机制等深层次原因，才是保障平等和促进均衡的更为根本的手段和要求"[1]。从这一意义上说，补偿平等仅仅能够提供一种有限的补偿，促进乡村教师发展、淡化城乡教师差距，还应当聚焦于教育体制、机制，甚至社会发展过程中的深层次矛盾。唯其如此，才能逐渐生成和完善乡村教师发展的内生动力，实现乡村教师的自我发展。

第二节　乡村教师发展的学校支持

这里的学校是指乡村学校，乡村教师发展无法离开身处其中的乡村学校的支持。应该承认，乡村学校支持乡村教师发展具有多种途径或方式，

---

[1]　熊丙奇．"补偿公平"不能是一种恩赐［N］．中国青年报，2014-5-24（03）．

但从问卷调查和访谈调查的结果来看，校本培训是乡村学校支持乡村教师发展的重要途径，也是广大乡村教师更为顺利和便捷地提高自身专业成长水平的重要方式。

一、校本培训：学校支持乡村教师发展的重要路径

《中华人民共和国教师法》规定，"各级人民政府教育行政部门、学校主管部门和学校应当制定教师培训规划，对教师进行多种形式的思想政治、业务培训"。[①] 现实中，校本培训一般要求全体教师共同参与，主要目的是提高教师的教育教学业务能力，更好地服务于学校日常教育教学工作。一般认为，校本培训能够最大限度地利用各种校内外培训资源，是提高教师专业化水平和教育教学能力的有效方法。事实上，校本培训是我国乡村教师继续教育的主要形式，也是促进乡村教师发展的有效路径。

（一）校本培训概述

"校本培训"属于外来词汇，起初称谓不一，有的称校本教师教育，有的使用的是校本在职进修，也有学者认为是以校为本的教师培训。[②] 由于参考的外文资料不同，对英文翻译也不同，故此产生不同的称谓。王少非在其文章中所使用的"校本教师教育"一词，其参考文献主要是布里奇（David Pidge） 的 *School-based Teacher Education in Developing Teacher Professionally Relations for Initial and In-service Trainers*；王秀美是从"School-based In-service-Education Model"中引进的；杨明全则是直译的

---

① 方展画. 罗杰斯"学生为中心"教学理论述评 [M]. 北京：教育科学出版社，1990，167.

② 杨明全. 以校为本的教师培训：理念与反思 [J]. 中小学教师培训，2002，3：45.

"School-based Teacher Training"。总体而言，校本的含义有三：一是为学校培训，二是在学校中培训，三是基于学校培训。[①] 我国的校本培训起步于上世纪90年代后期，是伴随着"八五"师资培训的进程而逐渐探索形成的。李存生教授认为，校本培训的提出具有多方面的理论依据。[②]

一是学校文化理论。学校作为一个典型的文化传播场所，具有显著的文化性。文化性是学校组织区别与其他社会组织的最重要的特征。对于学校而言，充分考虑所在社区的经济、文化等方面的发展对各类人才的要求，并以它所培养的人才来满足这一要求是学校价值的根本所在。对此，有学者认为，理想的学校应该是这样的：学校不仅仅是客观的物质存在，更是一种文化和精神存在；学校应当成为一种充满精神感召力的发展型和学习型的文化组织；学校必须是有利于人成长的教育组织；学校应是心理、精神与物质环境和谐统一的优质的生活空间；学校应是文化内涵丰富的机构；学校最为重要的特点是全体教职员工的工作态度和行为意识，而并不仅仅是物质条件。[③]

加强校园文化氛围，首要任务就是要提高全体师生的文化素养，要面向全体学生，全面培养学生的创新能力，教师要转变传统观念，教师和学生都是学习者，学生要靠教师的言传身教，教师要靠自身的素质和勤奋的学习，校本培训在此间的作用不能忽视。校本培训是基于学校实际情况实施的，可以更充分利用学校的现有资源，为教师和学生的共同进步提供有力保障，它的时效性、针对性、亲融性和可操作性，为校园文化建设的实

---

① 郑金洲. 走向"校本"［J］. 教育理论与实践，2001，6：78.

② 李存生. 乡村教师专业发展引论［M］. 北京：人民出版社，2018：257-259.

③ 胡建新，王珉. 大学校园文化特色论［M］. 北京：中国文史出版社，2009：56-59.

施提供了可靠性依据，使学校成为师生心理、精神与物质环境和谐统一的优质生活空间。

二是建构主义学习理论。维果斯基的"最近发展区"理论，对如何正确理解教育和发展的关系具有一定的指导意义。20 世纪 70 年代末，以布鲁纳为代表的教育心理学家在心理发展上强调社会历史文化的作用，特别是强调活动以及社会交往在人的心理机能发展中的重要作用。他认为，"一切高级的心理机能均来源于外部动作的内化，而这种内化则需要通过教学、游戏、劳动以及日常生活等来得以实现；另外，内在的智力动作也外化成为实际动作，从而使主观见之于客观"①。"人的活动"是内化和外化的桥梁。在建构主义理论的视域中，世界是一个客观存在，而人是理解世界的能动因素，并赋予世界以意义。人的个体经验是理解外部世界的基础。换言之，每个人都将依赖于自身的经验来理解外部世界。因而，建构主义特别强调学习的主动性、社会性和情境性，并在此基础上提出了相应的学生观、教师观和学习观。依据建构主义学习理论，学习应当表现为一个积极建构知识的过程，而不是学习者被动接受知识的过程。因而，建构主义否定了传统意义上的学习观，认为要以学生为中心，激发学生的学习兴趣和动机，要鼓励学习形成批判性的思维，形成自身的学习风格。

基于建构主义学习理论，校本培训的内容更加贴近于教师的日常工作内容和需求，这将有助于教师用真实的方式将所学知识得以应用，强调学习的主动性、情境性和社会性。正是在这一意义上，校本培训具有其他形式的教师培训所没有的特征，它使得教师在培训过程中获得自主权，进而

---

① 段忠桥. 当代国外社会思潮［M］. 北京：中国人民大学出版社，2010：51.

使培训更具针对性和有效性。

三是教师专业发展理论。过去，教师这一职业并没有被看作是一种专门的职业，而随着当今社会政治与经济的快速发展，对于教育的要求也越来越高了，教师这一职业由简单的"教书匠"转变为"研究员"，教师的特点也由"辛苦型"转变为"科研型"，由"经验型"转变为"创造型"。教师这一职业越来越受到社会的关注，而教师专业化这一理念也成为当今教育界的热门话题，教师的主体地位和作用在教师专业化发展进程中得以确认。

所谓教师的专业化，是要求教师在职业生涯过程中，"通过终身的专业训练，习得教育专业知识，实施专业自主，表现专业道德，并逐步提高自身从教素质，从而成为一名出色的教育工作者"①。教师专业化发展的根本动力是教师的主体参与性，使教师的创新精神和主体意识得到确立，可以促进教师的专业发展，要认识教师与其他教育工作者之间的关系，要认识教师与学生之间的关系，才可以进一步树立教师的责任感和主体性，为教师自身发展提供更加广阔的空间。

现实中，大力推进学校文化建设要充分发挥本校的传统文化积淀，塑造和谐的育人氛围，要着力突出教师的自主精神的培育，在学校文化建设中大力弘扬全体教职工的主体精神。在学校文化建设与管理理论的引领下，大力推进教师校本培训，形成和谐协作的教师群体，应当成为乡村学校追求的目标。

1999年，"校本培训"一词首次出现在官方正式文件中。教育部在《关

---

① 陆岩. 试析当代西方文化思潮主流思想及其走势［J］. 理论探讨, 2006（4）: 131.

于实施"中小学教师继续教育工程"的意见》中指出，"中小学是教师继续教育的重要基地，……各中小学都要制定本校教师培训计划，建立教师培训档案，组织多种形式的校本培训"①。在学术领域，校本培训也逐渐成为了研究的热点。在实践中，校本培训也得以在包括乡村学校在内的各地中小学开展。总体而言，校本培训具有以下特点。

一是较强的时效性和针对性。在传统的教师培训中，乡村教师一般充当学员的角色，由专业人员就某一领域为其开展系统的教育和培训。培训的内容往往以理论知识为主，而忽视了培训的时效性和针对性。衢州市开化三中的Z校长在访谈中表示：

与以往的教师培训不同，校本培训的时效性和针对性较强。我们学校对于校本培训的基本要求是，培训的目标设置、制度安排和培训方式、内容等，必须符合本校教育教学需求和教师专业发展需要。教师是校本培训的主体，也是培训的对象。说教师是校本培训的主体，是因为我们的校本培训内容和主题安排一般由各教研室根据教师的需要而确定，也就是说培训切合一线教师实际工作，便于解决教师在教育教学过程中碰到的现实问题。培训的组织和方法也具有灵活性的特点。教师可以向学校教师发展中心提出建议，采取什么样的形式进行培训。这样一来，培训就易于被一线教师接受，也可以在较短时间内有效提高教师的课堂教育教学水平，尤其是对于青年教师的培养具有重要作用。

在以往的教师培训中，我们把教师视为学员进行培训，乡村教师在培训过程中像学生一样。相对而言，我认为这种形式的培训枯燥无味，理论

---

① 杜晓利. 教师政策［M］. 上海：上海教育出版社，2012：95.

与实际相脱节，培训的实用性较弱。在不了解乡村学校和乡村教师真实需求的情况下进行培训，这样的培训或多或少缺失实际效果。事实上，乡村学校和城市学校不同，甚至于每一所乡村学校、每一位乡村教师所面临的困惑与难题各异。教师培训如果一味地采取传统的模式，而忽视不同乡村学校和乡村教师的特殊性，将很难取得实质性的效果。事实上，乡村学校是乡村教师培训的基本依托单位，在学校里，培训者之间、培训者和被培训者之间相互了解，在培训过程中交流起来就更加便利。这将在无形中提高培训的针对性和时效性，也会提高培训的实际效果。例如，校本培训中新老教师之间手拉手帮扶的过程，对于新教师在课堂教学中所表现的经验不足，在实际教学中不能很好把握教学进度等方面，老教师就可以非常有针对性地、随时随地对他们的教学问题进行指导。所以，在培训的内容上，完全根据学校发展中的实际问题，根据教师教学中的实际情况，采用更加灵活的方式对教师实施培训，不但可以实现面向全体教师实施培训，而且对于个别有问题的教师还可以单独实施培训。

上个月，我们学校为了探索"互联网＋教育"课堂教学新模式，就组织开展了"在线互动课堂"使用技能提高的校本培训。培训由信息技术教师担任主讲教师，详细解答了老师们"在线互动课堂"操作使用中出现的共性和个性问题，帮教师们解决了教育云账号等相关技术操作的具体问题，老师们收获满满，促进了学校信息化与学科教学深度融合。通过这次培训，及时有效地解决了教师在应用操作中出现的疑难问题，教师对"在线互动课堂"操作使用流程，有了进一步的认识和提升。

一般认为，"校本培训的操作是在教师本人所任职的学校中实施的，校本培训的目标、制度、方式和内容符合学校和教师本人的具体情况，在培训的过程中，教师可以第一时间了解自己的培训成果，在课堂教学中应用所学的理论知识，及时将课堂教学与培训的成果相结合，将理论与实践及时有机地结合在一起，使校本培训具有较强的针对性和时效性"[①]。

二是较强的亲融性和可操作性。与其他培训形式突出对于参训教师考核的要求相比，校本培训更加注重校内教师共同体的专业发展水平提高，因而具有较强的亲融性和可操作性。有教师表示，传统的教师培训中，培训者与被培训者缺乏有效的交流沟通，使得培训的过程枯燥无味，教师接受培训的积极性也没有得以充分调动，这是传统教师培训出勤率较低的原因。浙江师范大学的 T 老师在访谈中说道：

由于大部分校本培训在本校中进行，而校内的老师之间一般彼此熟悉，学员和教员之间没有生疏感和距离感，因而沟通起来也会比较方便。教师们可以就培训主题随时交流。交流的方式也可以灵活多变。这样一来，培训就不再拘泥于形式，使得培训更具效率。由于校本培训是在教师本人所在的学校中进行的，所以制订培训计划的有关人员更加了解学校和教师本人的实际情况，教师本人可以结合学生的实际制定自己的培训方向。校本培训还为后期培训结果的评估考核带来了方便，无论是对于培训者的教学工作，还是对于被培训者的学习过程，以及培训者与被培训者共同对最后培训结果的认识，校本培训的特点决定了其在操作中更容易实施，相形于传统培训中脱离实际而产生的不确定性，校本培训的操作性更强，其结果更真实可靠。

---

① 方展画. 罗杰斯"学生为中心"教学理论述评［M］. 北京：教育科学出版社，1990，151.

（二）校本培训的形式

教育改革的持续推进和农村教育质量的提高，客观上要求教师具备相应的素质与能力。这种素质与能力体现在教师的教学理念、教学方法和教学风格等多方面，教师具备优良的综合素质与能力是时代发展和教育进步的必然要求。现实中，校本培训是教师在短时间内提高自身专业发展水平的有效路径。结合霞浦县北壁乡中心小学 Q 校长的访谈，探讨不同校本培训在乡村学校的实践情况，主要包括以下几种方式。

第一，集体备课。教师集体备课是以备课组为单位，组织教师开展集体研读大纲和教材、分析学情、制定学科教学计划、分解备课任务、审定教学设计、反馈教学实践信息等系列活动。[①] 现实中，集体备课强调教师群体在备课过程中的交流、合作，有助于解决单个教师无法解决的教育教学难题。

我们学校比较强调教师集体备课，教师们也乐于接受这种备课形式，特别是年轻教师。在集体备课活动开始之前，一般我们要求教师先要进行"个人自备"，教师一般要从自己的课堂实际出发，设计教学方案，写出备课心得，以便于在集体备课时交流。集体备课时，老师们一般采取"一问、二说、三议"的方式，就某一教学方案提出质疑、说出想法、进行议论。集体备课活动结束后，教师们一般需要整理相关资料，收集汇总议课信息，并提供不同的教学思路与方案，供教师自己选用。教师一般会从自己班级的实际情况出发，进行修改，重构教学设计。这样一来，具体的教学方案将能够既体现教师集体的智慧，又展现教师个人的风格，同时能够适应不

---

① 赵艳谊. 创新集体备课，构建小学数学高效课堂［J］. 教育观察，2020，10：84.

同班级学生的具体情况。

在集体备课时，"一问、二说、三议"的互动研讨，是最为关键的环节。在这一环节中，教师们往往会围绕某个教学设计或教学设计中的具体问题，进行深入的交流，我们鼓励教师平等讨论，不管是年轻组长、教研组长，还是普通的一线教师。有时候碰到一些具有代表性的问题，学校会邀请校外的专家过来，帮助教师加以解决。在互动研讨过程中，大家都是平等的参与者，我认为这有利于调动教师的学习热情，使他们真正成为自己课堂的主人，并乐于提高自身的教育教学能力。

第二，专题论坛。专题论坛是乡村学校为促进教师专业成长而搭建的交流平台，具有开放性和互动性的特点，对于乡村教师来说，专题论坛具有较强的名师培养和专业引领的作用。在形式上，专题论坛主要包括名师沙龙、专题研讨、专家讲座等形式。

学校一般会根据教师在实际教育教学过程中关心的具体问题，确定相应的论坛主题。比如这学期，我们就"教育惩诫"开展过一次专题论坛，还邀请了校外的专家。因为在平时的工作中，"教育惩诫"就是许多教师关心的问题。对于一些顽皮，甚至叛逆的学生来说，如果没有必要的惩诫措施，那老师可能还真的拿他没办法。你知道，农村学校的"问题学生"比较多。当然，这也不能完全怪学生，背景有家庭的因素。

在专题论坛中，我们一般会要求教师就某一个共同关心的问题展开调研，并查阅相关书籍和资料，进行必要的准备。专题论坛对于主讲人来说是一次挑战，也是他走向成熟的机会，对参与其中的其他教师也是一次学习提高的机会。在论坛上，成员之间往往会就专题论坛设立若干分主题，在主讲人讲座结束后，教师们就自己感兴趣的分主题，选择相应的小组，参加讨论。通常在分组讨论中，我们选择一位教师作为主持人，选择两到三位教师作为分主题发言人，并鼓励小组成员积极交流、讨论。专题论坛的另外一个必备要素是案例的讨论和学习，案例的选择需要遵循特定的程序。一般来说，第一步是收集和整理案例材料，形成关于案例的初步认识；第二步是分析案例，提炼案例中有价值的素材，并把案例中的素材串联起来进行剖析，形成关于案例的更为深刻的认识；第三步是形成完整的，并适合论坛主题的合格案例。在案例的选择中，我们一般强调"讲好乡村教师自己的故事"。也就是说，案例要来源于我们的工作和生活实际，并有助于解决乡村教师在教育教学工作中的现实问题，这样才能强化案例的针对性和有效性。

第三，课题研究。课题研究是乡村教师校本培训的另一重要形式，可以有效提高教师的业务能力。特别是近年来，伴随着新时代基础教育的改革和发展，"乡村教师成为研究者""乡村教师要在反思中成长""做研究型乡村教师""做专家型乡村教师"已经成为众多乡村教师追求的目标。[1]

我们对于教师从事科研也有一定的要求，特别是对于年轻教师。因为他们要评职称，要追求专业发展。所以在平时的工作例会中，我特别强调教师要有问题意识，"问题即课题，教学即研究"。教师要有自己的设想，并勇于尝试，善于开展总结和反思。但是我也发现，教师从事科研的积极性并不是很高，这有可能和他们日常工作压力较大、课务负担较重有关。很多教师是因为评职称等一些硬性要求，才被迫从事科研工作。另外一点

---

① 李天凤. 乡村教师科研［M］. 上海：华东师范大学出版社，2019：2.

就是，农村教师还是缺失从事科研的能力，他们大多没有经过系统的科研训练，对于什么是科研、什么是教师科研、有哪些科研方法、科研的基本步骤是什么、如何形成科研成果等，没有正确的认识。去年我们学校招了一名"硕师计划"研究生，他对于自己所在教研组的科研工作还是有一定的带动作用。他自己有相关的科研训练，具备从事科研的相应素质，所以其他一些教师也会有意识地请教他如何做科研。这样一来，就把整个教研组的科研氛围带动起来了。当然，现在还没有看到他们的具体科研成果，这一点我倒是不急的。我们要求教师要积极地做科研，但并不要求他们急于出科研成果，因为他们平时工作压力本来就蛮大了，而且科研也不是一朝一夕就能出成果的。

与迫切地要求教师推出科研成果相比，我们学校对于教师自我反思的要求更高。其实我觉得教师自我反思和教师科研两者相关，自我反思是科研的基础，科研可以更好地促进教师自我反思。而无论是自我反思，还是科研，其目的都是提高教师自身的教育教学业务水平和能力。我们会定期选择学校教育教学过程中的典型事例，要求教师作出口头的和书面的反思报告。典型事例既包括积极正面的事例，也包括消极反面的事例。相关教师对于积极正面的事例作出反思，有助于其从中吸取经验，并加以推广，就某一问题形成统一的、正确的认识；对于消极反面的事例作出反思，有助于教师吸取教训，进而避免今后相关后果的重现。反思本身就应该具有一定的批判性，能使教育经验理论化，这有助于提高教师的理论素养和研究能力。

二、优化学校支持的基本思路

现实中，校本培训作为乡村学校支持乡村教师发展的重要手段，需要进一步优化。同时，乡村学校还应通过减轻乡村教师工作负担，优化乡村教师自我发展意识，更好地促进乡村教师发展。

第一，提高校本培训的实效性。校本培训对于乡村教师专业发展具有重要意义，一般来说，乡村教师基于提高自身专业能力的诉求，具有较强的参训意愿。但现实中，一些学校提供的校本培训机会并不是很多，乡村教师参训需求和校本培训机会之间存在不平衡的现象。基于这样的现实状况，有关部门和乡村学校应当加大对于乡村教师的校本培训力度，提供充足的校本培训机会。在培训内容的安排上，应该避免停留在片面的理论培训的层面。不同乡村学校应当基于乡村教师在教育教学工作中的实际问题，或面临的实际困难，设计符合本校教师专业发展需求的培训内容。只有将校本培训内容与乡村教学实际相结合，才能够使校本培训发挥更大作用。对此，有乡村教师在访谈中表示：

学校会提供一些校本培训的机会，有时候会请外面的一些专家过来讲很多先进的教育理念、教学方法和教学设计等。学习之后感觉也受到了一定的启发。但是回到日常教学工作中，面对自己的课堂时，总觉得一些先进的教育理念、方法或教学设计无法运用。比如说，慕课是一种先进的课堂教学模式，但是，将慕课运用到我们乡村学校的课堂，却并不是那么容易。所以，还是要针对我们日常工作中遇到的实际问题设计培训内容。事实上，作为乡村教师，我们知道自己专业发展水平不足，特别是和城市教师比起来，我们平时接触新理念和新事物的机会较少，一天到晚忙于课务和学生管理工作，也很难抽出身来自我学习和提高。所以，有可能的话，还是希望学校能够有计划、有步骤地提供一些具有针对性的校本培训，以拓宽我们的视角，提高我们解决实际教育教学工作中存在的问题的能力。

有些培训对于我们来说很有意义，比如说，了解农村留守儿童或单亲家庭学生的特点，如何帮助他们提高自己的学习成绩，养成良好的学习习惯等。因为我们一个班，有一半以上的学生属于留守儿童，或来自单亲家庭。学校教师发展中心会有意识地关注相关主题的培训，有时会请校外的一些专家，主要是大学教授，来为我们提供讲座。我觉得校本培训要符合农村教育的特殊性，帮助教师解决实际问题。

还有学者指出，校本培训还应当考虑乡村教师职业生涯发展周期，一般将发展周期划分为四个阶段，即适应期、成长期、成熟期和超越期等。现实中，处在不同成长阶段乡村教师的需求不同，遇到的问题也不同，所以应当避免"一刀切"式的校本培训，"乡村教师培训就是应该分层次分阶段地进行，充分考虑到每个阶段教师的专业知识、专业能力、专业情感等实际情况"。①

第二，减轻乡村教师的工作负担。乡村教师的日常工作繁重，很多教师的教学任务繁多，工作的大部分内容是备课、上课、批改作业等，一些寄宿制学校的教师还要轮流担任生活老师，监管学生的生活。衢州市开化三中的教师发展中心的余主任谈到了乡村教师工作负担沉重的主要原因和表现：

我觉得农村老师工作负担重主要有这几方面的表现。一是课务较多。

---

① 　彭佑兰，许树沛. 美国 TFA 计划及对我国"特岗计划"的启示［J］. 教育发展研究，2010（10）：54.

我们国家的教育管理体制是"以县为主"，教师的工资主要由县里负担，而地方上为了减少财政负担，对教师编制数量管控较严。同时，一线教师由于提拔、退休和流失等原因，使得一些农村学校教师队伍缺额现象严重。一线老师数量少了，工作量还是同样的工作量，甚至还有增加。这样一来，压在每一位农村教师头上的任务就重了。为了完成基本的教学任务，学校也没办法，只能加重教师负担。我们学校教师每周的课务量在14节以上，不少老师还有多个课头，这样一来，备课任务就加重了。除了上课，老师还要完成与课务有关的教学活动，如批改作业、完成各类教研任务等。二是工作内容具有特殊性。农村学校的老师除了需要完成正常的教育教学工作任务外，还要完成一些城市学校教师不需完成的工作任务，比如应对留守儿童和单亲家庭学生的问题。这些学生由于缺少家庭的管教和关爱，通常具有多方面的问题，如任性、自闭、不良行为习惯等。这不仅在无形中增加了农村老师的工作量，而且增加了老师的从业风险，因为一旦"问题学生"发生意外，老师将要承担相应的看管和教育责任。据我所知，我们学校一些老师在休息时间还要进行"问题学生"的家访，摸清学生情况，动员流失生返校等。这些工作使得农村教师的工作任务十分繁重，我们有时候会调侃自己说，"睡的比猫晚，起的比鸡早"。三是需要承担更多"分数"的压力。应试教育不仅使得学生有压力，教师也有压力，这种压力加重了农村教师的工作负担。对于农村学校来说，办学条件相对落后。在同等条件下与城里学校平等竞争，要想取得好成绩，教师就不得不牺牲课余时间，加班加点搞题海战术，设计名目繁多的考试，比如月考、期中考试、期末抽测、学科竞赛等。学生考试需要教师出题、监考、批卷、质量分析，所以考试实际上加重了老师的工作负担。其实这种情况我们普通老师也理解，毕竟在应该教育的大环境下，学生的成绩好了，无论是对于学生、教师，还是学校来说，都是好事。

基于乡村教师工作负担重的现实情形，有学者认为，一方面乡村教师应当优化自身的时间结构，合理安排有关事务，提高时间使用效率。另一方面，教育行政部门和乡村学校应当充分考虑到乡村教师工作压力较大的现实处境，提高监管的效率，让乡村教师从一些不必要的事务中解脱出来，更加积极和轻松地提高自己的专业水平。

第三，提高乡村教师的自我发展意识。促进乡村教师专业发展仅仅依赖外在环境的支持并不足够，从根本上说，乡村教师发展主要依赖于乡村教师自身的发展需求和动力。因而，提高乡村教师的自我发展意识，使乡村教师具有自我提高的理想和欲望，是促进乡村教师专业成长的必然要求。对此，兰溪县柏社中心小学的 Z 老师说道：

我在农村学校工作十几年了，从 2008 年毕业后就来到了这里。我是本地人，当时想着毕业后回家乡工作也挺好，可以照顾家里。十几年下来，感觉自己和当初选择在城市学校工作的同学比起来，在专业发展方面还是有差距的。你刚才提到了很多外在的原因，比如工作压力、学习机会和平台等，但是我也承认，自己是不是有专业发展的意识，这一点也很重要。我自己这么多年也懈怠了，没有趁着年轻的时候多努力一把，提高自己的专业水平和学历水平。我有几个同学，他们在市里学校工作，研究生毕业都好几年了。有研究生学历，职称上得就快一些，其他方面也占优势。在我们学校，大家都差不多都忙于完成日常的工作任务，或者被动地参加一些专业发展培训和教研会议。很难说哪个教师有非常强烈的自我提高欲望。比如说评职称，有的老师觉得名额少，竞争激烈，或者因为自己年纪大了，就不太上心。我自己有时也有安于现状的想法。

有学者认为，提高乡村教师的自我发展意识，应当优化乡村教师的自我效能感。自我效能感是指乡村教师对于自己在特定情境中是否有能力去完成某种任务、实现某种目标的推测与判断。提高乡村教师的自我效能感，首先要提升乡村教师在教育教学过程中的自我效能感，要引导乡村教师形成对于自身工作成效的正确认识，给予其更多的关爱和鼓励。现实中，不同乡村教师对自身工作成效具有不同的认识。一些乡村教师认同感较高，一些乡村教师认同感较低。有乡村教师在访谈中提到了陶行知教育学生的事例：

陶行知先生当校长的时候，有一天看到一位男生用砖头砸同学，便将其制止并叫他到校长办公室去。当陶校长回到办公室时，男孩已经等在那里了。陶行知掏出一颗糖给这位同学："这是奖励你的，因为你比我先到办公室。"接着他又掏出一颗糖，说："这也是给你的，我不让你打同学，你立即住手了，说明你尊重我。"男孩将信将疑地接过第二颗糖，陶先生又说道："据我了解，你打同学是因为他欺负女生，说明你很有正义感，我再奖励你一颗糖。"这时，男孩感动得哭了，说："校长，我错了，同学再不对，我也不能采取这种方式。"陶先生于是又掏出一颗糖："你已认错了，我再奖励你一块。我的糖发完了，我们的谈话也结束了。"

我非常希望自己能像陶行知先生一样教育学生，掌握科学合理的教育教学方法。我也碰到过类似的学生事件，有时候对于一些顽皮和叛逆的学生来说，一味地指责和批评，可能会适得其反。所以我平时会有意识地读一些关于教育教学方法案例的书，书中介绍的一些教学方法确实有效，至少可以尝试。如果能很好地解决学生在学校学习过程中的问题，那老师也会觉得自己的努力没有白费，这样就会觉得自己的工作做得有价值了。

现实中，乡村教师对自身价值的认可能够为其自身发展注入内源性动力，这种动力能更有效促进教师的持续成长。虽然在工作的过程中会遇到一些来自外界的负面影响，但乡村教师应当正确认识自己的努力和付出，并以此为自身专业发展的动力。

第三节　乡村教师发展的社会支持

乡村教师的发展无法离开社会力量的帮扶与支持。在乡村教师发展的过程中，包括城市优质中小学校、高等学校和一些公益性组织等多方面社会力量，给予了乡村教师大力支持。但同时应当看到的是，目前我国乡村教师所享有的社会资源仍然不足，促进乡村教师发展，需要进一步优化社会力量支持乡村教师发展的基本思路。

一、社会力量支持乡村教师发展的主要构成

社会支持是指"社会用以对个体或群体的社会行为方式表示肯定和支持，从而对个体或群体日后的行为方式产生影响的动力系统"[1]。有学者认为，从一般意义上讲，社会支持系统是一个有机的整体，它由若干社会支持要素通过一定的联系方式构成，包含了社会支持要素与要素之间的关系、要素与系统之间的关系，以及系统与环境之间的关系；还有学者认为，所谓社会支持系统是指，支持主体与支持客体通过信息交换彼此影响，相

---

[1]　刘丽群. 论教科书、身份文化与社会分层[J]. 湖南师范大学教育科学学报，2008（5）：98.

互作用的过程的集合体。① 其中，支持主体是从事支持实践活动的个人、组织或机构；支持客体是支持实践活动的对象，即支持的受益者。支持主体与支持客体通过信息交换这一中介相互作用和影响；集合体就是系统，即"若干组成部分彼此之间相互作用和相互依赖，结合成具有特定功能的有机整体"②。

尽管对社会支持的理解存在差异，但是总结不同观点还是可以加深人们对于社会支持的认识。其一，社会支持系统具有结构性特征，具体内容包括：社会关系网络的规模，即与个体有交往关系的人的数量；与个体有交往的社会关系的类别，如父母、亲戚和朋友等；各类社会关系的成员人数，如学生数、同伴数等，通过对比可以提示各类社会关系在个体社会生活中的相对地位和重要性；个体与各支持者的交往频率和范围；不同支持者之间的相互关系等。其二，社会支持具有内容特征。一般而言，社会支持的内容主要包括情感支持、工具性支持和信息支持等。其中，情感支持是指向身处困境的人们给予情感安慰等；工具性支持是指分享、实物帮助和其他形式的亲社会行为；信息支持即提供有助于解决问题的建议或指导。③

在本书中，乡村教师发展的社会支持是指除政府与乡村学校之外，支持乡村教师发展的社会多方面主体或力量。现实中，针对乡村教育和乡村教师发展存在的现实问题，多方面社会力量致力于打造一支热爱乡村、业务精湛的高素质乡村教师队伍，对乡村教师发展积极给予支持或帮扶。总

① 李存生. 乡村教师发展引论［M］. 北京：人民出版社，2018：297-299.

② 李存生. 乡村教师发展引论［M］. 北京：人民出版社，2018：297.

③ 罗汝珍. 高校教师专业化发展的社会支持体系研究［M］. 长沙：中南大学出版社，2018：94.

体来看，城市中小学、高等学校和一些社会公益性组织，是促进乡村教师发展重要的社会主体。

第一，城市中小学。一般而言，城市中小学具有相对优质的教育资源，拥有更多的教学名师、骨干教师、学科带头人等优秀师资力量。[①]现实中，不少地方教育行政部门积极引导城市优质教育资源向乡村教育布局，促进乡村教师发展。具体来说，城市中小学对于乡村教师发展的支持主要体现在以下方面。

其一，鼓励城乡教师开展日常教育教学合作交流。开化县教育局调研员 T 老师表示："我们县上个月还举办了一次类似的活动，主要是以县里的名师工作室为依托，鼓励城市优秀骨干教师深入到乡村教育教学一线，了解和认识乡村教师教育教学中存在的问题，并就相关问题，积极开展交流研讨，指导乡村教师备课、听课和评课活动，协助乡村教师开展教育教学研究，进而提高乡村教师的业务能力和水平。"在调研中笔者发现，城乡教育之间在师资力量方面存在的差距，是大多数地方教育行政部门认识到的客观事实。现实中，一些地方教育行政部门积极推动城乡教师之间开展日常的教育教学合作。

其二，积极构建区域城乡教师发展共同体。在乡村教师发展面临的资源相对不足的情形下，组建城乡教师发展共同体，实现教师发展的资源共享，是不少地方教育行政部门促进乡村教师发展的思路。T 老师说："就我们县来说，教师发展共同体的最大好处是资源共享，乡村教师可以便利地使用城市学校的优质资源，解决自身在教育教学工作中遇到的实际问题，

---

① 李书磊. 村落中的"国家"——文化变迁中的乡村学校 [M]. 杭州：浙江人民出版社，1999：11.

县里鼓励城乡教师之间守望相助、相互支持、共同发展，在思想碰撞和对具体问题的研究中产生集体智慧，形成共生效应。"现实中，在教师发展共同体理念的指引下，促进乡村教师发展的具体实践模式包括：积极开展城市学校与乡村学校结对共建，组成教育教学联合体；引入乡村教师导师制，密切骨干教师与乡村教师的联系，将城市骨干教师先进的课改经验传授给乡村教师，为乡村学校培养优秀学科带头人；教学名师深入乡村课堂开展示范课、公开课，影响和带动乡村教师的教学理念和教学方法的更新，促进其教学技能的提升。

其三，支持城市优质师资力量回流乡村教育。通过运行机制的创新，实现资源的优化配置。通过制度的设计和政策的优惠，实现城市优质资源的有序流通，形成乡村与城市之间有效互动、优势互补、共同提高的发展局面。根据教研员 T 老师的介绍，开化县在这方面的举措主要包括："制定城市青年教师乡村学校支教与锻炼计划，相对而言，城市青年教师支教乡村教育在生活方面的压力较小，他们一般没有家庭的负担，同时我认为他们应该到乡村学校去走走看看；实行城市教师职称职务晋升乡村服务制度，我们将城市教师服务乡村教育视为其职称和职务晋升的必要条件之一，鼓励城市教师下农村，实现城乡教师共同发展"。根据我们的调研，很多地方教育行政部门通过多种方式，引导城市优质教师回流乡村，以提高乡村教育师资队伍质量。

现实中，城市中小学支持乡村教师发展还有其他多种形式。其中，"顶岗培训"是一些地方采用较多的形式之一。在界首市，通过"顶岗培训"方式新任的农村教师共有 67 名，他们在农村学校报到后，随即进入城区学校顶岗培训。目前，首批 67 名教师顶岗已 3 个多月，反响很好。配合顶岗培训政策，界首教育部门又出台了"顶岗支教"模式，让城区老教师和农村新任教师互相"顶岗"。

通过顶岗支教，在城区学校历练的新任教师回到农村学校，将把所学、所感、所闻带回去，将激发农村学校活力，为城乡教师教育交流搭建大桥梁。①

第二，高等学校。现实中，不少高校积极承担乡村教师发展的帮扶工作，通过多种途径和支持方式，促进乡村教师的发展，提高乡村教师的专业发展水平。②具体而言，高校对于乡村教师发展的帮扶主要有以下几种方式。

其一，发挥自身优势，积极开展"顶岗支教、师范生实习"等帮扶活动。很多高校在加强对师范生的教学能力培养的基础上，开展师范生到乡村学校进行教育实习、见习，顶替乡村教师的岗位开展支教活动，高校对被置换出的乡村教师进行脱产培训。现实中，这种模式既锻炼了高校师范生的实践能力，同时为乡村教师提供了培训和发展的机会。在这一过程中，高校通过设置符合乡村教师实际需要的课程，强加乡村教师的专业能力培养。在访谈中，T老师就衢州学院师范生的规范性实习说道：

在实习目的上，对于师范生而言，规范性实习重点是课堂（集体）教育教学和班主任（带班）工作的规范，旨在让学生深入观察和了解农村中、小、幼学生的日常学习行为和状态，提高师德修养，进一步巩固专业思想；掌握备课、上课、批改作业和课外辅导等教学环节的基本规范，为综合性

① 徐风光，赵亮.安徽省界首市创新城乡教师交流模式：进城，农村新教师"顶岗培训"；下乡，城区老教师"顶岗支教"［N］.中国教育报，2017-12-25（10）.

② 李玲，李伟.乡村教师队伍建设政策协同性评价研究［J］.南京师大学报（社会科学版）2020（1）：88.

的毕业实习打好基础；参与教学研讨，开展研习活动，积累研究素材；引导学生将所学的基础知识、基本理论和基本技能运用于初中、小学、幼儿园的教育教学实践，提高学生分析问题、解决问题和独立从事实际教育教学工作的能力；开展班主任工作，参与班级管理；增强我院与广大中、小学、幼儿园的联系，检验我院教育教学效果，促进教学改革的深化和教育质量的提高，全面实现专业人才培养目标。对于实习学校而言，规范性实习可以减轻农村教师工作负担，并将一部分农村学校的教师从过重的日常教育教学工作中解脱出来，参加继续教育培训，以进一步提高自身专业素养。

在实习步骤与内容要求方面，规范性实习原则上分为三个阶段：见习阶段1周，各项内容实习阶段2～7周，总结汇报阶段第8周。其中，见习阶段在实习学校统一安排下，实习生熟悉实习学校和学生，观摩实习班级的教育教学活动，并做好上课的各项准备工作。实习阶段原则上每周进行不少于2课时的课堂教学实践。根据专业特点，主要实习与所学专业相对应的课程，其他课程的课堂教学实习由实习学校根据实习生的特长统筹安排，要进行不少于1周的班主任工作实习。要主动参加教研活动，开展研习工作，主动与家长进行交流，参与家访，积极进行教育调研。在总结阶段，实习学校统筹安排实习生开展公开课与汇报课教学，自我总结填写《实习成绩鉴定表》，接受实习学校指导教师对自己的成绩评定。

其二，联合其他教育机构，主动组建帮扶团队。根据调研发现，很多高校在促进区域乡村教师发展的过程中，不仅充分发挥自身优势，而且积极联合相关教育机构、基础教育名师和学科带头人，以资源互补的方式共同帮扶乡村教师发展。不少高校，尤其是地方高校的师范办学单位坚持以服务乡村教育和乡村教师发展为己任，加强乡村教育的研究力量，成立高校教师领衔的高中、初中和小学各学科优秀教师组成的名师工作室，发挥其引领示范作用，以各自不同的专长和优势切实提高乡村教师的能力水平。在访谈中，T老师说道：

衢州学院是我们衢州地区唯一的地方本科院校，承担促进区域乡村教师发展的任务，衢州学院教师教育学院坚持"立足地方，面向农村，服务基础教育"的办学定位，在多方面促进了乡村教师发展。在组建帮扶团队方面，衢州学院教师教育学院联合市教育局教研室、市陶行知研究会和地方名师工作室，通过多种方式帮扶乡村教师发展。与市教育局教研室合作方面，衢州学院和市教育局教研室合作成立了教师发展质量监控中心，主要负责区域教师专业发展能力的检测与提高。与市陶行知研究会合作方面，衢州学院和市陶行知研究会定期举办送教下乡、教研论文评比和城乡教师交流研讨活动。与地方名师工作室合作方面，衢州学院联合地方名师工作室，帮助解决农村教师发展过程中的实际问题。事实上，衢州学院支持工作服务团队经常走进乡村课堂，与乡村教师共同研究发现教学中的问题，开展分析、咨询和诊断活动，帮助乡村教师提高教育教学水平。

其三，运用信息技术手段，拓展帮扶渠道。信息技术手段可以突破时空的约束与限制，拓展高等学校帮扶乡村教师发展的渠道。一些地方高校积极参加全国教师教育网络联盟的活动，在本校网站上建立乡村教师互动平台，积极应对乡村教师提出的问题，以项目化的形式研究乡村教师发展过程中的共性问题。现实中，信息技术手段对于促进乡村教师发展具有重要意义。人民日报社的《民生周刊》曾经报道了信息技术手段对于一位乡村教师业务能力提高的真实经历。

三年前的教师节，50岁的乡村教师王莉莉通过网络，参加了乡村青年教师社会支持公益计划，开启了她的网络学习之路。"30多年来，我身上的标签就是村小老师，随着年龄增长，我的标签变成了老教师。我想，我的一生就这样平平淡淡地度过了。然而让我没有想到的是，第一次触网学习，完全改变了我，让我的人生有了全新的开始。"8月23日，在第二届中国西部教育发展论坛上，王莉莉分享了她3年的"互联网+"历程。尤其在疫情期间，她在网上开直播，给学生上课，给家长荐课，从容应对。

但她也看到，面对线上教学，很多教师手忙脚乱。对于乡村学校来说，提高教师在线教学能力，提升师生的信息素养，任重道远。"在线教育，想说爱你不容易。"触网3年之后，王莉莉感叹道。她深知在线课堂与传统课堂不同，要上好网课，乡村教师需要付出更多努力。

疫情期间，王莉莉一个人承担了学校3个班的教学任务，她是五年级的语文老师，但学校另外两个班的语文老师是代课老师，网络教学经验几乎为零。她带着五年级3个班168名学生上语文课，还带着全校800多名学生上生命教育课。除了直播上课，她还持续地给孩子和家长推荐优质课程，包括教育部门组织优秀教师录制的优质课程，还有一些公益组织推荐的优质课程，像社会教学课程、美术课程。"依托互联网我们进行了丰富多彩的网络教学活动，让孩子们宅在家里也不觉得无聊和枯燥，每天对网络学习充满了新的期待。"王莉莉说。在进行了3个月的线上学习和2个月的线下学习之后，王莉莉带的3个班在期末全乡调研考试中分别获得了第一名、第二名和第四名的好成绩。

"我从没想过能在网上给那么多孩子上课。"王莉莉说，"50岁再出发，3年互联网深度参与，我的角色也在不断变化。"她觉得2017年加入乡村青年教师社会支持公益计划（"青椒计划"）为她开启了人生第二春。

在学习的同时，她还带学生们参与了美丽乡村网络公益课程。"线上线下密切配合，极大丰富了村小的课程资源，缓解了乡村学校缺少音乐、美术专业教师的不足。互联网教育带给学生优质课程资源的持续陪伴，这是改变村小孩子的巨大力量。"王莉莉说。2018年，她又成为彩虹花公益网络课程主教团队的一员，参与课程运营。"一路走来，我深深体会到网络素养不是一朝一夕就能养成的事。"①

第三，社会个人或其他公益性机构。乡村教师的发展无法离开社会个人或各类公益性组织的支持，在充分发挥城市中小学校和高等学校帮扶乡村教师发展的基础上，如何用好教育系统外部的各类资源，走多元化的乡村教师发展帮扶道路，是各地教育行政部门和乡村学校思考的重点。现实中，一些地方积极引导社会公益性组织服务于乡村教师发展。衢州市教育局教研室的T老师介绍了衢州市社会个人或公益性机构帮扶乡村教师发展的主要路径。

一是积极培养企业、企业家的社会责任感。根据T老师的介绍，衢州市鼓励企业和企业家设立教育专项基金，积极引导公益基金组织及企业、个人进行教育慈善性捐赠，以帮助乡村教师发展。各类捐赠不但用于农村学校基础设施建设、设立优秀乡村教师奖励基金。我们鼓励企业和企业家关注乡村教师发展，授人以渔，以一种持续发展的理念为乡村教育输入资源，为乡村教师成长提供进修的机会，使他们获得进一步发展的能力。

二是积极招募有志于乡村教育的教育贤士。一些地方积极发挥教育技术人员、研究人员和退休教师的经验和专长，与政府或公益组织签订帮扶

---

① 罗燕. 互联网赋能乡村教师［N］. 人民日报，2020-09-01（10）.

协议，发挥他们引领者的作用，制订科学的帮扶计划，深入乡村教育。T老师说，他们那里会经常性地联系一些有志于从事乡村教育工作的教育贤士，深入到乡村教师工作一线，与乡村教师开展互动交流，对乡村教育进行实地考察研究，开展各类答疑解难和实务帮扶工作，并就乡村教师队伍建设存在的某些问题进行评估，形成评估报告，提出改进措施，以促进乡村教育和乡村教师发展。

三是鼓励社会成功人士积极投身乡村教育，将一部分财富捐献给教育公益事业，改善乡村学校的办学条件，提高乡村教师的发展能力。各县（市）教育局积极探索与公益基金会开展深度合作，充分利用社会各方力量，共建乡村教师培训基地，加大对乡村教师和薄弱学科的培训力度，为乡村教师的专业成长提供快捷优质服务。T老师说，他们和一些商业上的成功人士举办了乡村教育发展论坛，邀请社会各界人士聚焦乡村教育，发挥乡贤在乡村教育发展的作用，汇聚各方力量，提高乡村教师的能力发展，共同做好乡村教育事业。同时，支持和鼓励各乡村学校积极申报"马云乡村教师计划"和"马云乡村校长计划"，充分运用各类机会和平台，为乡村教师发展注入力量。其中，"马云乡村教师计划"每年一届寻找100位优秀乡村教师，给予每人总计10万元持续三年的现金资助与专业发展机会。一般采取自我申报和机构推荐两种形式。符合条件的候选教师通过网络申报；对乡村教育具有热情的机构推荐所了解的优秀教师。"马云乡村校长计划"每年在全国范围内评选出20位优秀的"乡村教育家"，给予每人持续3年总计50万元的支持。一般采用机构推荐制，符合标准的推荐机构须通过网络进行机构注册。

二、优化社会力量支持乡村教师的基本思路

现实中，尽管乡村教师获得了多方面社会力量的支持与帮扶，但同时应当看到的是，目前我国社会资源分配体系对于乡村教师发展的支持力度仍然有待提高。乡村教师享有的社会资源相对不足。主要表现是，乡村教师占有的社会物质资源相对较少；优质社会资源辐射乡村教师较少；乡村教师的职业主动权和选择权较低；乡村教师所拥有的乡村文化常被社会主流轻视；乡村教师在精神上感到孤独与无助。[①] 在这样的背景下，整个社会应当进一步为乡村教师发展注入资源。针对当前乡村教育和乡村教师存在的问题，应当构建全方位的社会帮扶系统，动员全社会力量支持乡村教师发展，努力打造一支服务乡村教育和热爱乡村教育事业的教师队伍。

（一）政府引导，构建有利于乡村教师发展的社会氛围

地方各级政府和教育行政部门是乡村教师发展过程中最强大和最理想的支持力量，优化社会力量帮扶乡村教师发展，不应忽视政府力量的有效发挥。现实中，地方各级政府和教育行政部门不仅可以为乡村教师发展提供实实在在的支持，而且可以引导社会力量积极关注乡村教师发展。

第一，建立公平有效的乡村教师发展激励机制。有学者认为，"政府应当制定奖励性政策，激发乡村教师的工作动力，为乡村教师的发展提供精神动力，让乡村教师的辛苦劳动获得认可，提升乡村教师的价值认同感"[②]。大丰市三龙小学教师发展中心的 Z 主任在访谈中表示：

---

① 关长军. 区域内义务教育师资均衡配置：问题与破解［J］. 教育研究，2013（12）：46-51.

② 王定华. 涵育大国良师：我国教师队伍建设之进展与走向［J］. 中小学管理，2017（6）：5-8.

政府应当进一步为促进乡村教师发展解决实际问题，比如，我们这里的老师住宿问题突出，教师宿舍还是十几年前的老房子，装修不太好，里面设施也不齐全。对此，老师们的抱怨也会比较多，之前我们学校来了一位"特岗教师"，主要就是因为宿舍条件不好，最终选择了辞职。当然，我们也不能有太多奢侈的要求，政府对于农村教育的投入已经很大，这几年对于农村教师的关注程度也在提高。但住宿条件对农村学校的年轻教师来说特别重要，他们大多没有成家，选择住在学校宿舍，工作累了一天，如果有一个相对温馨的住宿环境，将会让他们休息好，这样才能更好地投身于工作。我认为政府应该将乡村教师发展过程中的突出问题纳入议程，逐步加以解决，创造最优条件来满足乡村教师发展的需求。

第二，优化教育资源的配置。根据有关统计，我国对于基础教育事业，尤其是农村基础教育事业的投入趋于增长，但是与发达国家和地区相比，仍然处于一个相对靠后的水平，无法满足教育发展的实际需求。现实中，政府对于教育经费的投入表现为一个逐渐增长的过程。在这一过程中，要确保有限教育资源的均衡配置。根据课题组的调研，在农村学校中，与乡村教师发展有关的资源均处于相对稀缺的状态，包括各类隐性资源和显性资源。对此，政府应当提高乡村学校的资源配备水平，缩小城乡差距，为乡村教师发展提供充足的条件。根据 Z 主任的介绍：

我们学校教师无论在数量上，还是在质量上，相比于城市学校都呈现相对不足的状态。在数量上，有的老师需要承担多门课程的教学任务，日常工作量过大，导致教师无法专心于某门学科来提高自身的专业水平。在师资质量上，有关部门还应该为乡村教师队伍输入大量新生的力量。在我们看来，无论是国家层面，还是在地方层面，都出台了大量政策，如免费师范生政策、特岗教师政策等，但是我认为政策的力度还应该加大。农村学校就像"孤岛"一般的存在，农村教师的日常接触少，与自身专业发展有关的交流机会不多，他们一般就忙于日常的工作。在这种情形下，如果得不到政策的关注，乡村教师队伍发展将更不理想。在我身边，有一些乡村教师就把眼前的工作当作跳板，一旦有进城的机会，或者找到其他更好的工作，他们便会离开。优秀的师资留不住，新鲜的血液引不进来，这就是乡村教师队伍建设面临的主要困难。

对此，有学者提出，应当对驻守在乡村教学一线的乡村教师提供"乡村特殊资金补助"，以此来鼓励他们继续坚守乡村教学岗位，同时应当对乡村教师进行精神鼓励，对其在岗位上的付出予以肯定。[①] 此外，要进一步加大乡村教育引进新教师的力度。

第三，多方面评定乡村教师工资水平。乡村教师的工资水平与乡村教师队伍的稳定性高度相关。多年来，地方各级政府和教育行政机关在政府文件中多次明确，要"依法依规落实乡村教师工资待遇政策"，其核心就是要增加教师工资。Z主任在访谈中说道：

我认为应该采取多样化的标准，来评定乡村教师的工资水平，在现有的工资水平评定中，应该将乡村教师的教龄纳入评定标准，这可以更好地激励乡村教师坚守工作岗位。应当全方位地考察乡村教师工资水平的评定标准，建立更加多元化的评定指标，让乡村教师的辛苦劳动得到应有的物质回报。同时，也应当关注教师的福利待遇，关注每一位乡村教师的发展，适当给予节假日的补贴，对有贡献的乡村教师也应当给予相应的物质奖励，

---

① 郝德贤. "乡村教师支持计划"支持乡村教师发展的路径选择 [J]. 教育探索, 2017（3）：102-105.

真正做到劳者有得，多劳多得。

（二）关注细节，优化乡村教师发展的外部环境

乡村教师发展无法脱离乡村教师队伍的主体性，关注乡村教师的发展，仅仅依靠政府或学校的支持并不足够。应当多方面创设途径让乡村教师成为自身发展的主人，鼓励乡村教师发挥主观能动性。总体来说，任何一位乡村教师的发展或成长，均需要以下几方面的环境支持。

第一，家庭环境。家庭是"社会的基本细胞，是以婚姻关系、血缘关系或收养关系为基础而形成的亲属之间的基本社会生活单位"[①]。现实中，家庭状况与乡村教师发展状态和是否能够安心从教有关。具体来说，乡村教师所处的家庭层级构成、家庭的社会化水平和情感陪伴质量等，都会对乡村教师的成长和发展状态具有影响。对此，三龙中心小学的T副校长说道：

家庭是乡村教师工作的后盾，可以为乡村教师投身于乡村教育事业提供情感上的支持。在平时对于乡村教师的调研中我们也发现，长辈、配偶或子女，通常是乡村教师倾诉的对象。当乡村教师在工作上遇到难题或困惑时，家庭是一个温暖的港湾。乡村教师也是一个社会人，一方面要处理好家庭关系，另一方面也需要从家庭中得到支持和关爱。我们学校有时会举办一些活动，有时会请教师的家庭成员参加，比如教师节的联谊活动。目的就是想让教师的家长了解其配偶或子女的工作状态，希望得到他们的支持和鼓励。有时作为乡村教师的家人，要承担相应的责任，支持与理解家中的乡村教师，也是间接支持乡村教育事业的发展。

---

① 王勇. 当代乡村教师的社会角色困境与公共性的建构 [J]. 当代教育科学，2013（7）：88.

第二，同事合作。乡村教师发展除了需要良好的家庭环境的支持，还需要较好的同事合作。乡村教师工作于乡村学校，同事是其除了家庭成员之外交往较多的人员。在乡村学校这个平台，乡村教师在遇到困难时是否能够得到同事的帮助，在日常工作中能否与同事进行良好的互动与交流，将会影响乡村教师的工作状态。T副校长在访谈中提到：

同事关系对于乡村教师的成长具有影响，有时候有些话，老师可能不会对学校领导说，也不会对家庭成员说，同事之间交流可能是较好的倾诉方式。同事之间的交流也有便利性的特点，可以随时随地交流，不受时间或地点的限制。在工作中，相比于来自其他方面的支持，同事之间的支持更为便利。事实上，我们学校也会创造条件，鼓励学校老师之间进行更为广泛的深层的交流合作，特别是对于新进教师，我们都会举行欢迎会。总体来说，我认为同事之间相互了解，他们大致知道彼此的工作和生活情况，通过交流不仅可以共同成长，而且可以排解不良情绪，共享生活中的乐趣，形成良性的情感共鸣，以便更好地投入到日常工作中。对于乡村教师来说，他们应当善于利用身边的同事资源，见贤思齐，主动交流，互相帮助。

第三，家长支持。在"协同教育"和"家校共育"的宏观教育背景下，如何获取家长对乡村教师工作的支持，"对乡村教师建立专业自尊感显得异常重要，当然，影响家长有效支持乡村教师的因素很多，如家长的教育理念、家庭管教方式和社会背景等"①。现实中，家长对于乡村教师的支持状态欠佳。原因是，一方面，乡村学校留守儿童较多，家长在外地工作，难以顾及子女在学校的就学情况，乡村教师面对学生在学校的学习或生活

---

① 李瑾瑜，柳德玉，牛振乾. 课程改革与教师角色转换［M］. 北京：中国人事出版社，2012：182.

问题，往往很难找到一个可以交流的家长。另一方面，客观地说，乡村学校的学生家长的教育理念和家庭管教方式不如城市家长，他们本身受教育程度相对不高。因而，难以较好地承担"家校共育"的责任。在这种情形下，乡村教师事实上面临更大的工作压力和挑战，他们需要承担更多的工作内容。

家校携手育蓓蕾是当今社会的主流发展趋势，所以，家长会、家访、家校委员会等层叠而至。而当你细细观察，你会发现在乡村学校家长会已经名存实亡。社会发展迅速，世界开始紧密联系，工作不再像过去那样只能居于一隅，越来越多的家长们外出谋求发展，去往大城市工作，乡村留下的只剩老人和孩子。每次家长会，你会发现来的大多是爷爷奶奶，然而他们的思想还停留在旧日教育时代，或许是因为文化程度不高，觉得老师就可以教育好；或许是因为隔代亲，不舍得管教孩子。不得不说，爷爷奶奶这一辈的老人们思想工作很难做通，基本上每次家长会他们会说老师你多管管，而不是说愿意配合学校共同管理好学生，再加上老人家年龄都比较大了，学校也生怕他们在校园里发生磕碰，所以，乡村学校越来越少开家长会了。乡村家长也很少意识到家庭教育的重要性，他们大多觉得教育孩子是老师应该做的事，留在乡村的家长大多文化程度不高，所以，他们不能够理解父母是孩子的第一任教师也是对孩子影响最深远的人，每次家长会，家长们都不以为然，声称家中有事拒绝出席，这就造成了每次家长会很难看到爸爸妈妈的身影。①

教育并非仅仅是乡村学校的责任或义务，家长也应当积极配合学校做

---

① 佚名. 为何乡村学校家长会渐渐名存实亡？［EB/OL］.［2019-10-04］. https://baijiahao. baidu. com/s?id=1646422969020069248&wfr=spider&for=pc.

好育人工作。作为家长，"应该加强自身修养，掌握教育子女的方法，认识到家庭教育的重要性，认识到好的家庭教育对孩子一生所产生的积极影响，对教师日常的工作有大致了解，支持理解乡村教师的工作，积极配合乡村教师的工作。看到乡村教师的辛苦，主动与乡村教师沟通，对于乡村教师的工作与付出应当给予认可，怀抱感恩之心"①。

　　总之，乡村教师发展的社会支持应当形成一个全面的体系。在这个体系中，既应当包含促进乡村教师发展客观环境改善的有关举措，如政府的引导、相关政策的制定与落实和经费的投入等，同时应当包含促进乡村教师发展主观环境改善的做法，家庭支持、同事支持和家长配合等。各种因素综合作用，产生合力，才能期待良好的乡村教师发展状态和结果。

---

　　①　黄林芳. 教育发展机制论［M］. 上海：上海财经大学出版社，2006：291.

第四章 重视质量：乡村
教师发展的内容支持

这里的质量是指广义的质量，既包括乡村教师内涵的发展，又包括乡村教师外延的积极变化。其中，乡村教师内涵发展是指乡村教师整体素质和教育教学业务能力和水平的提升；乡村教师外延的积极变化是指乡村教师队伍数量的扩充和结构的优化。综观乡村教师发展的内容支持，主要包括职前支持和在职支持两个方面。无论是职前支持，抑或是在职支持，客观上对于提高乡村教师队伍质量，均起到了积极的作用。

第一节 乡村教师发展的职前支持内容

乡村教师发展的职前支持内容是指乡村教师入职之前的各类培养与培训活动。现实中，乡村教师发展的职前支持以优质乡村教师输入为主要内容。毫无疑问，解决乡村教师队伍建设面临的多方面问题，首先应当考虑如何"开源"的问题。基于我国乡村教师在数量上和质量上相对不足的历史和现实状态，多方面主体试图以多种形式，向乡村教师队伍输入优质师资力量。其中，具有代表性的优质师资输入形式主要包括以下几种。

一、"特岗计划"

"特岗计划"的主要目的是，缓解乡村地区师资不足和结构不合理问题，以提高乡村教师队伍整体水平。国家教育部联合有关部门于 2006 年下发了《关于实施农村义务教育阶段学校教育特设岗位计划的通知》，启动实施了乡村义务教育阶段学校教师特设岗位计划，简称"特岗计划"。

（一）"特岗计划"概述

"特岗计划"由中央财政设立专项资金，公开招聘符合特定条件与标准的高校毕业生，到国家西部地区"两基"攻坚县乡村义务教育阶段学校任教。特岗教师具有固定的聘任年限，一经聘任，原则上安排到县级以下农村初中任教，并适当兼顾乡镇中心学校。

第一，"特岗计划"的实施背景。总体来看，我国实施"特岗计划"的背景主要有以下两方面。

一是巩固基础教育发展成果的需求。进入新世纪，我国基本实现了"两基"的目标，即基本实施九年义务制教育和基本扫除青壮年文盲。2002 年底，我国"两基"人口在全国的覆盖率达到90%以上，与此同时，西部地区的"两基"人口覆盖率较低，仅为80%左右，仍有四百多个县级行政单位仍未实现"两基"目标。[①]在这样的背景下，为了进一步巩固我国义务教育发展成果，

[①]　丰捷. "两基"攻坚：为西部赢得未来［N］. 光明日报，2007–11–29（7）.

实现更高水平的"两基"目标，就需要加强对于西部地区，尤其是西部"两基"攻坚地区的基础教育投入。现实中，受地方财政和经济社会发展水平等多方面因素的影响，一些西部地区难以在短时间内完全依靠自身的力量，实现"两基"攻坚的目标。因而，来源于国家层面的政策帮扶与支持，就显得尤为重要。

二是缓解大学生就业难的需要。自 1999 年高等教育扩招以来，我国高校毕业生人数迅速增加。虽然在经济社会发展持续向好的宏观背景下，社会能够提供的就业岗位数量趋于增长，但客观上仍然难以满足日益增加的高校毕业生的就业需求。同时，由于高等教育扩招步伐较快，高校毕业生的结构性失业问题较为突出。现实中，一方面，大学毕业生在就业心态上偏向于选择经济社会发展相对较好和环境相对优越的城市地区；另一方面，乡村地区还处于相对空白的领域，就业市场有待开发。"大学生就业难与乡村地区就业市场的开发，都需要政府通过宏观政策的引导，促进大学生去乡村地区就业，进而缓解大学生就业难的困境。"①基于这样的背景，同时基于我国乡村教师发展相对不足的状态，国家启动实施了"特岗计划"。

"特岗计划"的实施，促进了乡村教师队伍的发展，也在一定程度上解决了部分大学生就业难的问题。正如一位"特岗计划"教师在访谈中谈到的这样：

我参与到"特岗计划"项目中的主要原因是，工作不太好找。我学的是数学专业，当时班里很多同学都没找到工作，有些同学去复习考研了。我家里经济条件不是特别理想，所以想尽快找份工作帮家里分担一些，至

---

① 于海洪. 西部农村教师队伍建设研究［M］. 成都：西南交通大学出版社，2012：95.

少不再过多地依赖家里的经济支持。记得那时候早上6点多起床去自习室，补习考试课程……还算幸运，复习了两个多月的教育学和心理学知识，顺利地通过了考试，当然这中间也碰到过一些困难。

第二，"特岗计划"的沿革。"特岗计划"实施以来，基于宏观经济社会发展环境的变化和教育改革与发展的需要，发生了一些变化，经历了相应的政策调整。这种调整主要体现在以下三个方面。

一是支持乡村教师发展的政策目标趋于明确。促进乡村教师发展是"特岗计划"的主要政策目标之一。"计划"在实施之初就明确规定，"特岗教师岗位原则上安排在县级以下乡村初中，适当兼顾乡镇中心学校，在随后的几年中，该规定一直被严格执行"[①]。直至2012年，"特岗计划"指出：应当加强乡村地区初中与小学教师队伍补充协调发展，这一规定改变了以往特岗教师原则上只补充乡村初中教师队伍的惯例；2013年的"特岗计划"又进一步提出：应当努力提高村、镇小学特岗教师的招聘比例，加大力度提高偏远乡村地区的教育质量；2014年"特岗计划"提出：应当进一步提高村小和教学点的特岗教师招聘比例，优先满足村小和教学点的教师补充需求，将做好村小、教学点的教师招聘工作作为工作重点；2015年"特岗计划"限制了县城学校招聘特岗教师，提出特岗教师只满足于补充乡镇教师队伍；2016年"特岗计划"指出：特岗教师招聘应当优先满足连片特困地区和国家扶贫开发工作重点县村小和教学点的教师补充需求。[②]

---

① 叶敬忠，吴惠芳. 中国农村教育：反思发展主义的视角［M］. 北京：社会科学文献出版社，2015：148.

② 刘佳. 我国"特岗教师计划"实施十年后的回顾、反思与展望［J］. 现代教育管理，2017，2：79-84.

从相关政策的具体条款变化来看，"特岗计划"支持乡村教师发展的政策目标进一步明确，对于促进乡村教师队伍发展的支持力度趋于增强。

二是对于特岗教师的补贴标准持续提高。"特岗计划"实施初期，特岗教师补贴所需资金以中央财政拨款为主，并由中央财政和地方财政共同承担。其中，中央财政按照人均每年1.5万元的标准，设立专项资金，用于特岗教师的工资补助，并与地方财政据实结算，其他津贴补贴由各地根据当地同等条件公办教师年收入水平综合确定。现实中，就中央财政支出的"特岗计划"补贴标准来看，相关补贴标准持续提高。2007年，中央财政将特岗教师的工资补贴标准由2006年的人均每年1.5万元提高到1.9万元；2009年提高到每年2.1万元；2012年，西部地区提高到每年2.7万元，中部地区提高到每年2.4万元；2014年，西部地区提高到每年3.1万元，中部地区提高到每年2.8万元。[①]可以看到，特岗教师补贴标准的持续提高，一方面彰显了国家对于中西部地区基础教育，尤其是中西部地区乡村基础教育的重视；另一方面也表明了相关主体对于特岗教师的支持与认可。

三是政策实施的地域范围逐步扩大。在政策初期，"特岗计划"的实施范围仅限于西部地区"两基"攻坚困难县，包括"纳入国家西部开发计划的部分中部省份的少数民族自治州，并适当兼顾西部地区一些有特殊困难的边境县、少数民族自治县和少小民族县"[②]。此后，随后政策实施积极效应逐步显现，"特岗计划"实施的地域范围进一步扩大。2009年，教育部出台文件，支持扩大相关政策的实施范围，"特岗计划"的实施范围

① 贾涛.农村"特岗教师计划"的实施：问题与对策［J］.教育管理与实践，2010（8）：45.

② 邹跃，赵建军.对农村教师"特岗计划"的几点认识［J］.教师教育，2009（7）：80.

扩大到中部地区，由政策实施之始的"两基"攻坚困难县，扩大到国家扶贫开发工作重点县；2012 年，"特岗计划"的政策实施范围扩大到《中国农村扶贫开发纲要（2011—2020 年）》所确定的十多个集中连片特殊困难地区和四省藏区县、西部地区原"两基"攻坚县、中西部地区国家扶贫开发工作重点县、纳入国家西部开发计划的部分中部省份的少数民族自治州，以及西部地区一些有特殊困难的边境县。[①]2015 年，随着《乡村教师支持计划（2015—2020）》的颁布实施，以及国家对于乡村地区基础教育重视程度的增加，"特岗计划"的政策实施范围进一步扩大到了所有中西部老、少、穷、岛等贫困地区。

（二）"特岗计划"的实施现状与改进

"特岗计划"实施以来，为我国中西部乡村地区基础教育招募了大量优质师资，政策取得了一定的成效，但同样也面临一些现实困境。全面认识"特岗计划"的实施效果，分析其存在的问题，是提高"特岗计划"政策实施效应的基本要求。

第一，"特岗计划"的实施现状。"特岗计划"实施十余年来，在诸多方面有力地促进了乡村教师发展，提高了乡村教育质量。具体而言，"特岗计划"对我国乡村教师内涵与外延的发展，均起到了积极的推动作用。

其一，"特岗计划"促进了乡村教师内涵的发展。我国乡村教师内涵发展相对不足的历史和现实状态无需赘言。"特岗计划"实施以来，大量第一学历为本科的优质青年教师充实到乡村教师队伍中，在很大程

---

① 彭佑兰，许树沛．美国计划及对我国"特岗计划"的启示［J］．教育发展研究，2010（10）：76.

度上改善了乡村教师队伍的整体质量，从而促进了乡村教师内涵发展。现实中，"特岗计划"创新了我国乡村教师补充机制。众所周知，在新中国成立以来的较长时期内，我国师范教育实行"定向就业管理"的模式，在"定向就业管理"模式的安排之下，师范教育具有"学费减免"和"包分配"等特点，师范生的生源质量较高，他们经过规范和严格的师范教育之后，被分配到各地基础教育部门工作。然而，随着20世纪末以来高等教育改革的持续推进，自主择业成为了师范生就业的主要制度安排，师范生就业开始遵循市场化的原则。同时，师范生享有的学费减免和相应补助也被逐步取消。上述原因曾一度导致我国师范生在生源质量和数量上的双重下降；同时，一些师范生在毕业后，从事教育工作的意愿有所降低。①"特岗计划"实施以来，乡村教师的补充渠道扩展到了所有全日制普通高校毕业生，这客观上扩大了乡村教师的补充范围，在有助于在解决部分大学生就业的同时，招募一批有志于从事乡村基础教育工作的高素质人才，进而提高乡村教师队伍的内涵发展水平。同时可以看到的是，"特岗计划"基于合同管理的方式，详细规定了相关主体的权利和义务，并规范了教育行政部门的管理，进而有助于特岗教师安心从事乡村基础教育事业，并致力于自身的职业生涯发展。

其二，"特岗计划"促进了乡村教师外延的发展。"特岗计划"对于乡村教师外延发展的推动主要体现在以下两方面。一是扩充了乡村教师队伍的数量。受城乡发展不平衡、交通地理条件不便、学校办学条件欠账多等因素影响，我国乡村教师队伍长期面临着职业吸引力不强、补充渠道不

---

① 于海英，郭择汗，张索勋. 乡村教师质量监控问题研究 [M]. 北京：冶金工业出版社，2018：143.

畅的问题。[①]"特岗计划"的政策目标之一是，进一步扩充乡村教师队伍数量，尤其是扩充经济社会发展相对落后地区的乡村学校师资数量。有关数据显示，至2016年，"特岗计划"已经为乡村教师队伍输入特岗教师近60万名，其中大量特岗教师就职于乡镇级以下乡村学校。[②]现实中，绝大部分特岗教师在三年服务期满后，转为正式在编教师。从这一意义上说，"特岗计划"不仅在短期内扩充了乡村教师队伍的数量，更对乡村教师队伍的长远发展起到了积极作用。二是淡化了我国乡村教师队伍存在的多方面结构性问题。乡村教师外延发展的相对不足，不仅表现为乡村教师数量的短缺，同时表现为乡村教师队伍在学科结构、年龄结构和职称结构等方面的失衡。现实中，就"特岗计划"对于乡村教师学科结构的优化而言，根据国家教育统计年鉴的数据，小学阶段英语学科的教师较为短缺；初中阶段的物理、生物、化学、信息技术等学科教师较为缺乏；而音乐、体育、美术等学科的师资力量短缺则是我国乡村学校存在的普遍现象。[③]"特岗计划"于2006年出台之初就明确指出：特岗教师的招募应当按照学科结构科学搭配，要注重解决乡村学校师资结构的不合理问题。

多年来，"特岗计划"为乡村教师队伍带来了新生力量，在很大程度优化了乡村教师队伍的结构。湖南省嘉禾县教育行政部门负责人在访谈中介绍了本地特岗教师情况：

---

① 孙卫华. 我国乡村教师支持政策现状——基于政策目标的分析视角 [J]. 浙江社会科学，2017，4：78.

② 袁桂林，许林. 解读"特岗计划" [J]. 大学生就业，2009（9）：88.

③ 方卉，唐智松. 特岗教师专业发展的边缘化现象分析 [J]. 教育科学研究，2014（04）：50–53.

我们县现有特岗教师两百多人，他们分别来自湖南、广西和重庆等地。特岗教师对于我们县基础教育师资力量的提升效应是明显的。首先体现在对于农村教师队伍数量的扩充。"特岗计划"要求特岗教师在农村服务一定的年限，这是一种刚性规定，对于充实农村基础教育师资力量有益。不仅数量不足的情况得到了一定程度的缓解，而且，我们在招聘特岗教师的过程中，有意识地选择音乐、体育和外语等一些农村学校紧缺的师资。这可以在充实我们县农村基础教育师资力量的同时，优化教师队伍的学科结构。另外，特岗教师具有本科以上学历，他们受过系统的学科训练，具有较为扎实的学科专业知识。一些特岗教师来了两三年就成长为学科组长或带头人，他们对于农村教师队伍整体素质的提高具有积极意义。我平时在走访农村学校的过程中也看到，特岗教师对于农村学校的日常教育教学工作的帮助明显。

同时，我们应当看到的是，相关政策在实施过程中也存在一些突出的问题。总体来说，这些问题主要包括：相关政策提供的待遇承诺缺少灵活性，对于特岗教师的待遇采取统一的标准，这种统一的待遇标准不利于乡村学校紧缺学科师资力量的招聘；[①] 特岗教师存在"乡村不适应"的问题，这种不适应在非师范背景的特岗教师身上体现得更加明显；[②] 特岗教师存在流失的问题，"特岗计划"允许特岗教师在服务于乡村教育事业特定期限后自主重新择业，现实中，虽然特岗教师在首聘期结束后具有较强的留任意愿，但在第二聘期结束后，特岗教师的流失现象明显。

[①] 贾涛. 农村特岗教师计划的实施：问题与对策 [J]. 教育管理与实践，2010（8）：80.

[②] 李跃雪，邹志辉. 特岗教师视角下特岗计划实施效果的调查研究 [J]. 教师教育研究，2014（4）：55.

第二，完善"特岗计划"的建议。任何政策均存在于特定的时空背景之中，并受制于时空背景的安排。"特岗计划"实施以来，政策存在的时空环境已经发生了一些变化。因而，如何基于政策实施的实际成效与问题，主动调整政策的具体目标和工具选择，以更好地实现政策收益，是有关主体应当考虑的问题。

一是探索实施多样化的政策补助标准。毫无疑问，政策本身的科学性，是影响政策实施效应的重要因素。"特岗计划"自身的政策设计科学与否，将在很大程度上影响相关政策促进乡村教师发展的程度和力度。现实中，基于乡村教师发展的结构性失衡问题，"特岗计划"应当做出相应调整，对特岗教师实施差异化的补助标准。从国外的经验来看，各国倾向于基于教师从教地区的偏远程度和学科教师的紧缺程度，给予相应教师以多样化或差异额化的资助政策，以吸引优秀人才就职于紧缺学科和经济社会发展相对落后的地区，如美国的"Teach Grant"项目和英国的"PGCE"项目。[①]因而，"特岗计划"也应当及时出台多样化的政策补贴标准，从而增强紧缺学科和边远落后地区对于优秀人才的吸引力。

我认为，无论是政策制定部门，还是政策执行部门，都可以就"特岗计划"政策的制定与实施展开更为翔实的和具体的调研，获取相关数据，掌握不同区域、不同学科乡村教师的紧缺情况，确定不同地区或不同学科特岗教师的补贴标准，应该尊重基于调研而形成的真实信息和数据。不仅如此，特岗教师补贴标准的差异化，还应该体现于不同的学历层次和不同的学校层次。也就是说，相对更高学历的特岗教师，应当获取更高水平的

---

① 李跃雪. 特岗教师视角下特岗计划实施效果的调查研究［D］. 长春：东北师范大学，2013：147.

政策补助；毕业于更好大学的特岗教师，也应当获取更高水平的政策补助。这样才能更好地体现我们对于人才的尊重，吸引更多优秀人才从事乡村基础教育工作，也可以进一步提高"特岗计划"政策解决乡村教师发展实际问题的针对性。（嘉禾县教育行政部门 Y 调研员）

二是进一步完善特岗教师的招募标准。特岗教师的招募标准与特岗教师流失问题高度相关。现实中，特岗教师的招募应当尤其注重以下两方面。一方面，注重对于特岗教师乡土情怀的考察。乡土情怀是影响特岗教师是否愿意长期从教于乡村学校的重要原因，有学者指出，"特岗计划"应当在招聘特岗教师的过程中，进一步扩大本土生源的比例，可以适当给予本土生源的加分值，从而吸引具有乡土情怀的本地生源。[①]另一方面，加强对于服务乡村教育意愿的考察。目前，城乡经济社会发展的客观差距，是部分优秀人才不愿就职于乡村学校的重要原因，而"特岗计划"的政策目标是为乡村教师事业选拔优秀的师资力量。

我们县现在在招聘特岗教师的过程中，更加注重面试环节。在面试环节里，我们的考官不仅有一套相对成熟的机制，考察应聘人员的专业能力和水平，而且要评估应聘人员从事农村教师工作的主观意愿，如果发现他们不具备服务乡村教育的意识和相应的公益心，我们会拒绝录用。当然，我们也会真实、客观地介绍本地区农村基础教育发展的真实状态，以及他们入职后的职业生涯发展平台和空间，告知他们成为一名特岗教师后要处理的问题和克服的困难，以便应聘者对于未来自己所从事的岗位有个初步的了解。这样一来，就可以在很大程度上避免特岗教师的"不适应"问题

---

① 方卉，唐智松. 特岗教师专业发展的边缘化现象分析 [J]. 教育科学研究, 2014（4）: 52.

和流失率高的问题。（嘉禾县教育行政部 Y 调研员）

三是强化特岗教师职前培训。特岗教师在实际工作中存在的多方面问题，可以通过有效的乡村教育入职培训加以解决。现实中，既有的特岗教师职前培训对于乡村教育特殊性的关注不足，而主要聚焦于教师职业道德与常规的教学管理。在缺乏有效的职前培训的情形下，一些特岗教师入职后发现，开展乡村学校教育教学工作比自己预想的艰难，而自己又缺少相关能力与心理的准备，在学校处于"孤立无援"的状态，容易产生挫败感，通过社交工具与其他特岗教师抱团"抱怨"后，这种挫败感又会进一步强化。[①] 增强特岗教师职前培训的特殊性，应当更多地关注于帮助特岗教师更好地融入乡村社会，处理乡村教育的特殊性问题，如怎样更好地关爱和教育留守儿童，如何及时和有效地与学生家长交流沟通等。同时，在培训方式上，可以探索实施特岗教师之间的帮扶制度，这种方式可以有效发挥经验的互补作用，增进特岗教师之间的学习与交流，促进共同成长。

之前我们并没有特别关注特岗教师职前培训的特殊性，往往将特岗教师和其他新入职教师一道进行岗前培训。但后来发现，这种做法不太好，没有考虑到特岗教师作为一个特殊群体的特殊需求。2018 年之后，我们在新教师入职培训中，专设了特岗教师职前培训项目。在这个专设的培训项目中，我们不仅照顾到了特岗教师的特殊需求，而且进一步明确了特岗教师的权利和义务。（嘉禾县教育行政部 Y 调研员）

四是关心特岗教师的工作和生活状态。在农村学校，特岗教师是一个特殊群体。他们面临着陌生的地理和人文环境，通常面临工作和生活上的

---

① 贾涛. 农村特岗教师计划的实施：问题与对策［J］. 教育管理与实践，2010（8）：80.

多方面的问题。教育部于 2021 年 4 月联合财政部发布《关于做好 2021 年农村义务教育阶段学校教师特设岗位计划实施工作的通知》指出，各地不仅要确保特岗教师工资按时足额发放，而且要帮助解决工作和生活上的实际困难。《中国教育报》于 2021 年 4 月介绍了嘉禾县关心特岗教师的有关工作和举措：①

"要招得进、留得住、用得好，必须善待特岗教师。"这是湖南省嘉禾县教育局负责人对该县校长的叮嘱。

为了让远道出发的特岗教师"轻装到岗"，嘉禾县教育局给他们准备了被褥床单、脸盆提桶、牙膏牙刷等生活必需品。同时，按照临城、在镇原则，将同年招聘的特岗教师分批次集中分配在同一所学校。

"不把外地教师分散安排在教学点，是为了解决住宿安全、出行落单、方言不通、信息闭塞等方面的问题。"教育部门考虑周全。每逢佳节，县教育工会会开展走访慰问，学校也会组织团建活动，让特岗教师有"家在远方,情在身边"的幸福感。一段时间的磨合与相处之后，特岗教师"爱嘉禾,爱教育"，如今已经成为嘉禾教育的生力军。

安居才能乐业。2015 年，来自湘西张家界、湘北常德市等市州的 5 位特岗教师被安排在肖家中心校。5 名本地教师主动搬出教师公寓，给新来的外地教师安家，此举让外地教师备受感动。"学校无微不至的人文关怀，让我决定留下来。"2017 年，在当地教育部门和学校的关心与帮助下，原本在老家湘西州任教的教师符某的妻子被调入肖家中心校，夫妻团聚，安居乐业。肖家中心校因为"包容、博爱、和谐"，2020 年被评为"湖南省

① 王伍英，雷纯生. 湖南嘉禾：把特别的爱给予特岗教师［N］. 中国教育报，2021-4-21（2）.

乡村温馨校园"。

除了生活上关心，嘉禾县还特别重视特岗教师的专业成长。安排在坦坪中心校的教师黄晶（化名）因为大学所学专业与所教科目专业不对口，常常担忧"力不从心，生怕教不好学生"。该校校长想方设法消除黄晶的心理焦虑，与她结为师徒，指导她备课、试教，一起进行课后反思。一个虚心求教，一个不吝赐教，黄晶的数学教学水平如芝麻开花节节高。与此同时，县教科院根据新任特岗教师教学的"过渡期""适应期""提升期"，采取"跟班学习""结对帮扶""集中培训"等方式引领他们的专业成长。服务期满后，全体特岗教师通过了"转正考核"。

"本地教师要当好红娘，帮助外地教师脱单，给他们一块扎根教育的土壤。"嘉禾县教育局也非常关心特岗教师的婚姻大事。"李校长牵线，让我找到了一个白马王子。"说到婚姻，外省教师刘某脸上洋溢着满满的幸福。为了让特岗教师成家立业，嘉禾县教育局每年与县妇联、团县委、县总工会等部门联合举办"鹊桥会"，目前已帮助36名特岗教师圆梦婚姻殿堂。

"其实我想留，不想走！"这是一个外地教师给校长的离别感言。嘉禾县虽然师资不足，但对于两地分居、父母病危而归心似箭的特岗教师总是网开一面，开绿灯、不设卡。"强留一个，可能拒来一批；放行一个，可能吸引一群。"嘉禾县教育局负责人说。

在农村学校，特岗教师是一个特殊群体。他们面临着人生地不熟、所学专业和任教科目不一定对口、婚姻大事难以如愿以偿等困境。"我们要把特别的爱献给特岗教师，能想到的，我们尽量想到；能做到的，我们尽力做到。"嘉禾县教育局一直在努力兑现这个承诺。

二、"硕师计划"

为提高乡村中小学教师学历水平和业务素质，改善乡村教师队伍结构，提高乡村教育质量，教育部决定从 2004 年起开始实施"农村学校教育硕士师资培养计划"（以下简称"硕师计划"），并从 2010 年开始进一步扩大"硕师计划"招生规模。①

（一）"硕师计划"概述

"硕师计划"是一种在职研究生培养专项计划，该"计划"在培养方式上遵循推荐免试和定向委培的原则。具体而言，国家从具有推荐免试硕士研究生资格的高校中，选拔部分优秀应届普通本科毕业生，录取为"硕师计划"研究生，并与地方政府和教育行政部门签约聘为编制内正式教师。根据有关规定，"硕师计划"研究生原则上必须在县镇及以下乡村学校任教三年以上，并在职完成相关研究生课程的学习任务；三年后，"硕师计划"研究生须到培养高校脱产集中学习一年，学习合格并通过相关要求后，获取教育硕士专业学位证书和硕士研究生毕业证书。

2010 年起，教育部规定将"硕师计划"与"特岗计划"相结合实施。具体结合实施的方式包括以下两种。其一，录取为"硕师计划"研究生的学生，可以同时应聘特岗教师。受聘特岗教师的，先到设岗县的乡村义务教育阶段学校任教服务三年，并在职学习研究生课程。第四年，到培养学校脱产集中学习一年，学习合格并达到相关要求者，可以获取硕士研究生毕业证书和教育硕士专业学位证书。②其二，根据《教育部财政部人事部

① 沈立，应朝福. 简析"硕师计划"成长之路［J］. 中国研究生，2013（5）：56-57.

② 饶从满. 优化培养模式 提高培养质量［J］. 学位与研究生教育，2009（11）：55.

中央编办关于实施农村义务教育阶段学校教师特设岗位计划的通知》（教师〔2006〕2号）精神，对于具备普通高等学校本科学历、三年聘期内年度考核至少一年优秀，并继续留任于乡村学校任教的表现突出的特岗教师，经所在乡村学校和县级教育行政部门考核推荐，培养学校单独考核，符合培养要求的可推荐免试在职攻读教育硕士。[①]关于经费保障，"硕师计划"研究生在三年乡村学校任教的服务期内，原则上与当地在编教师享受同等待遇。其中，被同时聘为特岗教师的"硕师计划"研究生，在乡村义务教育学校任教三年期间，执行国家统一的工资待遇标准；其他津贴补贴由各地根据当地同等条件公办教师年收入水平和中央补助水平综合确定。[②]

现行的"硕师计划"相关政策是历经变迁的产物。"计划"启动以来，已在全国31个省（市、区）开始实施，承担"硕师生"培养任务的高等学校有近80所。截至目前，"硕师计划"的实施大致经历了以下三个阶段。

一是试点阶段，这一阶段从2004年至2005年。试点工作主要集中于中西部近20个省（市、区），近40所具有硕士学位授予权的高等学校参与了"硕师计划"研究生的推荐免试工作，20多所高校最终承担了培养任务。在此期间，"硕师计划"共吸引了1100多名优秀本科毕业生，到291个国家级贫困县任教，扩充了乡村教师队伍，促进了中西部地区乡村教师事业的发展。[③]2004级"硕师计划"研究生的培养模式为"1+1+1+2"。

---

① 邓超华. 农村教育硕士的学位性质与培养 [J]. 黑龙江教育（高教研究与评估），2007（4）：78.

② 周其国，张朝光，周淑芳. 农村教育硕士政策分析 [J]. 教育与职业，2008（15）：96.

③ 教育部. 农村学校教育硕士师资培养将扩大 [EB/OL]. [2006–03–31]. 中国教育在线，http://www.eol.cn.

具体来说，第一年，经推荐免试被录取的"硕师计划"研究生到签约扶贫县任教；第二年，"硕师计划"研究生须到录取高校注册学籍，并采取脱产的方式，学习研究生相关课程；第三年，"硕师计划"研究生重返签约学校，同时采取在职的方式，继续进修相关课程，并完成硕士论文的开题、撰写和答辩工作，论文通过后，可获得相关证书；最后两年，"硕师计划"研究生须在签约学校继续承担相应的教学任务。

二是推广阶段，这一阶段从 2006 年延续至 2009 年。期间，教育部曾在"硕师计划"工作要点中强调，要"扩大农村学校教育硕士师资培养的规模"，并认真总结"硕师计划"的实施经验，在试行的基础上，进一步完善相关政策安排，扩大"计划"实施的范围，将服务范围确定为"国家扶贫开发工作重点县"和"省扶贫开发工作重点县"的乡村学校。① 在这期间，"硕师计划"研究生的培养模式为"3+1+1"。具体而言，"硕师生"前三年须遵循地方教育行政部门的安排，到乡村地区学校任教，承担相应的教育教学任务；第四年，"硕师计划"研究生需要到录取高校注册学籍，并采取脱产的方式完成研究生课程的学习任务；最后一年，"硕师计划"研究生重返就职学校，在承担日常教育教学工作任务的基础上，采取在职的方式，完成研究生学习任务，经考核合格，可获取硕士学位证书。

三是完善阶段，这一阶段从 2010 年一直延续至今。2010 年，教育部颁布《关于做好"农村学校教育硕士师资培养计划"实施工作的通知》，规定自当年开始，进一步扩大"硕师计划"的招生规模，并与"特岗计划"结合实施。同时，对"硕师计划"做出了以下几方面的调整。主要包括：

---

① 张学敏. 教师的身份变迁与教师教育演变［J］. 西南大学学报（社会科学版），2010，5：7–11.

服务范围的扩大，即由国家级和省级扶贫开发工作重点县扩大到所有县镇及以下乡村学校；培养模式由原先的"3+1+1"五年制改为"3+1"四年制，在四年制培养模式的安排下，"硕师计划"研究生须在前三年以在职的方式，完成相关课程的学习任务，最后一年以脱产的方式，完成毕业论文撰写任务；"硕师计划"与"特岗计划"相结合，"硕师计划"研究生可同时被聘为特岗教师；最后，由于服务范围的扩大和招生规模的扩大，承担"硕师计划"研究生联合培养任务高校的数量也随之增加。[①]

（二）"硕师计划"的实施现状与改进

"硕师计划"是我国加强乡村教师队伍建设，促进乡村教师发展的重要举措，是吸引优秀本科毕业生到中西部地区从事乡村基础教育工作的重要途径。现实中，"硕师计划"的实施得到了地方各级政府、教育行政部门、高等学校和乡村学校的重视，各地区、各部门在相关政策的实施过程中始终坚持"加强领导、精心组织、阳光推荐、公平选拔、积极接纳、合理使用"的思想，为政策的顺利实施提供了一定保障。[②]具体而言，"硕师计划"的实施成效主要体现在以下方面：一是为中西部贫困地区的乡村基础教育输送了大量优秀师资，在一定程度上淡化了乡村教育师资不足和结构失衡的问题，促进了城乡教育均衡发展；二是探索了一条为乡村学校培养高素质教师的有效路径，并有力促进了乡村教师专业成长与发展；三是通过政策引导，一方面拓宽了高校毕业生的就业渠道，在一定程度上缓解了高校

---

① 李跃雪. 特岗教师视角下特岗计划实施效果的调查研究［D］. 长春：东北师范大学，2013：56.

② 邓超华. 农村教育硕士的学位性质与培养［J］. 黑龙江教育（高教研究与评估），2007，4：18.

毕业生就业难的问题，另一方面激励了优秀大学毕业生到中西部贫困地区的基层建功立业，为乡村教育发展贡献智慧和力量。[①] 衢州常山县教育局的有关负责人员介绍了本地"硕师计划"的实施情况。

我们县现有"硕师计划"研究生 57 名。虽然数量不多，但他们对于我们县农村基础教育师资力量水平的提升效应是明显的。他们一边就读研究生，一边在农村学校工作。这种"半工半读"的状态有利于他们把在就读大学学习到的先进的教育思想和理念及时带到我们农村学校中来。同时，他们可以就农村学校的特殊情况予以有针对性的关心。比如，我所认识的一名硕师计划教师，他在我们这里的一所农村小学工作已经三年。他告诉我，他的硕士毕业论文选题打算写与留守儿童有关的内容。我问他为什么，他说，他班里有一半以上的学生是留守儿童，这部分学生在学习和生活上具有特殊的困难，更好地认识和理解他们，对于班级同学整体学习水平的提升有帮助。"硕师计划"研究生还有一种榜样的作用，一所农村学校有一名"硕师计划"研究生，将会带动其他教师的学历提升欲望，进而实现学校师资水平的整体提高。

现实中，尽管"硕师计划"取得了多方面成效，但同时应当看到的是，"硕师计划"是一项探索性的工程，对于我国教师教育和教师专业发展而言，该项"计划"属于一种全新的举措，没有现成的经验可供借鉴或仿效。因而，在相关政策的实施过程中，应当始终注重完善科学的人才培养机制，探索有效的人才培养模式，并在不断的探索性实践中，基于乡村教师发展存在的现实困难和问题，及时调整工作思路和政策安排。事实上，"硕师

---

① 邵泽斌. 江苏基础教育政策研究报告［M］. 南京：南京师范大学出版社，2018：216.

计划"研究生的培养工作纷繁复杂，可谓"面广、线长、点多"。其中，"面广"是指"硕师计划"研究生的培养关涉的单位或部门广泛，需要培养学校、推荐学校和教育行政部门等多方面主体的共同努力；"线长"是指"硕师计划"研究生的学习和服务时间较长；"点多"是指决定"硕师计划"研究生培养质量的要素多和环节多，不仅包括各类教育教学实践，同时包括课题研究、课程学习和学位论文撰写等。① 可以看到，培养"硕师计划"研究生是一项高度复杂的系统工程。近年来，笔者围绕相关课题研究，通过实地考察发现，"硕师计划"研究生的培养还存在生源质量有待提高、培养过程监管缺位、导师的指导工作有待完善等问题。提高"硕师计划"研究生培养质量应当严格审视培养活动的各个环节和各个方面，包括"硕师计划"研究生的输入、培养和输出。其中，"硕师计划"研究生的输入关涉生源质量、招生制度等；"硕师计划"研究生的培养包括培养方案设置、课程设置、教学方法、学位论文和质量监控等；"硕师计划"研究生的输出包括论文质量、学习效果和社会反馈。②

第一，完善"硕师计划"研究生的选拔机制。"硕师计划"研究生选拔机制的完善与否，直接关涉生源质量的高低，而生源质量的高低对于"硕师计划"研究生的培养质量具有基础性的意义。现实中，"硕师计划"研究生的选拔曾经出现"准入门槛低"的现象。访谈中浙江省衢州市教育局的 Y 调研员分析了这种"准入门槛低"现象的背后原因。

---

① 郭晨虹，高飞. 农村教育硕士培养应借鉴陶行知师范教育思想［J］. 广东第二师范学院学报，2012，1：16-18.

② 张作岭，刘艳清. "硕师计划"研究生质量保障体系的构建［J］. 教育探索，2012（7）：77-79.

　　一方面，相对于城市中小学校，农村学校的工作条件和生活条件不佳。一些出生并生长于城市环境里的学生，他们在心理上还是不太愿意接受农村的工作和生活环境，在他们看来，农村学校的工作和生活相对单调和枯燥，职业生涯发展的平台和机会也相对受限，同时在农村学校工作还需承担更多的课时任务和更多的工作压力，如怎样更好地教育农村留守儿童。我们这里的农村学校，留守儿童特别多，有将近一半以上学生的父母在外地打工。另一方面，现在年轻大学生的生长环境和我们那时候不一样，环境对于他们的要求相对较低，他们生长于相对优越的环境中，缺乏艰苦创业和献身某种事业的理想与信念。除此之外，当然我们"硕师计划"的相关政策安排也应当进一步优化，如加大对于"硕师计划"研究生的政策支持力度，以吸纳更多的优秀人才参与到这支队伍中来。

　　有学者提出了提高"硕师计划"研究生的生源质量的具体策略，主要包括以下几点。[①] 一是重视对于乡村基础教育的投入，提高乡村学校工作环境和治理水平，促进城乡教育均衡发展；二是严格落实国家对于"硕师计划"研究生的优惠待遇，以吸纳更多优秀本科毕业生；三是加强教师职业道德教育，培养"硕师计划"研究生热爱乡村、服务乡村和奉献乡村的思想和信念，引导优秀本科毕业生积极到基层建功立业；最后，应当进一步修改和完善"硕师计划"研究生的推免办法和程序，重视考核相关申请者服务于乡村基础教育的态度以及综合素质与能力。对于要加入到"硕师计划"研究生行列中的学生而言，"星问答计划"创作者在《研究生"硕师计划"虽好，但适合每一个师范类院校毕业生吗》一文中写道：

---

　　①　　邵泽斌. 江苏基础教育政策研究报告 ［M］. 南京：南京师范大学出版社，2018：149.

国家的硕师计划是特岗教师计划的有益补充，都是为了解决农村师资质量欠佳的问题。作为师范类大学生，我认为依据自己的实际情况选择就行，并不能盲目地认为是最佳选择。

首先，我们了解一下什么是国家硕师计划？这个计划就是选拔一些优秀的应届普通本科生，录取为硕师计划研究生，并与地方教育部门签约为编内正式教师。在乡镇农村学校任教，服务期一般为三年，同时在职攻读研究生课程。服务期满后到培养学校全日制集中学习一年，毕业时获硕士学历证书和教育硕士专业学位证书。

其次，硕师计划对应届类毕业生的意义是什么？要知道我们现在的大学本科毕业生就业压力那是相当大，尤其是师范类学校毕业生，虽然是师范类毕业，教师资格证在手，但是想要真正进入教师编制队伍，那绝非是轻而易举之事，很多人考了五六年都以失败而告终，最终还是做了合同制老师。

那么硕师计划就为毕业生提供了一个快速进入编制内队伍的渠道，与此同时还可以在职进行研究生课程学习，取得硕士学历和学位。为教师日后的职称评定和职业前景发展都奠定了良好的基础。要知道，正常的在职老师想要攻读在职研究生的话并不容易，都是要进行入学考试的，丢开书本那么多年，要想重新拿起来考试，还是有很大难度的。

最关键的是三年服务期满后，自己的选择性还是很大的。很多二三线城市都会有绿色通道引进教师的计划，如果本身带编制，而且有着很高的学历，是很容易进入城市学校的编制队伍的。所以说从长远来说硕师计划还是有很大的优势。

最后，硕师计划虽好，但适合所有的毕业生吗？这个计划的本质是为了帮助提高农村师资素养，并不是因为教师岗位空缺，而是通过这部分教师去帮助和提高农村学校的教育质量，所以从计划本身来说是有预期的，这些老师最终能否留下来大家都心里有数。

第二，优化"硕师计划"研究生培养方案。科学合理的培养方案应当具有完整性、层次性和系统性的特点，是提高"硕师计划"研究生培养质量的重要保障。"硕师计划"研究生在三年在职学习和一年集中学习过程中是否能够构建合理的知识结构，拓宽专业和实践知识量，与培养方案及个人培养计划是否合理有密切关系，因此，进一步优化"硕师计划"研究生的培养方案是保障培养质量的必要前提。[①] 浙江师范大学的 Z 教授谈到优化"硕师计划"研究生培养方案的要点如下：

在"硕师计划"研究生培养方案的制定过程中，要特别注重课程设置环节。课程设置体现了培养方案的核心精神。我们在设置"硕师计划"研究生课程的时候，要贴近实际。强化"硕师计划"研究生课程的特殊性，体现"硕师计划"研究生的工作和学习特点，同时要联系区域农村教育的需求。因为不同区域农村教育存在的问题不一样，而"硕师计划"研究生应当具有解决区域农村基础教育实际问题的能力。就具体的课程设置方式来说，我比较认可模块化的课程设置，将"硕师计划"研究生的课程分为学位基础课、专业必修课、专业选修课和教育实践研究等模块。每一个课程模块都应当体现将来农村教师专业发展的前瞻性和实践需求；不同课程模块之间，应当做到衔接有序。在课程学习的时间安排上，学位基础课一般应安排在前三年，并通过寒暑假面授和"硕师计划"研究生自学完成；

---

① 周其国，张朝光. 农村教育硕士政策分析［J］. 教育与职业，2008，15：13.

核心课程应当安排在第四年，并采取集中学习的方式进行。同时，在培养期间，"硕师计划"研究生应当处理好以下三个关系：课程学习、实践教学和论文撰写之间的关系；培养学校导师指导、任教学校导师指导和自主学习之间的关系；学习、工作和生活之间的关系。

第三，加强对于"硕师计划"研究生的指导。在"硕师计划"研究生的培养过程中，导师的角色具有重要意义。现实中，基于导师在"硕师计划"研究生培养过程中的缺位现象，有学者提出，应当探索建立培养高校与就职高校的"双导师"制度，加强培养高校与就职学校导师的联合指导。[①]访谈中，Z教授谈到了他对"双导师"制度的理解。

"双导师"指的是学术指导教师和实践指导教师。"硕师计划"研究生就读高校中的导师应当是学术指导教师，学术指导教师应当具有一定的教育专业背景，了解研究生的成长规律和特点，并重视对于学生学术能力的培养，其主要职责应当是引导和掌控"硕师计划"研究生的课题研究、课程学习、学术论文的撰写等。实践指导教师应当重视"硕师计划"研究生实践能力的培养，他们要具有一定年限的乡村教育实践经历，懂得如何处理乡村教育中的特殊问题或情境。同时，学术指导教师和实践指导教师应当定期交流，掌握"硕师计划"研究生的学习和工作状态，并共同致力于解决其专业发展中的实际问题和困难。

有学者认为，"双导师"制度的建立与实行，一方面有利于提高"硕师计划"研究生的专业素养和理论水平，另一方面有利于锻炼他们的教学实践能力，因而，不失为一种有效的指导模式。当然，实践中，如何进一

---

① 黄宝印. 我国专业学位研究生教育发展的新时代［J］. 学位与研究生教育，2010（10）：1-6.

步明确"双导师"的遴选要求和指导职责，并调动"双导师"在"硕师计划"研究生培养过程中的积极性和创造性，还有赖于科学合理的约束机制和奖励机制。

除此之外，提高"硕师计划"的政策效应，还应当聚焦于科学安排"硕师计划"研究生的实践实习和重视"硕师计划"研究学位论文管理等环节。

三、免费师范生培养

（一）免费师范生概述

为促进基础教育均衡发展和教育公平，2007 年，国家开始重新推行免费师范生政策，以解决我国基础教育阶段中西部乡村地区师资力量薄弱和区域发展不平衡的问题。事实上，免费师范生教育在我国具有较长的发展历史，现行的免费师范生教育制度是历经多次变迁的产物。

第一，免费师范教育的发展历程。教师职业产生于制度化教育的诞生与发展，是一项具有悠久历史的职业。然而，师范教育作为专门培养教师的教育活动，迄今为止，只有三百多年的历史。到了近代社会，大规模培养教师的师范教育才得以出现。免费师范生教育随着师范教育的发展而形成，是近代国家形成后，普及义务教育需求的产物。工业革命后，"社会化大生产代替了个体手工劳动，这就要求大量有文化、懂得和正确地使用机器的劳动者。要达到这个要求，唯有通过发展教育来实现"[①]。现实中，培养适应社会需求的劳动者必须建立在数量充足的合格教师的基础之上，因而，为了招募合格学生考师范学校，并确保其毕业后从事义务教育工作，

---

① 姚美雄. 教师素质训练和专业发展研究［M］. 成都：四川大学出版社，2018：184.

免费师范生教育便应运而生。

我国现代意义上的师范教育始于洋务运动时期。在当时历史背景下，洋务派有关人物在国内各地开办现代工厂的同时，提倡派遣留学生，兴办新学堂，包括上海徐家汇的南洋公学、三江师范学堂、山东师范学堂、两广优级师范等学堂等一些具有代表性意义的免费师范学堂先后成立，拉开了我国免费师范教育的序幕。[①]1904 年颁布的《奏定优级师范学堂章程》对各地师范学堂的收费活动做了统一的规定："各地师范官费生，初等小学堂，及优级、初级师范学堂，均不收学费"，"官府支付在学期间费用"，但同时也招部分自费生；同时，受官府资助的学生毕业后需要尽 2 至 6 年教职义务，没有履行相应的教职义务，或因事被取消教职资格者，应当返还在学时所给的官费，以示惩罚。[②]

民国以来，作为《壬子癸丑学制》的一部分，中华民国政府教育部于1912 年公布了《师范教育令》，规定各类男女师范学校分为本科和预科，其中，本科同时分为一、二两部，同时，可视实际情况的需要，设立专修科和选科。当时，各级师范学校学生不仅可以享受公费待遇，免交学费，而且可以领取适当的生活补助，以助力于师范生顺利完成学业。次年，国民政府颁布了《高等师范学校规程》，规定公费师范生毕业后，应当在指定的教育领域服务 4 至 6 年。1919 年，民国政府教育部颁布了《女子高等师范学校规章》，从学制安排、教学内容和日常管理等方面，对免费师范生做了相应规定，并进一步明确了师范教育的免费性。此后，随着师范教

---

① 曲铁华，袁媛. 我国师范生免费教育政策的百年历史考察 [J]. 社会科学战线，2010，1：213.

② 余妍文. 英国师范生资助政策研究 [J]. 洛阳师范学院学报 2015，1：114.

育的发展，国民政府教育部于 1932 年正式颁布《师范学校法》，明确了师范学校的法定地位。1933 年，教育部又颁布了《师范学校章程》，对师范院校在创建、招生、人才培养和教学管理等方面，做了详细规定。在相关制度的安排和引导下，民国时期的师范教育得以进一步完善和发展。同时，为了进一步突出师范教育的免费性，国民政府后续又颁布了《全国师范学校学生公费待遇实施办法》，以免费师范生的相关待遇作出了更为具体与明确的规定。

新中国成立后，政务院于 1952 年 7 月发出通知，要求逐步统一大学生的待遇标准，决定不再提供免费高等教育，取而代之的是以人民助学金的形式，根据相关标准，进行选择性发放。但现实中，这一规定并没有对免费师范教育造成冲击。同年，教育部发布文件规定师范生"一律享受人民助学金"；1983 年，国家对师范生实行助学金与奖学金相结合的制度；1987 年，建立了师范生专业奖学金制度；1996 年，国家教委印发了《关于师范教育改革和发展的若干意见》（教师〔1996〕4 号），文件中明确指出："原则上师范专业学生免交学费，并享受专业奖（助）学金。"[①]新世纪以来，随着高等教育改革的持续推进，国家开始推行高等学校并轨改革，以改变"学生上大学由国家包下来、毕业时国家包分配的做法"，并试图通过设立奖学金、助学金和贷学金制度，为学生继续深造创造条件，积极引导大学生毕业后通过自由竞争的方式，获得工作岗位。[②]至此，大

---

① 曲铁华，袁媛. 我国师范生免费教育政策的百年历史考察［J］. 社会科学战线，2010，1：214.

② 喻本伐. 中国师范教育免费传统的历史考察［J］. 湖北大学学报（哲学社会科学版），2007，3：43.

学生无法再依靠政府的行政安排或国家分配来实现就业。在相关改革的过程中，师范生的优惠待遇随着高等教育并轨政策的推进而被逐步取消。

2007年5月，《教育部直属师范大学师范生免费教育实施办法（试行）》（以下简称《实施办法》）颁布。根据该办法的相关要求，自2007年秋季起，北京师范大学、华东师范大学、东北师范大学、华中师范大学和西南大学等教育部直属师范大学，重新开始试行免费师范生教育。此后，随着相关政策的逐步完善和推广，在"教师教育优先发展"这一宏观背景之下，免费师范生教育成为了引领我国教师教育、尤其是乡村教师教育变革与创新的一项重大的战略性举措。

第二，免费师范生的权利和义务。对于免费师范生来说，"免费"是其权利的集中体现，2007年颁布的《实施办法》首先对"免费"的内涵做了较为详细的规定，并明确了免费师范生所享有的其他权利；免费师范生在享有相关权利的同时，也应当履行相应义务。[①] 通过这种权利和义务的双向调整机制，《实施办法》试图引导免费师范生积极服务于其所在区域基础教育，尤其是乡村基础教育。

首先，免费师范生享有免费接受师范教育的权利。《实施办法》规定，免费师范生在校学习期间免除学费和住宿费，并享有生活补助。这一规定明确了免费师范生在校期间可以享受到的特殊待遇，彰显了免费师范生与其他专业学生的区别，表明了国家对师范教育和培养高素质师资力量的重视。相关经费由中央财政统一安排，解决了经费来源上的困境，体现了中央政府在这一政策实施中的主导地位。

---

① 项家庆. 乡村教师教学能力提升策略［M］. 长春：吉林大学出版社，2016.

其次，免费师范生享受毕业后有岗有编的权利。《实施办法》规定，地方政府要统筹规划，做好接收免费师范毕业生的各项工作，确保每一位到中小学校任教的免费师范毕业生有编有岗；省级教育行政部门负责组织用人学校与毕业生在需求岗位范围内进行双向选择，切实为每一位毕业生安排落实任教学校。各地应先用自然减员编制指标或采取先进后出的办法安排免费师范毕业生，必要时接收地省级政府可设立专项周转编制。现实中，在大学生就业形势日益严峻的背景下，"保证免费师范生在完成师范教育后有确定的岗位和编制，无疑是对免费师范生未来发展的稳定保障，有助于保证政策实施的延续性；同时，这一权利实现的提供者由中央政府变为了地方政府，是师范生免费教育政策中央与地方不同职责的体现，也是谁受益谁负责原则"[1] 的要求。

此外，免费师范生还享有免试攻读硕士学位的权利。《实施办法》规定，"免费师范毕业生经考核符合要求的，可录取为教育硕士专业学位研究生，在职学习相关专业课程，任教考核合格并通过论文答辩的，颁发硕士研究生毕业证书和教育硕士专业学位证书"。[2] 现实中，这一权利的设定为免费师范生的职业生涯发展提供了较好的机遇和平台，有利于免费师范生结合教育教学实际，进一步提升自身素养和专业能力。

在明确免费师范生可以享受的具体待遇和权利的同时，《实施办法》还规定了免费师范生应当履行的义务。[3]

---

① 庞丽娟. 中国教育改革 30 年（学前教育卷）［M］. 北京：北京师范大学出版社，2009：97.

② 李进金. 中国乡村教师职前培养研究［M］. 厦门：厦门大学出版社，2017：198.

③ 于海洪. 西部农村教师队伍建设研究［M］. 成都：西南交通大学出版社，2012：89-93.

首先，免费师范生毕业后必须服务基础教育十年以上。《实施办法》规定，免费师范生入学前，应当与学校和生源所在地省级教育行政部门签订协议，承诺毕业后从事中小学教育十年以上。这一规定旨在引导免费师范生毕业后服务于基础教育事业，是政策强制性的一种体现。

其次，免费师范生毕业后必须具有两年以上的乡村教育服务经历。《实施办法》规定，分配到城镇学校任教的免费师范毕业生，应当首先到乡村义务教育学校任教服务两年。赴乡村义务教育学校任教是保证优质教师资源均衡发展，促进乡村义务教育质量提升的重要手段，这一义务的履行是教师资源配置的需要，也是国家行政手段调控的重要体现。

最后，免费师范生毕业后须回生源所在地中小学任教。《实施办法》规定，免费师范毕业生一般回生源所在省份中小学任教。这一义务是与权利相对应的，是免费师范生毕业后"有岗有编"权利的对应义务，也是免费师范生招生倾向于中西部省份的原因，国家可以通过这一方式引导免费师范生赴经济社会发展欠发达地区任教。此外，为保证免费师范生就业的稳定，《实施办法》还规定，免费师范生毕业前及在协议规定服务期内，一般不应报考脱产研究生。

综上探讨了免费师范生的相关权利和义务。事实上，《实施办法》颁布后，一些地方政府基于区域基础教育发展的现实情形，出台了区域内的相关配套政策，以进一步支持区域基础教育，尤其是乡村基础教育的发展。乡村基础教育的师资水平现状，要求一些地方政府必须重视师资的培养，师资配置不足是乡村基础教育发展的制约因素。正是基于这样的认识，免费师范生已经成为地方政府扩充乡村教师队伍和促进乡村教师发展的重要举措。现实中，免费师范生已经具有"三定向"的性质，所谓"三定向"

是指定向招生、定向培养和定向就业。其中，定向招生是指由政府或教育行政部门主导，面向具有乡村当地户口、并有志向从事乡村基础教育工作的初中或高中毕业生招生；定向培养是指由乡村学校或乡村学校主管部门提出所需乡村教师的学科类别和主要标准，高等学校依据相应的要求，进行乡村教师培养；定向就业则是指学生达到相应要求取得毕业资格后，由乡村学校或其主管部门安排，到预先设定的岗位就业。[①] 在这种乡村教师培养模式中，地方高校一般承担着所在区域乡村教师培养的主要任务，根据地方教育部门对人才的需求，共同制定人才培养方案，并在师资和课程等方面进行合作。

可以看到，免费师范生政策旨在达成的主要目标之一是，保证优质教师资源的有效供给，实现"下得去、留得住、教得好"的政策理想。调查发现，在免费师范生就业方面，一些省份做了具体和明确的规定，即毕业后要返回生源所在地，服务于区域乡村教育。如，河南省规定，免费师范生毕业后到乡村教学点从事教育教学工作；山东省规定，免费师范生毕业后到定向就业地区的乡村学校任教；重庆市规定，免费师范生毕业后服从签约区县安排，并在乡村、乡镇小学从教不少于 6 年；海南省规定，免费师范生毕业后回生源地市县的乡村学校和乡镇中心幼儿园任教。[②] 相形于国家层面的免费师范生教育政策来说，地方免费师范生教育政策具有更加明确的指向性，通过订单式的人才培养方式，能够有效解决区域乡村基础教育师资配置不足的现实问题。

---

① 郎耀秀. 乡村教师教育模式新探[J]. 广西民族大学学报(哲学社会科学版), 2010(6): 182

② 王嘉毅. 教育与精准扶贫精准脱贫 [J]. 教育研究, 2016（7）: 78–81.

（二）"免费师范生"政策的实施现状与改进

虽然免费师范教育取得了很大成效，为乡村基础教育输送了大量优质师资，极大促进了乡村教师发展。但同时，随着教育改革的深入推进和乡村基础教育的变迁，免费师范生教育仍然存在多方面问题。这些问题将制约免费师范生政策进一步服务乡村基础教育和促进乡村教师发展。具体而言，当前免费师范生培养还存在以下几方面问题。

第一，缺乏有效的进退机制。免费师范生的进退机制是指，进入和退出免费师范生行列的相关制度安排及其执行机制。当前，我国免费师范生的选拔机制存在一定缺弊，同时缺失有效的退出机制。

其一，"进入机制"存在缺弊。选拔合适的培养对象，是免费师范生培养活动的开端，建立良好的选拔机制，对于免费师范生培养来说具有基础性的意义。缺乏科学合理的选拔机制，将会导致免费师范生培养过程中产生诸多问题。在采访中有高校教师这样说道：

我发现现在一些免费师范生从事基础教育的意愿并不强烈。在我自己以往所任教的已经毕业的班级中，一些免费师范生毕业后并没有从事基础教育工作，从事农村基础教育工作的毕业生也不多。这实际上是一种资源浪费，因为国家为培养免费师范生提供了大量人力、物力和财力。在我看来，一些免费师范生在高中毕业时选择专业具有一定的盲目性，他们对于免费师范生并没有清晰明确的认识，进入到这一行列中才发现，自己并没有从事教育工作的专业热情。

事实上，根据华中师范大学对首届免费师范生就业意向的调查，仅有三成左右的免费师范生具有从教的意愿，首届免费师范生不仅总体上从教意愿不强，而且愿意支援乡村等贫困落后地区教育的比例更小。① 现实中，我国基础教育长期以来忽视了对于学生的职业生涯教育，学生对于未来自己的职业生涯发展没有清晰的认知，他们并不十分了解自身的兴趣与志向。在这样的背景下，确立科学的免费师范生选拔机制，对于更好地实现免费师范生的政策目标，进而促进乡村教师队伍发展具有重要意义。

其二，"退出机制"存在缺弊。我国免费师范生不仅在进入师范专业、成为免费师范生之前没有相应的职业倾向和能力测试，而且在培养过程中，也缺乏合理的退出机制。现实中，免费师范生的培养过程表现为一种近乎封闭的状态。有高校教师在访谈中说道：

一些同学进入了免费师范生的行列，发现自己并没有相应的专业热情，这怎么办？在现有的机制下，他们必须严格接受完整的师范教育，中途不可以退出。也就是说，我们现在的免费师范生教育并没有相对成熟的退出机制。一旦成为了免费师范生，无论其主观意愿如何，也不管他是否具有成为合格教师的潜力，均需完成相应的培养过程。而事实上，一些免费师范生由于存在种种主客观原因，具有退出免费师范生行列的强烈愿望，如若缺失相应的退出机制，将会在一定程度上影响免费师范生培养质量。我认为，合理的退出机制在本质上具有强化的功能，能够避免不具备相应条件和意愿的学生进入免费师范生行列，以提高免费师范生教育的针对性和实效性，进而更好地实现相关政策目标。

第二，培养目标和课程设置问题。培养目标和课程设置决定了免费师范生的培养质量和具体的人才规格。当前，免费师范生的培养目标和课程

---

① 首届免费师范生仅2%愿去农村，仅三成选择从事教学类职业［N］．中国青年报，2011-03-12．

设置的存在一定问题，这种问题突出表现在以下几方面。

其一，培养目标定位模糊。培养目标对于免费师范生的培养具有导向性的作用。基于当前免费师范生的培养目标安排，免费师范生在培养过程中存在重理论、轻实践；重知识、轻能力；重分科课程、轻综合课程；重学科课程、轻活动课程等不良倾向。这种不良倾向与基础教育课程改革对于教师的要求相违背，滞后于基础教育课程改革的内在要求。事实上，新一轮基础教育课程改革早已经对教师提出了新要求，"教师应当改变过去片面注重知识传授的倾向，应当帮助学生形成积极主动的学习态度，培养学生搜集和处理信息的能力、获取新知识的能力、分析和解决问题的能力，以及交流与合作的能力"[1]。有鉴于此，相关主体应当对这种现状进行反思，并根据基础教育课程改革的目标与内容，调整免费师范生的培养目标定位，以更好地适应未来基础教育对于教师的新要求。

其二，课程设置问题。师范生课程的设置、实施与评价关系着师范生的培养质量，然而，长期以来，我国师范类院校在师范生课程设置中往往存在着课程结构单一、课程内容陈旧、课程种类有限等方面问题。

一方面，课程结构存在缺陷。当前，我国高师院校的课程结构存在"重学科、轻师范"的现象。根据调查，部分高校的学科知识课程在师范生课程体系中所占的比例高达90%以上，而体现师范生"师范性"的相关专业课程只占课程总数的10%。[2]这样表明，学科知识课程在师范教育中占据主导地位，而以培养师范生专业能力为目标的教育专业课程，在很大程度

① 高文. 当代师范教育改革若干问题的比较研究［J］. 教师教育研究，1991（2）：70-76.

② 陈永明. 教师教育课程的国际比较［M］. 北京：教育科学出版社，2002. 181-183.

上受到了忽视。根据 20 世纪 70 年代国际劳工组织和联合国教科文组织对 70 多个国家教师教育的课程设置调查，尽管比例不同，但在各国师范教育课程结构中，教育类课程一般占课程总数的四成左右。①对照这样的标准，我国师范教育目前的课程结构尚不足以体现师范教育的"师范性"。

另一方面，课程内容缺乏新颖性。长期以来，我国相关部门对教育类课程建设的重视程度不够，除了全国十二所重点师范大学于 2001 年共同召开了"高等师范院校公共课教育学教材"研讨会，初步拟定了《教育学基础》的编写提纲和编写体例外，全国范围内很少召开关于教育学专业教材建设的专题研讨。②目前，虽然市场上的教育学教材种类繁多，但知识陈旧，内容大致相近，无法体现世界范围内先进的教育思想和理念；同时，一些教育学教材脱离学生实际和教育改革与发展的需求，内容枯燥，无法充分地调动师范生的学习积极性。有学者指出，当前我国师范类课程内容"缺乏严密的逻辑体系和独立的内容构成，科学性、准确性不高，缺乏理论与实际的紧密联系，中小学教育教学实践中各种鲜活的问题或案例在课程中难觅其踪"；课程内容"重刻板的原理罗列，重概念、定义的解说，重理论根据的陈述，却忘记了理论的价值在于应用"③。有鉴于此，加快师范教育课程体系建设，应当成为提高免费师范生教育质量的重要抓手。

综上探讨了我国免费师范生培养过程中的主要问题。事实上，在一些

---

① 唐松林. 论我国高等师范课程结构改革［J］. 课程·教材·教法，2002（6）：64-68.

② 胡艳. 当前我国师范教育培养问题及对策探讨［J］. 教师教育研究，2007（3）：29-33.

③ 吴康宁. 教师：一种悖论性的社会角色［J］. 教育研究与实验，2003（4）：1-7.

高校对于免费师范生培养的过程中，包括实践实习和教学方法等方面，也存在一定缺弊。仅就实践实习而言，实践实习本应当是师范生专业训练中的重要环节，但部分高校对于师范生的实践实习环节重视程度不够。从实习时间来看，目前我国师范院校中师范生的实习时间一般为 2 个月左右，实习期间所承担的教学时数大部分不足 10 课时，师范生在实习期间更多地承担了自习辅导和作业批改的任务，实习过程中，关于班级教学和学生管理方面的机会并不多。这也在一定程度上影响了师范生的培养质量。

（三）改进免费师范生培养的建议

基于目前我国免费师范生培养过程中存在的主要问题，相关主体应当积极采取有效措施，完善免费师范生的培养机制，提高人才培养质量。

第一，完善进退机制。建立科学合理的进退机制，对于提高免费师范生的培养质量而言至关重要。一般认为，科学合理的进退机制有助于切实选拔热爱教育事业，并具有长期从教的职业理想的优秀青年从事教育工作。开化市北门小学吴副校长在访谈中表示：

我认为，就免费师范生的准入机制来说，招生的标准要在关注学生高考成绩的同时，全面评估报考学生的学习兴趣、专业志向和个性发展需要，这样才能选拔出有志于从事基础教育事业的人才。尤其需要避免片面地关注高考成绩的做法。对于一些已经进入免费师范生行列，但确实不适合、也无志向将来从事基础教育工作的学生来说，要允许他们通过适当的途径退出，给他们重新选择专业的机会。当然，选择退出的同学，应当承担相应的违约责任，包括退还学费、住宿费和各类生活补助等。这取决于建立具体的退出机制。

第二，科学定位培养目标。师范生教育是教师职前教育的主要环节，对于未来教师的专业发展具有重要意义。但事实上，由于培养时间、培养条件和师资力量等方面的限制，人们无法仅仅依赖于师范教育培养出优秀的中小学教师。原因是，优秀教师的成长还取决于包括教学实践和发展平台等方面的要求。

人们应该理解师范教育的内在的特殊性，学历性质的师范教育仅仅是培养"好教师"的基础性要求，而不是全部要求。师范教育应当树立短期目标、中期目标、长期目标有机结合的理念。其中，短期目标在于科学合理地选拔人才，并为这样的人才将来能够成为合格的教师"打基础"；中期目标在于，推进师范教育教学改革，创新人才培养模式，加强大学与区域中小学之间的联系，使学生具有良好的师德、精深的学科专业知识和教育学专业知识，具备一定的科研能力；就长期目标而言，师范生教育应注重于培养学生的反思意识和反思能力、课程开发意识和课程开发能力、人际合作与交往能力等。

第三，改善课程结构。改变当前师范教育课程结构的缺弊，应当立足于我国师范教育的实际状况，同时借鉴和吸收发达国家或地区师范教育课程设置的先进做法和经验。其目的是，在拓宽师范生的专业基础和强化师范生的专业技能的过程中，凸显师范教育特色。开化市北门小学吴副校长在访谈中表示：

改善师范教育的课程结构，基于免费师范生的培养目标，灵活设置多样化和个性化相结合、必修课与选修课相结合的课程结构。在这一过程中，对传统的教育学、心理学和学科教学论的框架结构进行调整和重组。我个人认为，课程结构要体现师范教育的师范性，突出对于教育学、青少年心理学、教育科研方法、学科教学法、教育实习等课程的要求。同时，要考虑学生对于课程选择的灵活性要求，科学安排各类必修课和选修课的比重。

第四，注重实践教育。师范教育具有较强的实践性，但我国的师范教育长期以来过度地关注于理论教育，片面地注重教育理论的传授，在很大程度上忽视了理论与实践之间的关联，从而导致理论与实践相脱节。对此有学者呼吁，要加强对于师范生的实践教育。一方面，应当加强对于师范生的教育实习指导，探索多样化的教育实习模式。近年来，随着中小学对于教师实践能力要求的提高，一些高校积极探索师范生教育实习的新思路和新做法。但总体而言，师范生的实习效果仍然有待提高。应进一步转变教育观念，"明确教育实习在整个师范生培养过程中的重要作用；加大对教育实习的专项经费支持；加强对教育实习的组织领导力度，由大学教师和中小学教师联合组成教育实习指导小组，加强对学生实习的指导"。[①]

师范专业毕业实习计划

毕业实习是高等师范院校教学工作的重要环节之一，是一门体现师范性的综合实践课程，对提高学生教育教学工作能力、理论联系实际能力及检验学生的综合素质具有重要作用。根据我院各师范类专业教学计划安排，2021届师范生将进行毕业实习，为确保毕业实习工作的顺利进行，特制定本计划。

一、实习目的和任务

第一，实习目的：通过毕业实习（综合性实习），让实习生熟练掌握

---

① 黄兴丰，龚玲梅. 职前职后中学数学教师学科知识的比较研究［J］. 数学教育学报，2010（6）：46-49.

中小幼课堂教学、班级管理、课外活动辅导等各项工作的方法，培养其独立从事教育教学工作的能力；深入进行教育调查，全面了解各级政府和教育主管部门有关教育及教师招考的方针、政策；进一步深刻认识师德的重要意义，遵守教师职业道德规范，乐于从教，为从事教师职业做好准备；同时，通过教育实习，检验我院办学和培养规格，促进我院教学改革，提高教育教学质量。

第二，实习任务：（1）中小幼各科课堂教学实习；（2）班主任、主班教师工作实习；（3）课外活动辅导、幼儿游戏活动辅导等实习；（4）教育调查、教师招考准备等；（5）参与教研，开展研习活动。

二、实习时间、地点安排

第一，实习时间：（1）本科专业：7—14 周（2021 年 4 月 12 日—2021 年 6 月 4 日）；（2）五年一贯制学前教育专科专业：7—14 周（2021 年 4 月 12 日— 2021 年 6 月 4 日）；（3）17 小教委培生：1—14 周（2021 年 3 月 1 日— 2021 年 6 月 4 日）；（4）报到时间、地点：毕业实习根据生源地，各专业组合实习小组联系实习学校，实习学校原则上须是"浙江省教师发展学校"。（需入编或就业学校实习的，提交盖有相应学校公章的申请），每位学生按照计划开始周的周一或之前报到。17 小教委培生根据开化、龙游、兰溪教育局的时间安排及时报到。所有同学务必在实习前一周内把实习学校和个人的通讯地址、联系方式（电话号码等）报到办公室。（5）实习时间原则上可分为三个阶段：①见习阶段（第 1 周），了解实习学校情况，熟悉实习班级情况，随班听课，并做好课堂教学前的各项准备工作。②实习阶段，实习生完成各项实习任务。③总结阶段（最后 1 周），实习生上公开课与汇报课、进行自我总结、填写《综合性实习成绩鉴定表》，实习学校领导、指导教师、班主任根据实习生表现，评定实习生的实习成绩。

（6）返校毕业教育（具体返校时间以院学工办通知为准）。

三、实习内容和要求

第一，课堂教学实习。（1）原则上进行每周不少于2课时的课堂教学实践，实习生必须按所在实习学校制定的教学计划和进度认真备课，认真钻研教材，独立思考，虚心求教。在指导教师的指导下，撰写出详细完整的教案。（2）在正式上课前，每个实习生必须认真试讲，进行模拟教学。试讲后，教案须经指导教师签字批准，方可正式进行课堂教学，试讲不合格者，必须重新试讲。（3）实习生应根据教学内容，采用灵活多样的教学方法与手段，完成每个课时的教学任务，确保课堂教学质量。录制1课时课堂教学视频。（4）实习生到达实习学校一周内，除认真备课外，每人必须听指导教师的课5节以上，并认真做好听课笔记。【中文、数学、音乐学专业录制1课时指导教师课堂教学视频】。（5）每节课上完后，实习生必须虚心听取指导教师或同组实习生的意见，及时总结经验，不断改进教学，提高课堂教学能力。

第二，班主任工作实习。（1）实习生应具体了解班主任工作的内容、方法、特点。要求每个实习生以身作则，为人师表，关心爱护学生，培养组织管理班级工作的能力。（2）认真向原班主任学习，在原班主任指导下，熟悉了解实习班级情况，制定班主任实习工作计划，送交原班主任审定后执行。（3）实习生必须独立承担班主任工作1周以上，积极开展班级日常管理工作。

第三，课外活动辅导、幼儿游戏活动实习。（1）实习生要重视课外辅导工作，培养自己开展课外兴趣活动的组织能力及指导能力。（2）了解实习学校开展课外兴趣活动的情况，学习原班主任开展活动的方法和经验，在指导教师的指导下，积极主动地进行课外兴趣活动的辅导实习工作。（3）学前教育专业学生在导师指导下组织幼儿开展各类活动。

第四，教研工作实习、研习。（1）主动参加教研活动，主动与家长进行交流，参与家访。（2）及时了解各级教育行政部门有关政策、法规，积极进行教育调研。（3）关注各县市区教师招考信息，协调好实习相关工作，及时报考。（4）通过个人教学反思、接受指导修正、参与教育研讨、与既定校外导师对接等多种途径方法开展研习工作，提高教育教学能力。

第五，实习要求：（1）严格遵守实习学校的各项规章制度，自觉遵守实习学校作息时间，与实习学校的老师同上班、同下班。做到言谈举止文明规范，能为人师表。（2）对学生既要关心爱护，又要严格要求。积极主动地参加学生的各项活动，并在原班主任的指导下，认真开展班级的各项日常管理工作。（3）认真备课，虚心求教。教案要写详案、简案两种，要熟记详案，上讲台一般要求不看教案，教案要在授课前三天给指导老师审阅。（4）实习过程中录制1课时课堂教学视频。实习结束前，每位实习生要向实习学校领导和老师上一堂汇报课。（5）认真写好实习总结，交实习学校指导老师审阅。（6）完成各类实习材料的填写，返校后按要求及时提交毕业实习成绩鉴定表（2份）、教育实习手册、1节课实习生课堂教学视频、1节课实习学校教师课堂教学视频【中文、数学、音乐学专业】、1份教育调研报告【专科专业除外】等相关材料。

四、对实习学校领导、教师的建议

1.请实习学校领导专门就该次实习工作召开指导教师会议，熟悉实习计划，明确该次实习目的和内容、要求，布置具体工作。

2.课堂教学实习以实习生所学专业相对应的课程为主，也可以考虑实习生特长，适当安排其他课程的实习任务。17小教委培学生须安排语文、数学，及一门其他课程的实习。

3.请提前告知每位实习生的实习内容、进度。

4.实习生到校的第一天，向他们介绍实习学校的基本情况，宣讲实习学校的规章制度，对实习生提出具体的工作要求。

5.因实习生实践经验不足，请指导教师对课堂教学作较为具体、细致的指导。请指导老师审阅实习生的每个教案，教案经指导老师审阅并签署"同意"意见后，方允许其上讲台执教，以保证课堂教学质量。

6.实习成绩的评定：实习成绩采用评语与评分相结合的办法，评分采用量化评估方法，由百分制折合五级记分制，分优秀（90～100）、良好（80～89）、中等（70～79）、及格（60～69）、不及格（60以下）。总评成绩取课堂教学实习成绩和班主任工作实习成绩两者的平均值计分，再折算成等级。成绩评定必须严肃公正、客观合理。

五、组织领导

由实习学校领导、指导教师统一安排毕业实习工作任务。认真做好对实习生的师德培养、业务指导、生活安排、成绩评定及总结工作。

此外，为了加强毕业实习管理，学校还专门成立了毕业实习工作领导小组，小组成员由有关院领导、系主任、辅导员和班主任组成。

事实上，毕业实习仅为学校师范生培养过程中实习的一个方面。除了毕业实习以外，学校对于师范生的实习要求还包括：教育见习、适应性实习、规范性实习和班主任工作技能实习等。

另一方面，应当鼓励建立教师专业发展学校。教师专业发展学校应当成为师范院校与区域中小学之间桥梁，是供师范院校教育研究的实验基地，同时也是培养新教育专业人员、供有经验的教育专业人员继续发展的平台。[a]事实上，建立教师专业发展学校是培养师范生实践能力的重要途径。现实中，我国师范院校在与中小学建立教师专业发展学校方面具有先天的优势。这种先天的优势表现为，很多师范院校均拥有自己的附属学校。但一些师范院校在师范生培养过程中，忽视甚至淡化了附属中小学的作用。建立教师专业发展学校，意味着要重新定位师范院校附属中小学对于师范生培养的重要意义，同时，应当基于免费师范生群体的特殊性，在乡村选择和建立一批教师专业发展学校，通过专业发展学校把师范生培养和乡村学校教学改革紧密联系起来。金华市教育局调研员 C 老师在谈到教师发展学校时这样说道：

教师发展学校是连接基础教育和高等教育的重要平台，为师范生教育实践、中小学教师专业发展培训教育实践和高校教师挂职锻炼等提供场所，为师范生教师教育课程提供应用型师资，为高校教师指导参与基础教育改革提供平台。浙江省教育厅印发《浙江省教师发展学校建设标准》，明确教师发展学校建设情况将被纳入各地教育现代化、教育发展绩效和教师培训绩效考核等发展性评价指标体系及高校师范生培养创新绩效考核评价指

---

① 李琼，倪玉菁. 小学数学教师的学科知识：专家与非专家教师的对比分析［J］. 教育学报，2005（6）：57-64.

标体系。该标准共有组织与管理、课程与教学、队伍与保障、服务与成效等 4 个一级指标和 1 个特色项目，下设 12 个二级指标，每个二级指标下又包含若干项建设内容，每项内容均分 A、B、C 三个等级。考核根据得分高低及基础性建设内容的完成情况进行，最终评估分为优秀、良好、合格、不合格四等。教师发展学校附属于中小学校，由教育行政部门、高校和中小学（含中职学校、特殊教育学校、幼儿园）三方共同建设，服务于师范生培养和在职教师培训。

本节探讨了以"特岗计划""硕师计划"和"免费师范生"培养为代表的我国乡村教师发展的职前支持内容。应该承认，乡村教师发展的职前支持为乡村教师队伍注入了大量新生力量，在充实乡村教师队伍力量的同时，提高了乡村教师队伍的整体质量。现实中，除了上述政策举措之外，我国乡村教师发展的职前支持还包括一些支农和惠农政策中的具体措施，如人力资源和社会保障部组织实施的"'三支一扶'计划""大学生志愿服务西部计划"等。

第二节　乡村教师发展的在职支持内容

乡村教师发展的在职支持以提高既有乡村教师素质，促进乡村教师专业发展为核心内容。现实中，这类支持主要体现在一系列乡村教师培训活动中。从历时性的角度看，改革开放以来，我国乡村教师系列培训主要包括学历补偿培训、学历提高培训和新世纪以来的乡村教师培训。其中，学历补偿培训是指 1978 至 1984 年期间，我国开展的一系列以促进乡村教师学历达标为主要任务的培训；学历提高培训是指 1985 至 1999 年期间，以提高乡村教师学历水平为主要目标的培训；新世纪以来的乡村教师培训是指，2000 年以来我国实施的包括"新课程"培训、"教师网联"培训和"国培计划"在内的一系列乡村教师培训活动。[①]在本节，我们将基于新世纪以来乡村教师的一系列培训，探讨我国支持乡村教师在职发展的主要内容和实践。

（一）新世纪以来乡村教师系列培训的背景

我国基础教育在世纪之交取得了较大成就，"两基"目标初步实现，素质教育全面推进。但总体而言，我国基础教育师资队伍水平，尤其是乡村地区师资队伍水平还有待提高，城乡教育发展不平衡问题较为突出。进入新世纪，根据全面建设小康社会的总体部署，开展乡村教师全员培训，建设高质量的乡村教师队伍，成为了全面推进素质教育的时代要求。

现实中，随着"两基"目标的基本实现，乡村基础教育对于师资力量的需求开始从"量"转向"质"。[②]乡村教师队伍的质量越来越成为制约教育发展，尤其是乡村教育发展的主要瓶颈。1999 年，国务院转批教育部《面向 21 世纪教育振兴行动计划》，提出"跨世纪园丁工程"，拟对现有中小学校长和教师进行全员培训和继续教育，并加强中小学骨干教师队伍建设。同年，中共中央国务院发布《关于深化教育改革全面推进素质教育的决定》，强调开展以培训全体教师为目标，骨干教师为重点的继续教育，全面提高中小学教师的教育教学水平和业务能力。

一直以来，乡村教师是我国基础教育师资力量的主力军。2009 年，我

① 王嘉毅. 教育与精准扶贫精准脱贫［J］. 教育研究，2016（7）：78.
② 宋永忠. 教师教育的定位、体系与政策［J］. 江苏高教，2005，1：90.

国普通中小学专任教师共有 1064.01 万人，其中城市教师有 218.07 万人，县镇教师有 372.99 万人，乡村教师有 472.95 万人，县镇以下的中小学教师占比近八成。[①] 现实中，乡村教师历来在整个教师队伍中占据着绝对数量，但是，相形于城市教师，乡村教师长期以来不仅在生活待遇上无法和城市教师相比，而且在职称评聘、编制设计、培训机会等方面也存在差距。以生师比为编制标准，一些村级教学点生源少、规模小，教师编制严重短缺；乡村教师职称评聘存在障碍。因而，建设一支高水平的乡村教师队伍，是全面推进乡村素质教育的内在需要。根据东北师大农村教育研究所 2002 年的调研报告，"乡村教师参加教师培训的机会少、层次低、且形式单一"；北京师范大学 2003 年调研报告显示，"城市教师在新教师培训、骨干教师培训、外语培训、教材教法培训和其他专题培训等方面，获得的参训机会远远高于乡村教师，而乡村教师参加职称培训、学历进修等培训的比例高于城市"。[②] 上述情形表明，城市教师更注重教师内涵和高层次能力培训，而乡村教师多接受与生存、晋职等外在制度规约的低层次培训。

（二）新世纪以来乡村教师系列培训的主要内容

新世纪以来，我国乡村教师培训主要采取项目化的方式推进。就全国范围来看，这种项目化推进方式主要包括"新课程培训""网联培训"和"国培计划"等重大工程与项目。

第一，新课程培训。我国基础教育于世纪之交开始实施了新一轮基础教育课程改革，新课程改革的有关配套政策和要求，拉开了我国新一轮乡

---

① 杜晓利. 教师政策［M］. 上海：上海教育出版社，2012：13.

② 秦良娟. 城乡结对下的网络研修与农村教师能力提升［M］. 北京：对外经济贸易大学出版社，2017：219.

村教师培训的大幕。国务院于 1999 年批转了教育部《面向 21 世纪教育振兴行动计划》，根据该计划，基础教育课程改革作为"跨世纪素质教育工程"的重大举措，是关涉课程目标、课程结构、课程内容、课程实施和课程评价的一项全局性改革，是全面提高国民素质和推进素质教育的基本要求和重要组成部分。计划提出，我国于 2000 年开始推行新课程改革实验，致力于形成符合现代教育理念要求的课程标准和课程框架，并改革课程内容和教学方法，实施新的课程评价体系，力争经过十年左右的努力，在全国推行新的基础教育课程体系。

现实中，新课程改革的内在需要为我国乡村教师培训提供了良好的机遇。国务院于 2001 年颁布的《关于基础教育改革与发展的决定》提出，要紧密结合基础教育课程改革，进一步加强包括乡村教师在内的基础教育师资力量培训。同年，教育部下发《关于开展基础教育新课程师资培训工作的意见》，对新课程师资培训的政策目标、政策主体和政策实施等进行了原则性规定。根据该意见，课程改革背景下的师资培训应当以"三新一德"为主要培训内容，即新课程、新理念、新技术和师德培育。就具体内容而言，主要包括以下三个方面：一是组织学习关于新课程改革的政策文件的精神，在思想上树立教师实施新课程的主动性和责任感；二是研究相关学科的课程标准，重点学习课程目标、课程内容和评价要求，掌握实施新课程的方法和手段，提高教师专业化水平；三是学习和研究所任课程的新编教材，提高教师基于新课改理念，施加素质教育影响的水平和能力。[①]

新课程师资培训的对象主要包括广大中小学教师和从事新课程实验推

---

① 上海市新农村教师专业发展培训项目工作小组. 新农村教师教育新路［M］. 上海：上海社会科学院出版社，2013：94.

广工作的教育管理者与培训者。就前者而言，毫无疑问，广大中小学教师是实施基础教育新课程改革的主力军，自然应当成为新课程师资培训的对象；就后者来说，在新课程改革的实施过程中，各省（自治区、直辖市）成立的"基础教育课程改革实验工作领导小组"和其他分工协作的相关机构和人员，是新课程改革的指导力量和重要保障，也是相关培训的对象。现实中，新课程师资培训执行"先培训，后上岗；不培训，不上岗"的原则，各年级、各科目教师在实施新课程教育教学工作前均须参加相关培训。培训"从省级实验区新课程教师培训开始，逐步扩大到省内其他地区的教师培训；从小学和初中起始年级任课教师培训开始，逐步扩展到其他各年级任课教师培训"。①就经费保障而言，新课程师资培训不向教师个人收取培训经费，而采取以各级财政拨款为主，多渠道筹措经费的办法，保障培训的经费。根据有关规定，各地新课程师资培训应在各级教育行政部门领导下，统一部署并有计划地推进，杜绝乱收费和乱办班的现象。

为了进一步规范新课改背景下的师资培训工作，确保新课改的顺利进行，教育部于2004年印发了《关于进一步加强基础教育新课程师资培训工作的指导意见》。意见明确，师资培训工作是推广新课程实验的关键环节，各级政府和教育行政部门应当努力做好新课改要求下的师资培训工作。在政策实施层面，要增强新课程师资培训的针对性和实效性，从拟进入新课程的教师培训抓起，有计划、有步骤地开展全员教师培训。根据新课程实验推广的要求，新课程师资培训要统筹规划、分区推进、分步实施，在具体实施进度安排上，2005年秋季开学前，基本完成义务教育起始阶段年级

---

① 唐松林. 中国农村教师发展研究 [M] . 杭州：浙江大学出版社，2005：210.

师资的岗前培训任务，2007 年秋季开学前，完成普通高中起始年级师资的岗前培训。[①]在培训课时安排上，各阶段新课程岗前培训原则上不少于 40学时，未接受新课程岗前培训的教师不应承担有关新课程的教学任务。根据有关文件的精神，在传统师范教育向现代师范教育转型的过程中，基础教育课程改革是提高教师教育教学水平和各方面业务能力的机遇，促进教师专业发展应当成为新世纪我国教师教育的主要目标之一。基于这样的要求，一方面应当"以基础教育课程改革为契机，全面提高教师专业化水平"，关注教师的专业知识、专业技能和专业情意发展，不断促进教师从职业化走向专业化；另一方面，要从提高教师学历层次和学位水平、深化教师教育教学改革和加强教师教育基地建设、以课程改革和教师专业化为中心，规划中小学教师继续教育工程，全面提高教师教育质量。[②]

现实中，基于新课程改革的要求，相关培训突出了对于乡村教师培训的两个重大转变。一是在培训目标上，由以往提高乡村教师学历层次为主，向提升乡村教师实际施加教育教学影响的能力转变；二是在培训对象上，由过去部分乡村教师参与为主，到面向全体乡村教师为主转变。

第二，网联培训。全国教师网联计划按照"面向全员、突出骨干、倾斜农村"的方针，以新理念、新课程、新技术和师德教育为重点，推进新一轮基础教育师资力量全员培训。[③]国务院于 2003 年召开全国农村教育工

---

① 闫引堂. 国家与教师身份：华北某县乡村教师流动研究［D］. 华东师范大学，2006：92.

② 周晔，王晓燕. 城乡教育统筹治理：概念与理论架构［J］. 教育研究，2014（8）：34.

③ 初向伦. 学校联盟：教师专业发展的新路径［M］. 长春：吉林大学出版社，2018：49.

作会议，决定实施农村中小学现代远程教育工程，促进区域和城乡之间的优质教育资源共享，提高农村教师教育教学水平。现实中，为了进一步支持"两基攻坚计划"，教育部于 2003 年印发了《关于实施全国教师教育网络联盟计划的指导意见》，提出了坚持"面向全员、突出骨干、倾斜农村"原则，以"新理念、新课程、新技术"和师德教育为重点，开展新一轮基础教育师资培训，为提升乡村教师队伍的整体素质，进而为全面推进素质教育提供保障。[①]

教师网联计划出台的政策动因之一是进一步提高教师队伍素质，尤其是乡村教师队伍素质。现实中，教师素质是全面提高基础教育质量的关键，乡村教师的整体素质和专业化水平是基础教育改革成败关键。相形于城市教师，我国乡村教师学历整体水平和专业化程度不高，难以完全适应全面推进素质教育的需要。因而，实施教师网联计划，尽快提高乡村教师的素质和专业化水平，是我国乡村教育改革发展的现实需要。由于乡村地域广大、居住分散，加上乡村教师工学矛盾突出，乡村教师培训面临较为复杂的环境和困难。因而，借助现代远程教育手段，创建教师网联门户网站，与"校校通"、乡村中小学现代远程教育相结合，打破时空阻隔，让不同地区的乡村教师共享优质教师教育资源，成为大规模开展中小学教师继续教育，全面提高乡村教师整体素质的有效途径。现实中，全国教师网联培训按照总体规划、分步实施、重点突破、全面推进的方针，分为以下三个阶段。[②] 第一阶段以参加远程教育试点的师范大学和中央广播电视大学等首批试点单位为主体，建立管理规范和技术标准，构建共建共享优质教育

---

① 薛正斌. 教育社会学视野下的教师流动［M］. 兰州：甘肃人民出版社，2012：67.

② 金礼久. 改革开放以来农村教师培训政策研究［D］. 南京师范大学，2017：138–139.

资源的教师教育协作组织。因地制宜地开展各种教师学历教育和非学历培训，大幅度提高教师队伍的整体素质。第二阶段将教师网联培训主体扩大到符合条件的省属师范院校和举办教师教育的综合性大学，在更大范围内整合优质教师教育资源，形成以区域教师学习与资源中心为支撑的现代公共服务体系。第三阶段是全面实施教师网联总体规划，将各种教育形式与教师网联衔接与沟通，形成有时代特征和中国特色的教师终身学习体系，实现教师网联计划的总体目标。

2004 年，教育部推出《关于加快推进全国教师教育网络联盟计划组织实施新一轮中小学教师全员培训的意见》。意见进一步强调，"加快推进教师网联计划，实施新一轮教师全员培训是加强中小学教师队伍建设的紧迫任务"，也是大幅度提高教师队伍，特别是乡村教师队伍整体素质的有效途径。[①] 总体而言，教师网联计划包括以下四个层次的网络联盟建设。[②] 其一，全国教师教育网络联盟建设。在教育行政部门的帮助下，以部分现代远程教育大学为试点，逐步吸纳其他开展远程教师培训的教育机构参加。其二，地方性网络联盟教师培训体系建设。现实中，各地方教育行政部门是地方性推进教师网联计划和开展教师培训的责任主体，根据全国教师网联计划推进新一轮教师全员培训的总体部署，研究制定本地区的具体计划并组织实施。其三，推进县级教师培训机构改革与建设，构建多功能的区域教师学习中心与资源中心。县级教师培训机构是实现教师网联计划目标的重要主体，县级教师进修学校要与县级电教、电大工作站等相关机构进行资源整合，优化资源配置，构建"教师网联"校外学习中心和服务体系。

① 项家庆. 乡村教师教学能力提升策略［M］. 长春：吉林大学出版社，2016：98.

② 金礼久. 改革开放以来农村教师培训政策研究［D］. 南京师范大学，2017：134–136.

其四，完善和建立校本培训体系，加强学习型校园建设。根据有关政策的安排，校本培训体系是教师网联培训的必要补充。

第三，"国培计划"。"国培计划"是中小学教师国家级培训计划的简称。2010 年，我国颁布了"中小学教师国家级培训计划"（简称"国培计划"）。"国培计划"旨在通过一系列培训计划，提高中小学教师的教育教学业务能力，加强基础教育师资队伍建设。"国培计划"颁布当年，即确定了两大培训项目。一是中小学教师示范性培训项目。该项目由教育部、财政部面向各省（区、市）直接组织实施，主要包括中小学骨干教师集中培训项目和中小学教师远程培训。2010—2012 年，中央财政每年拨专项经费，用于支持"示范性项目"，采用集中培训方式培训 3 万名中小学学科骨干教师及骨干班主任；采用远程培训方式培训 60 万名义务教育学校学科教师和 30 万名高中新课程学科教师。[1] 二是中西部农村骨干教师培训项目。中央财政安排专项资金 5 亿元，支持 23 个中西部省份和新疆生产建设兵团，由中西部省份按照"国培计划"总体要求组织对中西部乡村义务教育教师实施有针对性的培训。主要包括乡村中小学教师短期集中培训和乡村中小学教师远程培训等子项目。根据教育规划纲要建设高素质专业化教师队伍的要求，"国培计划"的培训课程内容按照教育部制定的《"国培计划"课程标准（试行）》《幼儿园教师专业标准（试行）》《小学教师专业标准（试行）》《中学教师专业标准（试行）》的要求和国家相关规定，根据不同类别教师教育教学能力提升和专业发展的需求来确定，增强培训课程内容的针对性和实效性。

---

① 　项家庆. 乡村教师教学能力提升策略［M］. 长春：吉林大学出版社，2016：145.

2015 年，《乡村教师支持计划（2015—2020 年）》的颁布和实施，标志着"国培计划"从外延规模扩张向内涵质量提升的转型发展。聚焦乡村教师、创新培训模式、注重机构协同、规范培训管理，成为提升国家级教师培训质量的重要思路。《乡村教师支持计划（2015—2020 年）》提出了一系列优先发展乡村教师队伍的战略举措，强调"发展乡村教育，教师是关键，必须把乡村教师队伍建设摆在优先发展的战略地位"[①]。从 2015 年起，"国培计划"主要面向乡村教师，集中支持中西部乡村教师和校长培训。鼓励乡村教师在职学习，进一步提高学历层次。"国培计划"在分批遴选项目县，通过实地考察、座谈与访谈等专项调研基础上，采取短期集中、顶岗置换、送教下乡、专家指导、校本研修的方式，开展培训团队置换脱产研修、送教下乡培训、乡村教师访名校培训、乡村校长培训等项目，以加强薄弱学科和紧缺领域师资培训。

就培训质量的评估和检测而言，"国培计划"采用大数据评估、专家抽查评估和第三方评估等方式，对各地乡村教师培训项目实施过程及成效进行监管评估。逐步建立项目实施过程监管与绩效评估的信息化管理系统，全面监控培训过程，开展有效培训的绩效评估。建立健全培训绩效公开制度，并将评估结果作为培训机构和项目县遴选及调整的重要依据。2016 年，"国培计划"重点对送教下乡培训和网络研修进行 2 至 3 年的分层递进式设计，有条件的地区可将两种培训方式相结合，进行整体设计，为乡村教师发展提供持续支持。[②]现实中，县（区）级教师发展中心具有较好的教

---

① 王北生,任青华."国培计划"教师培训模式的优化及创新[J].中国教育学刊,2014(9): 45.

② 金礼久.改革开放以来农村教师培训政策研究[D].南京师范大学,2017:138.

师培训基础。根据有关文件的规定，县（区）级教师发展中心可以结合区域乡村基础教育发展实际，设计相应的培训项目，并积累经验，逐渐加以推广。

（三）乡村教师系列培训的改进

新世纪以来，为了进一步提高乡村教师队伍质量，促进乡村教师发展，我国采取了一系列政策举措，开展乡村教师全员培训。在乡村教师全员培训实践中，政府投入力度不断加大，师范院校成为了组织乡村教师培训的重要机构，同时，信息技术在乡村教师培训中得到了广泛运用。这些举措有力保障了相关培训项目的开展，并在实践中取得了显著的成效。

现实中，尽管"新课程培训""教师网联计划"和"国培计划"等在内的各类教师培训项目取得了一定成效，但同时也存在一些问题。有学者认为，当前部分学校举办教师培训的动力有所下降，乡村教师主动学习的积极性不高，"教师教育管理还存在职责不清、重复培训、资源浪费等现象"[①]。这些问题的存在将会影响乡村教师全员培训的实效。乡村教师培训是乡村教师发展的在职支持的重要手段，是当前我国乡村教师队伍建设中的一个重大议题。提高乡村教师培训的实践效应，应当遵循以下思路。

一是关注乡村教师发展的真实需求，增强乡村教师培训目标的针对性。思想是行动的先导。要使乡村教师培训工作更有效开展，促进培训内容和方式方法改进，使乡村教师培训更贴近乡村教育教学实际及教师的实际需求。大丰区三龙中心小学的张副校长在访谈中表示：

---

① 王志平. 实施"国培计划"，推动区域教师培训的良性互动发展［J］. 中国高等教育，2016，8：91.

　　我认为做好乡村教师培训，首先要做的是转变观念。乡村教师给人的一种印象是，学历水平不高、教育理念落后、教育能力较差，甚至是没有太高的追求。这种认识在无形中影响了乡村教师培训的观念。一些乡村教师培训负责人想当然地把培训目标简单化，甚至低级化，而没有到乡村学校走走看看，了解现在的乡村教师到底需要什么，如何切实解决他们工作和生活中的实际问题，提高他们的专业发展能力。做好乡村教师培训，必须了解乡村教师的真实需求，这样才能科学设计相关培训项目。培训项目的实施应当要想方设法地激发广大教师参训的主动性、积极性，充分满足乡村教师对高质量培训的期盼，从而调动教师自主参训的动力。培训目标要考虑到乡村教师理论知识的扩充和实践性知识的拓展。

　　二是给予乡村教师在培训过程中选择的余地。提供适合教师需要的培训课程内容是实现有效培训的关键。乡村教师培训要从乡村教师的实际出发，面向全体，适当采取分层培训，根据教师专业素养的专业知识、专业能力和专业情意三个维度，结合乡村教师需要，选择符合需要的培训内容，构建分层级、分类别和立体化的有效培训课程体系。[1] 浙江师范大学的 W 教授在访谈中说道：

　　乡村教师面临不同的专业发展难题，具有不同的需求。有些乡村教师需要提升自身的专业理论，需要提高专业能力，还有些乡村教师需要专业情意的升华。在这种情况下，基于这些年我们学校提供的乡村教师培训实际情况来看，我认为选择性分层培训是一种有效的培训模式。这种培训模式根据乡村教师的现实需要设定培训内容，并尊重乡村教师的自主选择。

---

① 容中逵．"国培"背景下乡村教师研训问题研究［J］．教育发展研究，2014（12）：7-10.

对于需要提高专业理论素养的乡村教师，向其提供教育学、心理学和教育政策法规等方向的专题讲座。对于需要提高专业能力和实践技能的乡村教师，向其提供集体观课、评课和专题讨论的教研培训模式。对于需要升华自身专业情意的乡村教师，可以采取情境再现的方式，对师德内容展开讨论，对乡村教师的专业情意在潜移默化中进行熏陶。

在这几年的乡村教师培训中我们发现，加强乡村教师的选择性分层培训，需要在了解乡村教师专业发展需求的基础上，科学设定"培训菜单"，对乡村教师采取"菜单式培训"的方式。这种培训方式便于乡村教师自主选择自己需要培训的内容和项目，以提高培训的针对性和实效性。培训项目主管部门和高等学校要树立研究意识，建立和完善乡村教师培训需求信息的采集、分析和预测机制，定期对乡村教师的培训需求进行深入研究，并建立乡村教师培训需求信息库，为实际工作部门制定培训方案或培训主题提供可靠的决策依据。

三是注重乡村教师培训方式的灵活性。乡村教师培训课程实施必须"根据培训对象的特点，采取灵活的、多样化的授课方式，培训方式应符合参训教师的学习特点，使培训内容更加实际、培训方式更加灵活，创造个性化的培训环境，提供及时的反馈及有效的评价"[1]。W教授在访谈中认为：

当前的乡村教师培训方式较为单一，基本以集中授课为主。我认为，对于刚入职的青年乡村教师来说，培训方式应当以"实战式"授课培训为主，提高乡村教师的课堂驾驭水平与能力；对于任教于学校薄弱学科的乡村教师，要注重案例式的培训模式，提高薄弱学科施加教育的影响力；对

---

[1]　邵晓霞. 基于翻转课堂的"国培计划"培训模式探究［J］. 中小学教师培训, 2015（1）: 20-24.

于乡村学校的骨干教师，应当更多地运用主题研修或专项研究的培训模式，进一步提高其理论水平和专业素养。另外，培训方式的确立还应当注重短时培训与长时培训相结合、任务驱动和专家主导相结合等。

一些学者认为，在当前信息技术较为发达的时代，要以丰富的网络培训资源为依托，建立和完善乡村教师培训资源公共平台，提供不同类型的优质资源，使乡村教师能进行网络学习或免费下载学习。

网络平台的主要优势之一是，可以提高乡村教师专业发展的自主性和便利性，淡化和解决乡村教师培训的"工学矛盾"问题。这几年我们学校也在完善教师在职网络培训系统，学校要求将所有的培训课件或视频资源上传到指定网站，以便实现培训资源共享，力争做到乡村教师在专业发展方面"需要什么就能在网上找到什么"的目标。另外，网络平台还有助于乡村教师之间的交流与合作，在研修过程中突出乡村教师培训的参与性、体验性、互动性，使乡村教师积极参与到培训活动中来，并在规定期限内自由选择培训时间，由此来增强培训方式的灵活性。

总而言之，乡村教师培训是一个连贯的和整体的过程。乡村教师培训应当关注乡村教师职业生涯发展的可持续性，在培训课程的目标确立、课程内容的设置、培训方式的选择以及培训评价的建立方面，关注乡村教师职业水平的整体性和系统性提升。

第五章　关注结果：乡村
教师发展的评价支持

乡村教师发展结果是指乡村教师队伍经过一系列的内涵和外延的积极变化过程而达到的实际状态。现实中，对于乡村教师发展结果的考察应当立足于科学合理的乡村教师评价体系。

第一节　乡村教师发展评价概述

教师评价是教育评价的重要组成部分，其目的是，是评估和改进教师和学生在教育教学活动中的具体状态和表现。一般认为，教师评价对提高学校教育教学质量具有重要作用。在提高乡村教育质量的背景下，应当重视和发挥乡村教师评价的功能。

第一，教师评价的内涵。界定教师评价的内涵具有不同的视角，从组织功能的视角来说，教师评价"应该是通过对教师的行为能力进行全面的判断，决定人员聘任和继续留任的一种活动。教师评价过程具有固定化和标准化的特点，换言之，这个过程由教师行为和能力的评判标准来驱动"①。在一般的意义上，学校监管者是教师评价的主体，评价的内容主要是，教师在教育教学过程中的履职情况，评价者需要对教师的工作状态、工作行为和工作结果作出专业的、全方面的判断。评价的主要目标之一是，更好地保护学生接受教育的权益。一般认为，在教师评价的实施过程中，评价主体应当以"中立的观察者"的身份自居，这样才能保证教师评价结果的科学与公正。正如加马所言，人们期望评价者与被评价者之间的合作以"职业认同"为基础，"职业认同"表明两者知道他们各自的角色，并且认同"各自的运作方式"。②

　　就教师评价的不同类型而言，英国学者怀斯等人提出了"行政性评价"与"专业性评价"两种教师评价的概念。现实中，"行政性评价"与"专业性评价"这对概念与传统意义上的终结性评价与形成性评价具有内在相通之处。美国学者一般认为，教师评价应当以形成性评价为基础，但同时对于形成性评价与终结性评价能否共存，认识并不一致。③一方面，有美国学者认为，形成性评价与终结性评价是一对矛盾体，人们无法在同一评价行为中，同时贯彻这两种评价的理念。具体来说，形成性评价立足于保证质量，终结性评价着眼于工作机会，因而，两者无法兼容，应该将这两

　　①　Thomas R. Guskey. 教师专业发展评价 [M]. 方乐，等译. 北京：中国轻工业出版社，2005：67.

　　②　孟庆焕，李盈慧. 新课程与中小学校本研修 [M]. 大连：辽宁师范大学出版社，2015：46.

　　③　陈玉琨. 教育评价学 [M]. 北京：人民教育出版社，2014：91.

类评价分开使用；同时，有观点认为，形成性评价和终结性评价在本质上是对立的，前者要求评价者扮演可信赖的合作伙伴的角色，而后者却要评价者以上司或考核者的角色自居，因而，在同一个教师评价方案中，不可能同时兼顾形成性目的和终结性目的。[①] 另一方面，坚持形成性评价和终结性评价可以兼容的观点认为，教师评价应该把绩效责任和专业发展更好地结合起来。一些国外学者认为，与其将评价者有限的精力花费在鉴别少数优秀或无法胜任教育教学工作的教师的身上，倒不如将其用在帮助大多数教师发展上。换言之，教师评价的主要目的并不在于判断教师是否"优秀"或"合格"，而是通过评价活动，为其日常的教育教学活动提供有价值的反馈信息，促进教师自我反思，进而提高教师的教育教学水平。[②]

第二，教师评价方法。现实中，教师评价的方法有多种。主要包括教师自我评价、家长评价、学生评教、同行评议等。[③] 实践中，就终结性的教师评价而言，还没有任何一种单独的评价方法，已被证明具有绝对的信度。在这样的背景下，综合运用多种评价方法，多渠道地了解教师在教育教学过程中的具体表现，将有助于提高教师评价结果的可信度。

其一，教师自我评价。教师自我评价是指教师对于自身的工作状态与工作水平作出判断的一种评价方式，它是教师评价的重要组成部分。现实中，很多具体的教师评价活动均要求教师先行对自身的状态与行为作出一定的判断与说明。一般而言，教师自我评价是教师依据一定的评价理念和原则，并对照特定的评价标准，主动对自己的工作表现作出评价的活动。

---

① 李存生. 乡村老师专业发展引论［M］. 北京：人民出版社，2018：54.

② 严玉萍. 中美教师评价标准比较研究［M］. 南京：南京师范大学出版社，2011：32.

③ 李存生. 乡村老师专业发展引论［M］. 北京：人民出版社，2018：56-58.

教师自我评价代表了教师对自身状态的批判与反思过程，对提高教师教育教学能力具有重要作用。

其二，学生评价。学生评价是指学生作为评价者，对教师的教育教学行为作出评估和判断的活动。现实中，学生不仅是教师工作的直接对象，而且是教师工作的参与者和受益者，学生对于教师的工作能力和工作表现具有最为直接的体验和认识。因而，在现实中的教师评价过程中，有关主体一般较为重视对于学生的访谈，以了解学生对于教师的认识。学生评价还被视为是"以生为本"教育理念的贯彻和执行，学生评价的具体方式可以采取学生访谈和问卷调查的方式进行。

其三，同行评价。同行评价是指作为同事的教师与教师之间的一种相互评价的活动。一般认为，同事之间具有相互了解的基础，他们在日常的教育教学过程中相互沟通和学习，具有了解对方的渠道和能力。因而能够在教师评价中提供客观的和真实的信息。现实中，教师相互评价一般可以通过课堂听课、教学材料分析、学生成绩评定和观摩研讨等形式进行。

其四，专家评价。专家评价是指通过聘请校内外相关领域的专家，对教师的教育教学状态作出评价的一种评价方式。现实中，专家评价可以通过听课、观摩、座谈和研讨等形式进行。专家评价的主要目的是，诊断教师的工作状态，帮助教师发现问题，查找不足，并基于现有的问题与不足，提供相应的解决方案或建议。一般认为，相形于其他评价形式，专家评价更具专业性，可以克服校内评价的特定局限，站在更为客观和专业的角度对教师工作作出评判。

其五，领导评价。这里的领导一般是指教师所在学校的领导，与教师自评、学生评价和同行评价不同的是，领导评价是一种自上而下的评价方式，一般由学校校长及中层干部担任评价者，对一线教师的工作水平与能力作出判断。在我国现行的教师评价体系中，领导评价是最常见、运用最广泛的教师评价方法之一。现实中，领导评价的实施应当注意以下几点：一是建立科学、合理的教师评价标准、评价内容，按照教育目标的要求，落实全面育人、促进教师专业发展的目的；二是坚持公平、公正的原则，领导评价要实事求是，不能凭主观印象，更不可抱有个人偏见，应当营造一个公平竞争、各展其能、和谐共进的评价氛围；三是对教师工作作出全面、合理的评价，学校领导应当深入接触教师，了解学生，倾听家长呼声，多渠道获取信息，掌握充分、翔实的原始资料，对教师工作作出公正、客观的评价。[①]

第三，乡村教师发展评价。乡村教师发展评价是乡村教师评价的重要组成部分，其关键要义是，对于乡村教师"发展"的评价。现实中，发展是一个世界性的主题，多年来，这一主题一直是人们关心的对象，人们对于发展的理解具有多样化的特征。

查阅相关的文献可知，发展原本是一个经济学的概念，承载着较为丰富和深刻的经济学含义。在经济学的视角中，比较狭义的经济意义上的"发展"特指经济增长，并关注工业化的进步、经济增长规划、个体的态度、个体的信仰和农业的进步，这些主张在发展理论的演进中影响相当广泛。[②]随着经济社会的变革和时代的进步，"发展"表现出了多方位和多视角的含义。"发展是一种累积过程，在累积之中，社会、文化、政治和经济均

---

① 孟庆焕，李盈慧. 新课程与中小学校本研修［M］. 大连：辽宁师范大学出版社，2015：88.

② 景世成. 全面建成小康社会的理论与实践［M］. 太原：山西人民出版社，2018：94

产生新品质，个人的人生目标也在不断修正，思想和行为趋向成熟。"①
有学者指出，"发展是一种具有持续方向和阶段性的变化，在变化的每一
个阶段，社会的科学技术水平会有明显的进步，生产和服务能力会有明显
的提高。在此基础上，人类步入一个新的时代；发展是效率的提高和经济
的增长"②。20世纪90年代，汤德拉阐述了发展的三种核心价值：③

一是生计：满足基本需要的能力。每个人都有一定的基本的需要，离
开这样的需要，生命将不复存在。这些基本的需要包括食物、住房、健康
和安全。当其中的任何一项缺失时，绝对的欠发展就将出现。因此，所有
经济活动的一个最基本的功能就是帮助尽可能多的人摆脱由于缺少食物、
住房、健康和安全而产生的无助和悲惨。在这一意义上，人们应该说，经
济增长是改善生活质量的条件，因而，也就是发展。"为了拥有更多，首
先必须拥有足够"，所以，国民收入的增加，绝对贫穷和收入不平等的减少，
更多的就业机会构成了发展的必要条件，但不是充分条件。④

二是自尊：成为一个人，发展的第二个要素是维持和增进人的自尊。
每一个人都不应被别人用来作为工具，实现别人的目的。现在，所有社会
和个人都在寻求维持和增进自尊的基本形式，这些形式可能被称之为真实、
个性、尊严、尊重、荣誉等。自尊的性质和形式可能在不同的社会和不同
的文化中有着较大的差别。在发达国家的社会环境中，物质价值具有非常
重要的意义，自尊和价值越来越多地由拥有经济财富和技术的国家享有。

---

① 张利群. 桂学文库：桂学元研究 [M]. 桂林：广西师范大学出版社，2017：12.
② ［德］施塔姆勒. 正义法的理论 [M]. 张元，译. 北京：商务印书馆，2017：127.
③ 许庆豫. 教育发展论：理论评介与个案分析 [M]. 福州：福建教育出版社，2001：67.
④ 黄林芳. 教育发展机制论 [M]. 上海：上海财经大学出版社，2006：15.

与之相关，欠发达成为世界大多数人口的命运，因此，对发展中国家来说，"发展"成为重获自尊的具有合法意义的目标。

三是自由：免于奴役，具有选择能力。发展的第三种具有普遍意义的价值是自由。在这里，自由的意义是摆脱生活的物质条件的异化，摆脱被自然、无知、他人、悲惨、机构和教条性的信念的奴役。自由伴随社会及其成员选择范围的扩大，以及实现社会发展目标的外部限制的减少。自由还应该包括政治方面的一些自由，表达自由、法治自由、政治参与自由和机会平等。[①]经济增长和物质财富增加，有助于增进自由，减少奴役。

可以看出，"发展"已经从狭义的经济意义演变为一个广阔的范畴。乡村教师发展是以乡村教师为对象的发展，乡村教师发展评价是以乡村教师发展为对象的评价。现实中，评价乡村教师发展状态，无法离开相应的评价标准。因而，如何立足于"发展"本身的核心要义，科学理解乡村教师发展的主要内涵，是科学评价乡村教师发展状态的关键。

第二节　乡村教师发展的评价支持与改进

如何科学合理地评价乡村教师队伍发展状态，对于认定乡村教师发展的现实情形和进一步促进乡村教师发展具有重要意义。本节基于《乡村教师发展支持计划》（下称《支持计划》），探讨乡村教师发展的评价支持的政策旨趣，并厘清现实中乡村教师发展评价存在的主要缺弊，进而提出进一步优化乡村教师发展评价支持的基本思路。《支持计划》中提出了一系列乡村教师评价的新措施与新理念，这些新的措施与理念代表了相关主

---

① 黄林芳. 教育发展机制论［M］. 上海：上海财经大学出版社，2006：12.

体对于乡村教师发展的评价支持。

第一，乡村教师发展的评价支持内容。基于《支持计划》解读我国有关政策对于乡村教师发展的评价支持内容可以发现，在《支持计划》的"主要举措"部分中，明确了为实现本计划中的预期目标要采取的多项措施。从这些措施来看，《支持计划》对乡村教师发展的评价支持主要体现在以下方面。

其一，促进乡村教师整体素质提高。乡村教师素质是乡村教师发展内涵的重要组成部分，《支持计划》对乡村教师队伍素质发展的评价支持主要体现在以下几个方面。

一是提高乡村教师的师德水平。师德问题是评价乡村教师发展状态的一个重要方面，乡村教师具备相应的师德水平，是乡村教师队伍建设的重要议题。基于《支持计划》的有关精神，评价乡村教师应当"坚持师德为先，以德化人的基本原则，着力提升乡村教师思想政治素质和职业道德水平，将师德教育作为乡村教师培养培训的首要内容"[①]。

二是加强乡村教师队伍培训，《支持计划》提出，要把乡村教师培训纳入基本公共服务体系，保障经费投入，确保乡村教师培训时间和质量。"在培训内容上，不仅要重视乡村教师队伍师德水平的提高，师德教育作为乡村教师培训的首要内容，推动师德教育进教材、进课堂、进头脑，贯穿培训全过程；而且要全面提升乡村教师信息技术应用能力，要加强乡村学校音体美等师资紧缺学科教师和民族地区双语教师培训。"[②] 在乡村教

---

① 秦玉友. 中国城镇教育扩容压力传递机制与应对策略研究［J］. 教育研究，2017，1：32.

② 国务院法制办公室. 中华人民共和国新法规汇编：2015 第七辑（总第 221 辑）［M］. 北京：中国法制出版社，2015：25.

师培训方式上，要积极利用远程教学、数字化课程等信息技术手段，破解乡村优质教学资源不足的难题，同时建立支持学校、教师使用相关设备的激励机制并提供必要的保障经费，并采取顶岗置换、网络研修、送教下乡、专家指导、校本研修等多种形式，增强培训的针对性和实效性。[①]在访谈中，衢州学院 G 教授谈到了他对此的认识。

我认为，师德问题是教师教育的首要问题。教师承担教书育人的职责，如果教师本身的师德水平不过关，就很难保证培养出道德优良的学生。当然，师德的内涵深远，外延广阔，我们应该在实践中准确把握师德的含义。事实上，我们国家始终重视教师的师德师风建设，曾多次颁布有关加强师德师风建设的政策文件。这些政策文件在很大程度上规范了师范教育和教师培训对于师德的引导与培养。这一次《支持计划》中对于乡村教师评价中师德问题的重视，是国家再次以政策文件的形式，对乡村教师的思想政治素质和职业道德提出要求。我认为，鉴于师德在教师队伍发展过程中的重要意义，如何科学设计合理的评价体系，明确师德评价导向，是乡村教师发展的重要依据。

就乡村教师队伍培训来说，很显然，相关部门计划采取有力的政策手段，加强乡村教师队伍培训，以进一步提高乡村教师队伍的综合素质。我认为政策的初衷是好的。因为乡村教师确实需要更多的专业成长机会和平台，和城里的教师相比，他们往往承担更多的工作任务，面临更多的工作难题。这些难题通常和乡村教育的特殊性有关。当然，我们如何执行《支持计划》中对于乡村教师培训的要求，这是一个考验。你比如说，如何在

---

① 国务院法制办公室. 中华人民共和国新法规汇编：2015 第七辑（总第 221 辑）［M］. 北京：中国法制出版社，2015：31-32.

确保乡村学校正常教育教学秩序的情况下，安排不同批次的教师参加相关的培训项目，这对于一些乡村学校来说，就是难题。因为他们教师数量不足，一个教师出去参加培训，可能意味着增加其他教师的教育教学工作量。

其二，进一步扩充乡村教师数量。乡村教师对于乡村教育发展的意义无需赘言。长期以来，我国乡村教师队伍面临数量不足的困境，教师数量的匮乏是制约乡村教育事业发展的因素之一。现实中，乡村教师是乡村教育的主要承担者，是乡村教育活动中的重要主体。缺乏足够数量的乡村教师，就无法开展正常而有序的乡村教育活动。因而，乡村教育事业的发展，无法离开充足数量的合格教师。对此，《支持计划》明确提出："要拓展乡村教师补充渠道。鼓励省级人民政府建立统筹规划、统一选拔的乡村教师补充机制。"[1] 现实中，充实乡村教师队伍的数量，吸引优秀人才投身于乡村教师事业，应当建立在科学而合理的乡村教师评价机制的基础之上。对此，《支持计划》提出要改革乡村教师评价制度，提高乡村教师的职业吸引力，纠正以往人们对乡村教师的职业认识偏差。G教授在访谈中认为，乡村教师职业吸引相对较低具有多方面的原因。

现在我国有乡村教师300多万名。教育部提出，要力争在未来3至5年内，使乡村教师数量基本满足乡村基础教育需求。实现这个目标，还需要很多努力。因为乡村教师职业的吸引力还有待提高。别的不说，就我们学校培养的师范生而言，他们毕业后大多具有从事城市教师的职业期望。有教师做过调研，想了解这些师范生在择业过程中优先选择城市学校的原因。就目前掌握的情况来说，主要包括这几个方面，一是乡村学校教师的

---

① 秦玉友. 中国城镇教育扩容压力传递机制与应对策略研究［J］. 教育研究，2017（1）：35.

工资待遇和福利水平相对较低，他们毕业后更多的是考虑到杭州、宁波或温州这些城市去就业；二是城市教师的职业生涯发展机会要优于乡村教师，学生具有较为强烈的专业发展理想，客观上说，目前我们提供的乡村教师的在职培养培训机会确实不如城里的老师；三是工作环境的问题，年轻人还是比较喜欢城市的活力与朝气，所以在就业的时候会优先考虑城市而刻意回避乡村。有时候这种回避会比较极端，比如说，如果他今年没有考上理想城市学校的编制，他宁愿选择复习考研，也不愿到乡村学校就职。当然，《支持计划》中提到了扩充乡村教师数量的具体举措，比如采取定期交流、跨校竞聘、学区一体化管理、学校联盟、对口支援、乡镇中心学校教师走教等多种途径和方式，引导优秀校长和骨干教师向乡村学校流动。县域内重点推动县城学校教师到乡村学校交流轮岗，乡镇范围内重点推动中心学校教师到村小学、教学点交流轮岗。我认为，这些举措将有力提高乡村教师队伍数量，为乡村教师队伍输入更多优秀的师资。

其三，优化乡村教师的成长环境。基于《支持计划》可以发现，优化乡村教师的成长环境主要包括以下几层含义。

一是完善乡村教师职称评聘制度。职称评聘是指通过考察教师的学术成就和工作业绩，来评价教师的学术水平及业务能力，并将之作为教师聘任的重要依据。[①] 现实中，职称评聘是评价教师发展状态的重要手段。应该承认，我国现行的教师职称评聘制度在调动教师工作积极性和提高教师专业水平与能力等方面发挥了重要作用，但同时应当看到的是，现行教师职称评聘制度在一定程度上忽视了乡村教育和乡村教师队伍的特殊性，使

---

① 朱旭东，周钧. 美国教师质量观及其保障的机制、管理和价值分析［J］. 比较教育研究，2006，137.

得乡村教师在职称评聘过程中面临各类显性或隐性的难题与困难。①《支持计划》在"主要举措"部分提到，教师的职称评聘要向乡村学校倾斜，并强调，"乡村教师评聘职称时不作外语和论文的刚性要求，坚持育人为本、德育为先，注重师德素养，注重教育教学工作业绩，注重教育教学方法，注重教育教学一线实践经历"。②《支持计划》中这样的规定，在很大程度上完善了乡村教师职称评聘制度，进一步调动了乡村教师的工作积极性，为解决乡村教师在职称评聘过程中面临的多种困境与难题提供了基本的思路。

在许多人眼中，教师职位是铁饭碗，是不可多得的好工作，不仅平时的工作十分轻松，每年还有寒暑假，工作稳定，工资待遇还很优厚。其实大多数人都对教师行业有很大的误会，教师工作不仅很忙，经常备课到十一二点，而且还承受着很大的压力，尤其是班主任老师更是要为孩子的教育操碎了心。许多老师没有职称，到手的工资只有基本工资，老师陪学生学习也都是义务加班工作，但没有加班补助。高薪的只有那些有职称的高级教师。

评职称究竟难在哪？首先是名额太少，只能靠等。提起职称评定，一位中学教师说，学校700多个老师，高级名额一年也就一个，中级名额2到3个，排队等高级的有300多人，等中级的100多人，"几乎看不到希望"。因为名额少，一些学校采取职称评定的评、定分开政策，虽然有一些老师条件符合了，但是还要等名额，这也让一些老师感到焦虑。在评职称的机会上，城乡教师差距巨大，相比城里，农村教师评职称更难。其次是重科

---

① 杨东平. 警惕城镇化虚火"烧伤"城乡教育［J］. 生活教育，2015（11）：84.

② 段成荣，梁宏. 我国流动儿童状况［J］. 人口研究，2004（1）：112.

研轻教学，一线教师反而难。一线教师大多都承担着很重的教学任务，但是职称的考核却是科研为主，以发表论文的数量为重。最后是存在不公平现象，好教师反而评不上。由于职称和工资挂钩，对于很多教师来说意义重大，许多老师就开始找关系，拼人脉，影响乡村教师之间的团结和谐，给学校教育工作带来了负面影响。尤其是乡村教师，更是没有多少机会评职称，这让许多人都放弃去乡村支教，乡村教育事业得不到发展。

2016 年下半年，多省教育厅发出通知，对于乡村教师评职称有了新规定，这让许多乡村教师纷纷感慨终于熬出头了。山东省的公告是，乡村任职满 10 年即可申请中级教师职称评选，满 20 年即可申请副高级职称评选，广东省也将师德师风当作重要指标，不再以分数文凭为重。

乡村教师付出的同时，社会也要给予他们更多的关怀和帮助，现在很多地方在评职称时，已经向乡村教师倾斜，并且乡村教师也会有乡村补助。我认为，政府还可以为乡村教师提供住房、子女教育等优惠政策，完善乡村教育设施，提升他们的工作幸福感，鼓励更多的有志青年到乡村去实现自己的人生价值。[1]

二是实施乡村教师荣誉制度。教师荣誉制度是指"教师荣誉授予机构对作出杰出贡献的教师给予承认，并授予教师荣誉的制度安排"[2]。现实中，给予长期服务于乡村教育的杰出乡村教师关怀和慰问，授予其相应的荣誉或地位，不仅可以体现对于知识和人才的尊重，激发广大乡村教师服务于

① 佚名. 多省教育厅传出好消息，乡村教师迎来春天，评职称难度直线降低 [EB/OL].
[2021-04-22]. https：//baijiahao. baidu. com/s?id=1697729848333882452&wfr=spider&for=pc.

② 张姬. 中小学教师荣誉制度现状调查与优化建议 [D]. 南昌：江西师范大学，2014：
84.

乡村教育的热情，而且可以引导整个社会形成尊重乡村教师的社会氛围。基于《支持计划》中的有关精神，全国大部分地区出台了乡村教师荣誉制度的具体实施办法。乡村教师荣誉制度是乡村教师评价制度的重要组成部分，科学合理的乡村教师荣誉制度是促进乡村教师发展的重要手段。

华中师范大学马敏教授认为，教师荣誉是一种国家和社会对于教师辛勤付出和获得成就的肯定和赞扬方式。《国家中长期教育改革与发展纲要（2010—2020 年）》提出"国家对作出突出贡献的教师和教育工作者设立荣誉称号"。《支持计划》提出，"建立乡村教师荣誉制度"，并建立多层次的教师荣誉系统。根据国务院部署，教育部、人力资源和社会保障部决定自 2016 年起，组织开展"乡村学校从教 30 年教师荣誉证书颁发工作"。现实中，建立乡村教师荣誉制度，既是对乡村教师的肯定与认可，更是一种精神激励，进一步激发广大乡村教师投身于乡村教育事业的动力和信心。①

综上基于《支持计划》中的有关思想或精神，探讨了我国在政策层面对于乡村教师发展的评价支持的主要内容。现实中，上述对于乡村教师发展的评价支持在很大程度上引导着各地对于乡村教师队伍建设的基本思路，进而有力地促进了乡村教师发展。

第二，乡村教师评价存在的问题及其表现。尽管我国教师评价制度对于促进乡村教师发展具有多方面的积极意义，但同时应当看到的是，现行教师评价制度在以下方面仍然不利于乡村教师发展和乡村教师队伍建设。

其一，在评价标准上，忽视乡村教师群体的特殊性。一般而言，教师

---

① 马敏. 让乡村教师成为乡村社会文化建设的中坚力量［EB/OL］.［2016–09–09］. http：//edu.people.com.cn/n1/2016/0909/c1006–28705199.html.

评价应当具有清晰与明确的评价标准，从本质上来说，教师评价标准是教师评价活动的依据。对于教师而言，这种评价标准是其在今后的教育教学活动中应当努力的方向；对于社会而言，教师评价标准体现出了相关主体对于教师未来工作水平与能力的期待。斯克里文认为，"教师评价的具体标准应当包括教师的学科知识、教学能力、学生评价、伦理道德，以及教师对于学校和社区的服务能力"[①]等方面。长期以来，我国教师评价标准基本采用上述标准，具有同一性的特征，在很大程度上忽视了不同教师群体的工作内容和性质的特殊性。以下是对一位农村学校校长的访谈：

在教师评价方面，我们对乡村教师倒是没有什么特殊的政策。一般是按教师的实际工作内容和业绩来评价，比如教学工作量、科学水平与能力、获奖情况等。这可能是我们今后需要加强和改进的地方，因为乡村教育还是有一定的特殊性，乡村教师的工作内容也有特殊性，应该适当地考虑如何针对乡村教师的工作内容和特点，制定更为贴合乡村教师实际的合理评价方法和标准。但这里也有一个问题，就是无论这个评价方式或标准怎么改，乡村教师的工作业绩还是应该主要体现在学生的学业成绩提高上，这也是教师教书育人成果的重要指标。这是一个大的教育评价环境决定的，作为地方教育行政部门，我们尊重和认可乡村教师在提高学生学业成绩以外的诸多工作内容和成效，但提高学生素质、把学生学业水平搞上去，还是我们评价乡村教师和乡村学校的首要标准。

我们希望乡村学校的学生能够和城里学生一样，享有同等的教育资源和条件，包括师资力量。但实现这个目标还需要努力。包括刚刚说的政策

---

① 严玉萍. 中美教师评价的比较研究［D］. 上海：华东师范大学，2008：148.

要精准发力，解决乡村学校师资面临的实际问题。我们学校今年就招募了两名特岗计划教师，教研组的老师反映说，他们一来，气氛都活跃了一点。乡村学校也要更有作为，有针对性地提供教师专业成长的环境和条件。这几年，我们作为乡村学校，还是有意识地关照到了教师工作的特殊内容和性质，比如，我们现在就打算把教师对于学生的家访、更好地推进家校合作，视为评价教师的重要内容。因为你知道，对于农村学校的学生来说，他们可能更加需要推进家校共育。另外，我们整个社会还是要关注乡村教师工作的特殊性，包括乡村教师家庭多给予乡村教师工作与生活上的理解与帮助、城里学校给予乡村教师专业发展的支持和帮扶。

现实中，我国对于乡村教师的评价标准与对于其他教师群体的评价标准基本相同或相似。随着乡村教育问题的逐渐突出和城乡教育差距的加大，人们认为，对乡村教师和城市教师采用完全同一的教师评价标准，并不公平与合理。原因是，城乡教育在教师培训、办学条件、学生发展水平，乃至教师工作主要内容等方面存在较大差异。"在师资分配上，几乎形成了这样的一种格局：有能力的教师首选城市学校就职，其余教师被迫到乡村学校工作，导致乡村教师队伍存在'先天不足'的现象；教师培训的举办地点一般在城市学校进行，城市教师占据得天独厚的地理位置，乡村教师却常常由于交通不便、无人顶岗等因素缺席各种培训活动；在办学条件上，乡村学校的硬件设施要比城市学校略逊一筹，如多媒体教室、图书资料、实验设备、体育器材等方面的落后均有目共睹；后天环境是人身心发展的重要条件，由于环境的差异，同一阶段的乡村学校学生的发展水平往往低于城市学生。"①在这样的背景下，统一的教师评价标准不利于科学合理地评价乡村教师。

其二，在评价主体方面，具有单一化的倾向。评价主体是教师评价活动过程的掌握者，在教师评价活动中具有话语权。根据有关政策文件的精神，教师的评价主体应当具有多元化的特征，要建立以教师自评为主，学校校长、学生、家长和教育行政部门等多方协调的教师评价机制。这样的评价机制有助于通过多种渠道，获得关于乡村教师专业能力与工作表现的信息，进而不断提高其教育教学水平。基于这样的理解，乡村教师应当具有一定的自评话语权，同时，教师评价应当采纳多方面的信息。现实中，一些农村学校和教育行政管理部门试图"通过教师评价扩大自身的话语权，从而束缚教师，让教师更好地听从指挥、更好地执行领导的任务，而不是考虑如何解放教师，促进教师发展"②。金化市兰溪县聚仁小学的一位教师在访谈中表示：

在我的印象里，你刚才提到的"由上而下"的教师评价，这基本构成了我们学校教师评价全部方式。一般都是由教育行政部门或校长组织评价，他们来调查一线老师工作状态和水平，通常会提出各种各样的问题。上个月我们这里还组织了对于教师的检查活动，听说是关于文明校园建设的。教育局里来了人，我们Z副校长陪同。他们检查了我们的课堂，看了学生的作业，以及教师的批改情况，还找了我一个同事做了访谈。检查结束后，我们Z副校长根据检查结果，对我们提了要求。主要是要求普通教师进一

---

① 彭冬萍，曾素林. 乡村教师评价制度改革的挑战及其应对 [J]. 基础教育研究，2016，11：112.

② 武化魁. 现行教师评价的审视与思考 [J]. 职业时空，2008（2）：94.

步通过课堂，突出文明校园建设的作用。

　　学校里也会组织教师之间相互听课、说课、磨课和教研会议，这个主要以教研组为单位进行。我个人感觉有点形式化的倾向，虽然能够解决一些教师的实际问题，如新入职的教师，他们对于学校规章不了解，相关的要求不清楚，需要通过这种方式提高自己对于新环境的认识。但对于普通教师来说，教师之间的相互评价就有点形式化了。因为大家在同一个环境中这么久了，相互熟悉，对于学校要求也比较了解，有些问题不是老师的问题，也不是完全依赖老师就能够解决的。你比如说，大家都说要提高课堂教学质量，一个老师一周上二十几节课，还要带班，有时还有些临时的行政性任务需要完成，你让他怎么提高课堂教学质量？我们老师也想多花点时间备课，多了解不同班级的学生特点，把课上得更生动、更有效，但现实条件不允许。所以说，有时候我感觉教研会议成了大家吐槽的会议。在会上老师们会抱怨工作任务太重、时间不够用、学生不听话等等。

　　学校对我们的评价也是一种管理，这样一来，老师们就都知道什么事应该做，什么事不应该做，哪些事应该努力做好，要避免出现什么问题等等。人总是要受一点约束的，老师也一样，如果学校不考核我们了，那正常教学秩序还怎么维护？所以学校考核是必要的。但是有些考核方式我觉得还是要改改，比如同事之间的相互考核，我觉得就有点不好，甚至是在制造对立，大家都是同事，然后学校说考核优秀只能占20%，那这20%给谁呢？所以我们教研小组里一般都是轮着拿优秀，或者今年谁要评职称了，优秀就给谁。这样不至于制造对立，大家关系和谐，但实际上这样的考核就没有太大意义了。我听说去年初二年级组就因为同事之间的考核弄得有些不愉快，这样就不好了。还有就是，我们的考核其实不能和县城里老师的考核完全一样，因为我们的工作内容事实上是有差别的，我们教的学生也不一样，如果一个标准考核教师，那我们在乡下学校的教师肯定不占优势。但实际上，从某种角度说，我们的工作难度要比城里学校教师的工作难度大，工作量也更多。

可以看到，在一些乡村里，学校领导和教育行政部门仍然是教师评价的主体。教师评价活动在一定程度上表现为是由相关领导主持的"自上而下"的考核，在整个评价活动中，乡村教师缺乏自评的话语权，包括家长和学生在内的相关主体，并未充分地参与到乡村教师评价活动中。教师评价的目的之一是，了解真实的乡村教师工作状态，促进乡村教师专业能力的发展。但事实上，在有些教师评价活动中，"面对领导，教师总是担心评价的结果不好，不受领导赏识等问题，一些教师还可能产生迎合或应付的心理，因而战战兢兢，如履薄冰，甚至处处设防"[1]。在这样的情境下，教师评价的结果自然将会受到人们的拷问和质疑。

其三，在评价目标上，具有短视化的倾向。从一般意义上说，教师评价是促进乡村教师发展的重要手段。随着教育改革的深入推进，教师评价对于促进乡村教师发展，进而提高乡村教育质量的意义正受到重视。但现实中，教师评价活动更多地表现为对教师过去一段时间教育教学行为的考核，存在目标短视化的倾向，并未完全体现教师评价促进乡村教师发展的功能。究其原因，"由于评价的促发展目的的评估较考核来说更复杂，具体操作步骤或衡量指标难以具体化，一些学校'懒政'思想作祟，嫌麻烦

---

① 陈振华. 教师评价若干变革评析［J］. 教师教育研究，2012（5）：128.

而弃发展于不顾"①。大丰市三龙小学的 C 老师表示:

作为普通的乡村教师,我们并没有对教师评价持特别反感的态度。说实在话,我们知道自己的专业水平和业务能力不足,和城里的老师没法比。因为他们能够接触更多先进的教育理念,参加更多的专业发展培训。我们即使有这样的机会,也抽不出时间去。我自己这学期就放弃了一个市里的教研会议,会期 3 天,本来是很想参加的,但实在走不开。我一周 20 节课,还要兼教研组安排的工作任务。别的不说,我一走,这几天的课谁上? 要么压在其他老师身上,要么等开完会了,回来自己找时间给学生补。如果压在其他老师身上,那他们的课务本来就很重了,而且时间上不一定安排得了;如果回来再找时间补上的话,那平行班的上课进度又不一样了,有可能会影响到学生的期中考试。

所以说,乡村教师并不是不想提高自己。我们知道自己专业水平不足,特别想通过教师评价,向上级部门更多地展现我们乡村教师真实的工作状态和压力。希望能够得到有关部门的重视,在教师评价结束后,能够切实提供一些有利于我们专业成长的措施。现在我感觉,一些教师评价有形式化的倾向,为了评价而评价,评价本身不仅没有发挥应有的功能,没有促进我们专业成长,而且增加了我们的工作压力。希望有关部门适当减轻我们的课时,给我们一些自主提高的空间。另外就是,根据评价结果,安排一些有价值和有针对性的专项培训。我去年在衢州学院参加过一个和农村留守儿童有关的专题研讨,我觉得这样的活动,对于我们农村教师来说特别有意义,我们学校有将近一半的学生是留守儿童。

---

① 张姬. 中小学教师荣誉制度现状调查与优化建议 [D]. 南昌: 江西师范大学, 2014: 119.

可以看到，现实中，相形于城镇教师，乡村教师专业发展水平的不足，客观上要求教师评价进一步发挥"评价促发展"的功能，但目前的教师评价活动，并未很好地实现这一功能。

其四，在评价方式上，重终结性评价，轻过程性评价。终结性评价是指在特定的教学环节或阶段终结时，对教师在过去时间里的表现的总评；过程性评价则是相对于终结性评价而言的，指在某个教学阶段的过程中，为了及时了解教师的工作情况，以更好地改进教学过程而对教师进行的评价。①

我们这里无论是学校组织的教师评价，还是教育局组织的教师评价，基本上都以刚才你说的"终结性评价"为主。就是给老师定性、定级，并且和老师的工资待遇挂钩。我感觉这种评价要有，但是不能太多。因为你评价老师的最终目的，还是希望他能有更好的工作状态和水平。所以，我认为过程性评价对我们来说更重要。我们通过过程性评价，可以更好地了解自己的教育教学效果，知道自己的不足，找出问题，反思自己的教学行为，这样才能解决问题。我们有时候一听到教师评价，就感觉是一种检查，怕被上级找出问题，因为知道这个与我们的工资收入挂钩，而且检查的目的可能并不是切实地帮助教师提高业务水平和能力。

更关键的是，乡村教师专业水平与能力中的有些问题不能仅仅靠乡村教师来解决，学校层面也要努力。比如，我这个课可以在多媒体教室上，也可以在普通教室上，但我在多媒体上的效果可能更好。这时候学校说，用多媒体教师要申请，而且要排队，排队还不一定轮得上。那我就只好在

---

① 王道俊，王汉澜. 教育学原理［M］. 北京：人民教育出版社，1999：94.

普通教室上了。我们学校只有两间多媒体教室，音乐课的老师经常会用到，其他课基本很难用上。现在外面有些教师教学比赛，这种比赛一般都要求有信息化的讲课能力，而我们不具备这样的条件。一些教师 PPT 课件制作风格陈旧，信息搜集能力不足，根本没办法和城里的教师同台竞争。

一般认为，相形于终结性评价，过程性评价的主要特点是更具评价的"反馈—调节"的功能。过程性评价的这一功能有利于为乡村教师提供自己工作状态和业绩的真实信息，反思其教育教学行为，进而及时调整教育教学方法或手段，以提高其工作表现和业绩。在理想的状态中，对于乡村教师的评价应当采取终结性评价与过程性评价相结合的方式进行，但同时应该承认的是，当前有关部门对于乡村教师的评价基本上采取终结性评价的方式。通常情况下"在学期或学年教学任务完成后，乡村教师才有机会专心做总结，做报告，写材料以应付考核，学校以及上级教育管理部门也开始审阅教师评价考核材料，而平时，评价活动被'教学任务重''没时间'等理由搪塞，过程性评价被忽视"①。

综上探讨了我国教师评价对于促进乡村教师发展的不利因素。同时应当看到的是，当前我国教师评价仍然沿用传统的奖惩性评价制度。在这种评价制度的安排之下，教师评价演变为对于教师的考核，教育行政部门或学校领导是评价标准的制定者、评价活动的组织者、评价结果的解释者，在一定程度上忽视了教师的参与性。这种评价制度"在评价宗旨上以奖惩为最终目的，忽视发展；在评价方向上面向过去，忽视未来；在评价动力上，主要依靠行政手段，忽视内在动力；在评价内容上，只注重结果，忽视过

---

① 陈上仁. 农村教师成长的理论与实践模式［M］. 南昌：江西高校出版社，2014：216.

程；在评价方法上，强调量化评价，忽视质性评价等其他方法的使用"[①]。因此，《基础教育课程改革纲要（试行）》提出，要"建立以教师自评为主，校长、教师、学生、家长共同参与的评价制度，使教师从多种渠道获得信息，不断提高教学水平"，这为新课程下乡村教师评价制度改革指明了方向，也为发展性教师评价的实施提供了依据。

总而言之，促进乡村教师发展，加强乡村教师队伍建设，应当更加注重和发挥教师评价的功能，改变以往乡村教师评价中存在的问题。

第三，改进乡村教师评价的建议。从理论意义上说，教师评价具有多方面的功能。现实中，要实现教师评价对于促进乡村教师发展的目的，应当重视以下方面，以进一步提高乡村教师评价活动的科学化水平。

其一，重视乡村教育的特殊性。现实中，基于我国城乡二元经济社会发展结构的状态，乡村教育具有区别于城市教育的多方面特点。这种区别表现在城乡教育在师资水平、办学条件、教师培训和生源质量等多方面的差距。从这一意义上说，乡村教师的评价体系自然应当区别于城市教师。衢州市开化三中的曾老师在访谈中说：

对于城乡教师的评价应当采用不同的标准。大家虽然同为教师，但有很多不一样的地方。比如，工作内容就存在很大差异。城市教师可能不太需要关注学生的家庭生活状态，在农村学校，单亲家庭和留守儿童存在的问题会让老师更加操心，他们由于缺少关爱，通常会比较顽皮和叛逆，喜欢和老师唱反调。同样上一节课，老师花费在维护课堂秩序上的时间可能都是不一样的。同时，乡村老师和城市老师所处的环境不一样，城市教师

---

① 肖正德. 我国中小学教学制度文化：批判与重建［J］. 全球教育展望，2009（8）：94.

相对具有更好的职业生涯发展机遇和平台，他们在相对宽裕的时间下，可以利用各种资源和平台更好地提升自己。农村老师操心的更多的可能是，如何完成规定的课时教学任务，如何确保所带班级不出问题，如何更好地和家长沟通等。

事实上，在我们的访谈对象中，不仅乡村教师谈到了当前的教师评价忽视了乡村教师群体的特殊性。一些乡村学校校长也表达了相似的看法：

我们认为，在理想的状态中，应该采用不同的标准对不同的教师群体进行评价，但学校现在评价教师的主要依据还是教师的实际工作内容和工作业绩。比如课时量多少，是否任班主任，实际教学业绩如何，获奖情况，发表论文情况，参与课题情况等。另外，因为我们是农村学校，学生还是有一些特殊性，我们要求老师定期家访，和家长的沟通情况我们也算在考核指标里，因为我们要让家长知道自己小孩在学校的情况，很多时候也要请家长更好地配合学校的日常教学安排和一些管理规章。至于说到如何改进对于老师的评价，我个人认为，教师评价已经建立起了一套标准或体系，而这个体系不是哪一个人或哪一个学校说改就能改的。实际上我们也发现了对于教师考核的一些问题，但很多时候我们也无能为力。因为主管部门也会考核学校，我们只能将一些考核具体化、标准化地在学校推行下去。当然，我们也有一些改进，比如上面讲的对于教师家访的考核，就是我们学校自己对于教师的考核要求。我们也看到了一些教师在考核的压力下，工作比较紧张。但实际上，作为农村学校，教师要做的事情可能和城里学校不完全一样。城里学校更加关注学生的学业成绩，我们除了要关心学生的学习成绩外，还要更加关注学生的日常生活，他们很多是留守儿童。所以在这一点上，教育行政部门倒是可以考虑如何区别对待乡村学校教师考核标准。

有鉴于此，在乡村教师评价活动中，有关部门应当在充分调研的基础上，尝试构建更加符合乡村教师工作内容和特点的评价体系，应当增加更多符合区域乡村教育特色的教师评价内容。如江西省赣南地区是采茶戏发源地、世界脐橙之乡与世界钨都，当地学校和教育行政部门将教师关于区域特色资源的知识态度与能力，作为考核的一项内容与教师评价结合了起来，并以此为线索，集思广益，用发展的眼光去看待乡村教育特点，在具有地方特色的教育中综合评价乡村教师的专业发展状态与水平。[1]

其二，重视乡村教师评价主体的多元化。现实中，教师的角色具有多样性的特征，它规定了教师在教育教学情境中所应该表现出来的心理方式和行为方式，一般认为，教师的角色主要包括知识的传播者和创造者，学习的促进者、教学的设计者、家长的代言人、社会规范的象征者以及人际关系的协调者等。[2]同时，由于乡村地区存在大量留守儿童，乡村教师还需要在一定程度上充当家长的角色，承担家长的部分职责。乡村教师角色的多样性要求，乡村教师评价的主体应该具有多元化的特征，学校领导或教育行政部门不应是乡村教师评价的唯一主体。衢州市教育局 Y 调研员这样说道：

我们在教师评价中除了要注意到乡村教师工作内容和性质的特殊性外，还要主张通过多种主体相协调的方式，共同评价乡村教师，而不能让乡村教师评价成为"一言堂"的结果。学生是乡村教师接触的最多的群体，也是乡村教师工作的主要对象，在评价乡村教师的过程中，他们的声音应

①　王斌林. 教师评价方法及其适用主体分析［J］. 教师教育研究, 2005（1）: 123.

②　包心敏, 白冬青. 教师教育心理学［M］. 北京: 清华大学出版社, 2015: 216.

当得到重视；乡村教师最为了解自己的工作内容和任务，在教师评价中，应该尊重他们的价值观念和行为动机，了解他们对于自身工作状态的认识；同行和专家也应该成为评价乡村教师工作状态和业绩的重要主体，所谓"内行看门道，外行看热闹"，同行对教学实践、教材及教师的职责有较深入的了解，在评价教师方面应当享有一定的发言权。

还有学者认为，家长作为社会公众的一员，是学生受教育的直接投资者和受益者之一，而乡村学校的学生家长大多长期在城市务工，家庭教育的缺失使学生的成长很大程度上体现了学校教育的结果。[①] 家长可以成为教师评价的主体之一，间接地参与到乡村教师评价活动中。

其三，重视评价促进乡村教师专业成长的功能。基于我国新一轮基础教育改革的理念要求，教师评价应当进一步发挥"评价促发展"的功能。但现实中，教师评价的奖惩功能突出，教师评价在一定程度化演变为对于教师工作的绩效考核，成为了有关部门确定教师晋级、解聘或工资福利与否的依据。[②] 随着基础教育改革的推进，这种过度地重视奖惩性的教师评价制度的弊端有所显现。江苏省大丰市三龙小学的 C 老师认为：

如何基于乡村教师专业成长的现实需要，科学设计合理的乡村教师评价体系，是提高乡村教育质量的要求。应该弱化教师评价的奖惩性目的，乡村教师应该在评价过程中襟怀坦荡，开诚布公地表现出真实的自我状态和水平，使评价结果更加真实可信，而不是做虚无化的表面文章。在以奖惩目标为导向的教师评价安排下，评价的过程具有形式化的倾向，而且一些教师或部门具有"造假"的现象。在评价活动结束后，应当充分地运用

① 王斌林. 教师评价方法及其适用主体分析［J］. 教师教育研究，2005（1）：125.

② 周正华. 教师评价：绩效管理与专业发展［M］. 上海：上海教育出版社，2005：235.

评价结果，将评价结果视为了解教师教育教学特点的重要依托，从而科学合理地确定教师个人的专业发展要求，制定教师个人专业发展目标，并为实现这样的目标提供平台和机遇。

对于乡村教师评价来说，基于目前的情况，我认为应该在评价活动中进一步肯定乡村教师工作的意义，认识他们的存在对于乡村学生发展的作用。培养乡村教师对于乡村教育的主人翁意识，给予乡村教师充足的归属感。这样才能进一步激发乡村教师的工作热情，而避免他们将乡村学校视为通往城市学校或其他职业的跳板。

其四，重视对于乡村教师发展的过程性评价。新课程的实施对乡村教师的课程实施能力提出了一些新要求。加强对乡村教师的过程性评价，不仅可以在一定程度上弥补当前过分注重终结性评价带来的弊端，而且还可以进一步发挥教师评价的监督功能、导向功能和激励功能，有利于引导教师对自身教学和学生学习过程的关注，从而提高自身专业发展水平，更好地适应新课程改革的目标。[①]兰溪县的 L 校长谈到了他对教师发展的过程性评价的理解：

过程性评价说起来容易，做起来却很难。因为从理念上来说，我们现在还需要扭转一些不良的要素，无论是评价主体，还是评价客体，都重视结果。这是真实存在的现象。在重视结果的导向下，评价过程就有可能被扭曲，评价结果就有可能缺失信度。比如说，我们没有教师会接受相对而言对自己较差的评价结果，在有关部门开展教师评价的时候，他就会有意识地对自己进行包装或修饰，尽可能地把自己较好的一面呈现出来，而淡化自己不足的一面。有时候这种包装或修饰过头的话，就有造假的嫌疑。

---

① 徐惠仁. 浅谈教师教学过程性评价的价值与策略 [J]. 上海教育科研，2012（7）：97.

不仅如此，教师的过程性评价事实上有严格的规范和要求，这种规范和要求的执行需要更多的成本和精力。所以，无论是评价主体，还是评价对象，似乎都有回避过程性评价的理由。因为这会在无形中增加他们的工作负担。比如说，在具体过程性评价活动中，应当引入学科知识测验和教学技能竞赛等以考核乡村教师实际教学水平的评价活动；应当以乡村教师任教班级的学生发展状态，作为评价乡村教师实际教学效果的重要依据；对在过程性评价中表现突出的乡村教师，应当给予必要的肯定与激励，对表现一般或落后的乡村教师，应当给予有针对性的帮扶措施等。这些都需要在过程性评价中加以重视，而事实上，我们的教师评价具有简单化和片面化的倾向。

现实中，无论是对于乡村学校而言，抑或是对于区域基础教育来说，乡村教师队伍作为一个整体，提高乡村学校或区域基础教育质量，关键在于有没有一支高水平的乡村教师队伍。一般认为，评价乡村教师队伍整体的发展状态与水平，还应当重视以下几点。一是达到国家规定学历标准的人数和实际胜任教学工作的人数与教师总人数的比例大小。二是受过专门教育训练的人数，占教师总人数的比例大小。上述比例越高，说明乡村教师队伍发展状态越好。三是教师队伍梯队结构如何，即乡村教师队伍的年龄结构和学科结构等状态。① 基于这样的理解，发挥教师评价促进乡村教师发展的功能，还应当注重优化乡村教师评价体系对于乡村教师队伍整体发展水平的导向作用。

---

① 管德明. 中国农村教育改革新格局［M］. 合肥：安徽教育出版社，1990：94.

结　语　整体协同：优化乡村 教师发展支持体系的实践策略

乡村教师作为乡村教育质量提升的动力源泉，振兴乡村教育的关键在于乡村教师。全面提升乡村教师核心素养，努力建设一支高素质和专业化的创新型乡村教师队伍对于缩小城乡师资水平差距、促进教育公平和推进城乡教育一体化具有重要意义。近年来，国家层面对乡村教育给予高度重视，出台了大量政策文件。各个省份因地制宜颁布和实施了一些符合区域实际的乡村教师支持政策，为建立健全乡村教师发展的支持体系指明了方向。

应该承认，基于乡村教师发展相对不足的现实情形，包括政府、学校和社会等多方面主体，对乡村教师发展给予了大力支持，乡村教师队伍建设取得了历史性的成绩。但同时应当看到的是，我国乡村教师队伍建设仍然存在较大空间。现实中，进一步促进乡村教师发展，加强乡村教师队伍建设，需要秉持整体协同的思路，构建和优化乡村教师发展的支持体系。具体来说，乡村教师发展的支持体系应当具有以下特征。

其一，目的性。乡村教师发展的支持体系应当具有清晰与明确的目的。

现实中，乡村教师发展的支持体系基于若干主体的综合力量而形成，包含多种要素、内容或举措。缺失明确的目的或相关主体之间的目的不一致，将有可能导致整个体系运行的混乱。现实中，就乡村教师发展的政府支持而言，倘若地方政府或教育行政部门出台的政策与上级政策目的不一致，则属于一种典型的目的偏离行为。这种目的偏离行为将会影响政府行为目的性的完善，同时无益于一个完整的乡村教师支持体系的形成。从这一意义上说，乡村教师发展支持体系中的多方主体及其提供的促进乡村教师发展的各种要素、内容或举措，应当一致并且持续地追求乡村教师内涵与外延的积极变化。

其二，整体性。乡村教师发展的支持体系由多方面要素构成，是有机统一的整体。实践中，这个整体所具有的功能不应等同各方面要素功能的简单叠加。在乡村教师发展的支持体系中，各方面要素在特定条件下应当相互联系、相互作用，并最终实现整体功能大于各个要素功能的总和。任何要素均不应孤立存在；同时，任何要素的缺失或不完善，将会影响乡村教师发展支持体系的整体功能。就乡村教师发展的学校支持而言，倘若乡村学校对于教师发展的支持独立存在和局限于乡村学校内部，无视上级政策的安排与社会力量的帮扶，那么，终将影响学校对于乡村教师发展支持的效应；而学校外部主体在忽视乡村学校实际的情形下，追求或支持乡村教师发展，也将无法取得令人满意的成效。乡村教师发展支持体系的整体性要求，各方主体应当从全局出发，杜绝孤立地看待和解决乡村教师发展过程中的问题。

其三，层次性。乡村教师发展的支持体系应当是有层次的，低一级的要素是其所属的高一级要素的有机组成部分。就乡村教师发展支持体系的目标层次而言，乡村教师发展应当是整个支持体系的最高目标。其中，乡村教师的内涵发展与外延发展同属于次高目标。在乡村教师外延发展这一次高目标中，还包括充实乡村教师队伍数量和优化乡村教师队伍结构等子目标。乡村教师发展支持体系能否有效运行，并取得良好的实践效应，在很大程度上取决于目标层次是否明确。现实中，不同区域乡村教师发展面临的问题各异，如何基于乡村教师发展的实际情形与需要，保证各项支持方案或举措各司其职，进而实现层次目标与总体目标的协调一致，是构建和优化乡村教师支持体系的基本要求。

其四，动态性。乡村教师发展的支持体系应当主动适应国家教育改革和经济社会发展的宏观环境。乡村教师发展始终存在于特定的宏观环境中，离开了时代或社会环境，孤立地看待乡村教师发展，将很难取得令人满意的成效。因而，构建和优化乡村教师发展的支持体系，应当提高对于乡村教师发展处于其中的宏观环境的理解与认识水平，加强对于宏观环境的动态分析，研究"乡村教育问题"的集中领域和动态数据，尤其需要重视"乡村教育问题"中的"教师因素"，将乡村教师发展置于国家教育改革，乃至整个经济社会发展的现实背景中加以考察。在此基础上，动态调整乡村教师发展支持体系的具体目标、工具选择和时空安排等，进一步提高乡村教师发展支持体系的针对性和实效性。

乡村社会发展，乡村教育先行；乡村教育发展，乡村教师先行。在乡村社会的发展过程中，乡村教师是促进乡村基础教育事业进步的重要主体，他们是保障乡村基础教育质量的主力军，担负着教书育人的重要责任。在乡村振兴和乡村社会发展的大局中，构建和优化乡村教师发展的支持体系具有重要意义。

参考文献

一、中文译著类

［1］［美］詹姆斯·E. 安德森. 公共政策制定［M］. 谢明，译. 北京：中国人民大学出版社，2009.

［2］［德］马克思，恩格斯. 马克思恩格斯全集（第 8 卷）［M］. 中共中央马克思恩格斯列宁斯大林著作编译局，译. 北京：人民出版社，1997.

［3］［德］马克思，恩格斯. 马克思恩格斯选集（第 2 卷）［M］. 中共中央马克思恩格斯列宁斯大林著作编译局，译. 北京：人民出版社，1997.

［4］［埃］侯赛因·卡迈勒·巴哈丁. 教·育与未来［M］. 王道余，译. 北京：人民教育出版社，1999.

［5］［美］T. 胡森，波斯尔斯韦特. 教育大百科全书［M］. 杜育红，译. 海口：海南大学出版社，2006.

［6］［德］施塔姆勒.正义法的理论［M］.张元,译.北京:商务印书馆,
2017.

［7］［美］托马斯·R.教师专业发展评价［M］.方乐,译.北京:中国
轻工业出版社,2005.

［8］［美］马克·汉森.教育管理与组织行为［M］.冯大鸣,译.上海:
上海教育出版社,2005.

［9］［美］哈贝马斯.公共领域的结构转型［M］.曹卫东,译.上海:
学林出版社,1999.

［10］［德］黑格尔.法哲学原理［M］.范扬,译.北京:商务印书馆,
1982.

［11］［德］黑格尔.小逻辑［M］.贺麟,译.北京:商务印书馆,1980.

［12］［德］卡尔·艾利希·博恩.德意志史(第3卷)［M］.张载扬,译.北
京:商务印书馆,1991.

［13］［德］卡尔·雅斯贝尔斯.大学之理念［M］.邱立波,译.上海:
上海人民出版社,2007.

［14］［德］克劳斯·哈特曼.神圣罗马帝国文化史［M］.刘新利,译.北
京:东方出版社,2005.

［15］［德］马克斯·韦伯.经济与社会［M］.林荣远,译.北京:商务
印书馆,1997.

二、中文著作类

［1］包心敏,白冬青.教师教育心理学［M］.北京:清华大学出版社,
2015.

［2］陈玉琨．教育评价学［M］．北京：人民教育出版社，2014.

［3］陈上仁．农村教师成长的理论与实践模式［M］．南昌：江西高校出版社，2014.

［4］陈永明．教师教育课程的国际比较［M］．北京：教育科学出版社，2002.

［5］曹化清．追梦之旅——农村教师专业成长行与思［M］．兰州：甘肃文化出版社，2014.

［6］初向伦．学校联盟：教师专业发展的新路径［M］．长春：吉林大学出版社，2018.

［7］段忠桥．当代国外社会思潮［M］．北京：中国人民大学出版社，2010.

［8］杜晓利．教师政策［M］．上海：上海教育出版社，2012.

［9］方展画．罗杰斯"学生为中心"教学理论述评［M］．北京：教育科学出版社，1990.

［10］丰箫．现代中国社会中的乡村教育——浙江省嘉兴地区乡村小学教师研究［M］．上海：上海大学出版社，2014.

［11］管德明．中国农村教育改革新格局［M］．合肥：安徽教育出版社，1990.

［12］郭文安，陈东升．国民素质构建与基础教育改革［M］．人民教育出版社，1997.

［13］国务院法制办公室．中华人民共和国新法规汇编（2015年第7辑）［M］．北京：中国法制出版社，2015.

［14］国务院法制办公室．中华人民共和国三农法典［M］．北京：中国法

制出版社，2014.

［15］黄坤明．城乡一体化路径演进研究：民本自发与政府自觉［M］．
北京：科学出版社，2009.

［16］黄宗智．华北的小农经济与社会变迁［M］．北京：中华书局，2004.

［17］黄鉴古．做幸福的乡村教师［M］．北京：现代出版社，2018.

［18］黄林芳．教育发展机制论［M］．上海：上海财经大学出版社，2006.

［19］胡建新，王珉．大学校园文化特色论［M］．北京：中国文史出版社，
2009.

［20］吉国秀．婚姻仪礼变迁与社会网络重建：以辽宁省东部山区清原镇
为个案［M］．北京：中国社会科学出版社，2005.

［21］金观涛，刘青峰．兴盛与危机——论中国社会超稳定结构［M］．
北京：法律出版社，2010.

［22］金忠明．教师教育的历史、理论与实践［M］．上海：上海教育出版社，
2008.

［23］李书磊．村落中的"国家"——文化变迁中的乡村学校［M］．杭州：
浙江人民出版社，1999.

［24］李杰，陈超美．CiteSpace：科技文本挖掘及可视化［M］．首都经济
贸易大学出版社，2016.

［25］李瑾瑜，柳德玉，牛振乾．课程改革与教师角色转换［M］．北京：
中国人事出版社，2012.

［26］李存生．乡村教师发展引论［M］．北京：人民出版社，2018.

［27］李进金．中国乡村教师职前培养研究［M］．厦门：厦门大学出版社，
2017.

［28］罗汝珍.高校教师专业化发展的社会支持体系研究［M］.长沙：中南大学出版社，2018.

［29］联合国教科文组织.教育：财富蕴藏其中［M］.北京：教育科学出版社，1996.

［30］梁漱溟.乡村建设理论［M］.上海：上海人民出版社，2006.

［31］梁忠义，罗正华.教师教育［M］.长春：吉林教育出版社，2000.

［32］孟庆焕，李盈慧.新课程与中小学校本研修［M］.大连：辽宁师范大学出版社，2015.

［33］倪建中.文明中国［M］.北京：中国社会出版社，1996.

［34］庞丽娟.中国教育改革30年（学前教育卷）［M］.北京：北京师范大学出版社，2009.

［35］饶从满.教育的比较视野［M］.合肥：安徽教育出版社，2012.

［36］宋林飞.社会调查研究方法［M］.南京：江苏教育出版社，2009.

［37］宋孝雁.凝望与坚守 一位乡村教师的思与行［M］.沈阳：沈阳出版社，2017.

［38］邵泽斌.江苏基础教育政策研究报告［M］.南京：南京师范大学出版社，2018.

［39］上海市新农村教师专业发展培训项目工作小组.新农村教师教育新路［M］.上海：上海社会科学院出版社，2013.

［40］陶行知.陶行知文集［M］.南京：江苏教育出版社，1986.

［41］唐松林.中国农村教师发展研究［M］.杭州：浙江大学出版社，2005.

［42］王斌华.教师评价：绩效管理与专业发展［M］.上海：上海教育

出版社，2005.

［43］王道俊，王汉澜.教育学原理［M］.北京：人民教育出版社，1999.

［44］薛正斌.教育社会学视野下的教师流动［M］.兰州：甘肃人民出版社，2012.

［45］项家庆.乡村教师教学能力提升策略［M］.长春：吉林大学出版社，2016.

［46］许庆豫.教育发展论：理论评介与个案分析［M］.福州：福建教育出版社，2001.

［47］袁方，王汉生.社会研究方法教程［M］.北京：教育科学出版社，1997.

［48］于海洪.西部农村教师队伍建设研究［M］.成都：西南交通大学出版社，2012.

［49］于海英，郭择汗，张索勋.乡村教师质量监控问题研究［M］.北京：冶金工业出版社，2018.

［50］叶敬忠，吴惠芳.中国农村教育：反思发展主义的视角［M］.社会科学文献出版社，2015.

［51］叶澜.教师角色与教师发展新探［M］.北京：北京教育科学出版社，2001.

［52］叶继元.学术规范通论［M］.上海：华东师范大学出版社，2005.

［53］喻谟烈.乡村教育［M］.北京：商务印书馆，1927.

［54］杨临宏.扶贫问题研究（2017）［M］.昆明：云南大学出版社，2018.

［55］杨懋春.一个中国村庄：山东台头［M］.张雄，等译.南京：江苏

南京出版社，2001.

［56］姚美雄．教师素质训练和专业发展研究［M］.成都：四川大学出版社，2018.

［57］严玉萍．中美教师评价标准比较研究［M］.南京：南京师范大学出版社，2011.

［58］赵霞．乡村文化的秩序转型与价值重建［M］.石家庄：河北人民出版社，2013.

［59］中共中央文献编辑委员会．毛泽东著作选读（上册）［M］.北京：人民出版社，1986.

［60］中央教育科学研究所．中国中小学教师发展报告（2010）［M］.北京：教育科学出版社，2011.

［61］"增强乡村教师能力培训"项目组．乡村教师能力提高手册［M］.成都：四川人民出版社，2007.

［62］朱旭东，周 钧．美国教师质量观及其保障的机制、管理和价值分析［M］.比较教育研究，2006，5.

［63］张琼 ，马尽举．道德接受论［M］.北京：中国社会科学出版社，1995.

［64］赵质宸．乡村教育概论［M］.北京：京城印书局，1933.

［65］张新平．教育管理学的方法体系［M］.北京：科学出版社，2012.

［66］张利群．桂学文库：桂学元研究［M］.桂林：广西师范大学出版社，2017.

［67］张文质．教育的十字路口［M］.上海：华东师范大学出版社，2003.

［68］左相平．做卓越乡村教师［M］.昆明：云南人民出版社，2017.

三、中文期刊类

［1］安雪慧，颉俊祥．西部农村代课教师发展现状调查［J］.教师教育研究，2008（1）.

［2］陈海凡．初任教师的适应与思考［J］.学科教育，2003（04）.

［3］陈晓宇．谁更有机会进入好大学——我国不同质量高等教育机会分配的实证研究［J］.高等教育研究，2012（2）.

［4］陈振华．教师评价若干变革评析［J］.教师教育研究，2012（5）.

［5］曹长德．论"国培计划"的改进与完善［J］.中国高教研究，2013（10）.

［6］慈航．论农村教师教育培养制度和培训模式［J］.当代教育论坛，2007（11）.

［7］车丽娜．教师文化的实然诊断与应然追求［J］.教育发展研究，2007（1）.

［8］段成荣，梁宏．我国流动儿童状况［J］.人口研究，2004（1）.

［9］唐松林．论我国高等师范课程结构改革［J］.课程·教材·教法，2002（6）.

［10］邓超华，王云兰．农村教育硕士的学位性质与培养［J］.黑龙江教育（高教研究与评估），2007（4）.

［11］邓友超．深化教育体制改革重在抓落实、见实效［J］，教育研究，2018（9）.

［12］范先佐．义务教育均衡发展与农村教学点的建设［J］.教育研究，2011（9）.

［13］高文.当代师范教育改革若干问题的比较研究［J］.教师教育研究，1991（2）.

［14］高政.免费师范生教育存在的问题及其对策研究［J］.国家教育行政学院学报，2014（7）.

［15］高春凤.自组织理论视角下的城市社区文化建设［J］.经济研究导刊，2011（7）.

［16］高小强.乡村教师阶层分化及其社会文化后果［J］.中国教育学刊，2017（12）.

［17］顾明远.发展师范教育 培训在职教师［J］.瞭望周刊，1985（12）.

［18］郭利.关于农村高中教育硕士师资培养问题的思考［J］.现代企业教育，2007（12）.

［19］黄小芳."农村教育硕士师资培养计划"政策实施中存在的问题及思考［J］.当代教育理论与实践，2013（3）.

［20］黄兴丰，龚玲梅，汤炳兴.职前职后中学数学教师学科知识的比较研究［J］.数学教育学报，2010（6）.

［21］郝天聪.农村综合实践活动"国培计划"的政策意图与实践反思［J］.中小学教师培训，2015（12）.

［22］郝保伟.教师流动政策的合法性缺失及其重建［J］.中国教育学刊，2012（9）.

［23］吉国秀，李丽媛.作为生存策略的农村民俗：变迁、回应与中国社会转型［J］.民俗研究，2011（2）.

［24］李玲，李伟.乡村教师队伍建设政策协同性评价研究［J］.南京师大学报（社会科学版），2020（1）.

［25］李凤兰.远程培训在线教学支持的问题及对策研究——以"国培计划"农村义务教育学校教师远程培训项目为例［J］.中国电化教育，2011（07）.

［26］刘丽群.论教科书、身份文化与社会分层［J］.湖南师范大学教育科学学报，2008（5）.

［27］刘中兴.师范教育迎来新的春天——访华中师范大学党委书记丁烈云、校长马敏［J］.教育与职业，2007（10）.

［28］刘丽群.论教科书、身份文化与社会分层［J］.湖南师范大学教育科学学报，2008（5）.

［29］刘佳.我国"特岗教师计划"实施十年后的回顾、反思与展望［J］.现代教育管理，2017（2）.

［30］陆益龙.后乡土性：理解乡村社会变迁的一个理论框架［J］.人文杂志，2016（11）.

［31］陆岩.试析当代西方文化思潮主流思想及其走势［J］.理论探讨，2006（4）.

［32］廉思."理念人"的消逝与彷徨——政治与世俗语境下高校青年教师公共性研究［J］.中国青年研究，2012（02）.

［33］彭佑兰，许树沛.美国计划及对我国"特岗计划"的启示［J］.教育发展研究，2010（10）.

［34］彭婷.农村代课教师清退补偿模式研究——以《兰州市解决农村代课教师问题工作方案》为例［J］.公共管理学报，2010（03）.

［35］庞丽娟，韩小雨.我国农村代课教师：现实状况及政策建议［J］.教育发展研究，2007（04）.

［36］秦玉友.中国城镇教育扩容压力传递机制与应对策略研究［J］.教育研究，2017（1）.

［37］饶从满.优化培养模式 提高培养质量［J］.学位与研究生教育，2009（11）.

［38］孙卫华.我国乡村教师支持政策现状——基于政策目标的分析视角［J］.浙江社会科学，2018（5）.

［39］孙刚成，翟昕昕.义务教育教师轮岗交流制度的困境及其对策［J］.教学与管理，2016（3）.

［40］孙钰华，马俊军.农村教师流失问题的职业锚角度考察［J］.教育发展研究，2007（4）.

［41］孙颖."国培计划"的历史超越与现实障碍［J］.教育理论与实践，2013（12）.

［42］沈立，应朝福.简析"硕师计划"成长之路［J］.中国研究生，2013（5）.

［43］沙毓英.日本师范教育发展中值得借鉴的几个问题［J］.云南师范大学学报（哲社版），1987（1）.

［44］宋永忠.教师教育的定位、体系与政策［J］.江苏高教，2005（1）.

［45］沈立，应朝福.简析"硕师计划"成长之路［J］.中国研究生，2013（5）.

［46］王凯.教师学习的生态转向及其特征［J］.教育研究，2010（11）.

［47］王凯.留城培育：应对农村新任教师专业发展校本资源匮乏［J］.教育研究与实验，2013（1）.

［48］王兴成.系统的概念及其应用［J］.国外社会科学，1983（10）.

［49］王勇．当代乡村教师的社会角色困境与公共性的建构［J］．当代教育科学，2013（7）．

［50］王善迈，杜育红，刘远新．我国教育发展不平衡的实证分析［J］．教育研究，1998（6）．

［51］汪志强，袁方成．当前中西部地区乡村教育的调查与思考［J］．云南行政学院学报，2006（1）．

［52］邬志辉．城乡教育一体化问题形态与制度突破［J］．教育研究，2012（8）．

［53］邬跃，赵建军．对农村教师"特岗计划"的几点认识［J］．教师教育，2009（7）．

［54］吴亮奎．乡村教师专业发展的矛盾、特质及其社会支持体系构建［J］．教育发展研究，2015（12）．

［55］肖正德．我国中小学教学制度文化：批判与重建［J］．全球教育展望，2009（8）．

［56］徐惠仁．浅谈教师教学过程性评价的价值与策略［J］．上海教育科研，2012（7）．

［57］徐君．自我导向学习：农村教师专业发展的有效途径［J］．教师教育研究，2009（12）．

［58］徐群．师资配置：当前农村学前教育发展的要务［J］．学前教育研究，2015（6）．

［59］袁桂林，许林．解读"特岗计划"［J］．大学生就业，2009（9）．

［60］杨树果．三位一体研究生教育质量保障机制的构建［J］．佳木斯大学社会科学学报，2010（5）．

［61］杨东平．警惕城镇化虚火"烧伤"城乡教育［J］．生活教育，2015
（11）．

［62］严治，张斌．免费师范毕业生就业情况调查研究［J］．中国大学生
就业，2012（12）．

［63］杨建朝．教师作为知识分子：实然判断和应然追求［J］．现代教育
管理，2011（10）．

［64］杨莉君，邱诗琦．幼儿园教师享有权益的现状调查研究——以湖南
省40所幼儿园为样本［J］．湖南师范大学教育科学学报，2015（6）．

［65］闫小斌．从空间中的生产到空间的生产——图书馆服务转型的新趋
势［J］．图书馆论坛，2015（5）．

［66］姚翔，刘亚荣．优化乡村小规模学校师资队伍结构的路径分析［J］．
湖南师范大学教育科学学报，2017（4）．

［67］曾越，秦金亮．幼儿教师心理契约的结构及影响因素——以浙江省
为例［J］教育学术月刊，2018（1）．

［68］张丽，刘焱，裘指挥．农村小微型幼儿园发展的价值、困境及路径
［J］．教育学报，2016（5）．

［69］张学敏．教师的身份变迁与教师教育演变［J］．西南大学学报（社
会科学版），2010（5）．

［70］赵晓尹，王瑞捧．小规模民办幼儿园的现状与发展对策［J］．学前
教育研究，2008（3）．

［71］赵忠平，秦玉友．农村小规模学校的师资建设困境与治理思路［J］．
教师教育研究，2015（6）．

［72］赵娜，秦金亮．幼儿教师职业生涯周期的职业倦怠研究［J］．教师

教育研究，2007（3）.

［73］朱旭东，周钧.美国教师质量观及其保障的机制、管理和价值分析
　　　［J］.比较教育研究，2006（5）.

［74］朱旭东.论我国农村教师培训系统的重建［J］.教师教育研究，
　　　2011（6）.

［75］郑金洲.走向"校本"［J］.教育理论与实践，2001（6）.

［76］周晔.农村小规模学校教师队伍专业水平结构的问题与对策——基
　　　于甘肃省 X 县的调研［J］教育研究，2017（3）.

［77］周晔，王晓燕.城乡教育统筹治理：概念与理论架构［J］.教育研
　　　究，2014（8）.

［78］周其国，张朝光，周淑芳.农村教育硕士政策分析［J］.教育与职
　　　业，2008（15）.

［79］张作岭，刘艳清."硕师计划"研究生质量保障策略：过程控制的
　　　视角［J］.继续教育研究，2013（3）.

［80］张作岭，刘艳清，赵朋."硕师计划"研究生质量保障体系的构
　　　建［J］.教育探索，2012（7）.

四、学位论文类

［1］李跃雪.特岗教师视角下特岗计划实施效果的调查研究［D］.长春：
　　　东北师范大学，2013.

［2］庞守兴.中国当代农村教育改革发展史研究［D］.华东师范大学，
　　　2003.

［3］乔刚.面向西部乡村教育的地方本科院校教师教育模式研究［D］.延

安：延安大学，2010.

［4］徐丽丽.教师结构性特征与幼儿园教育过程质量的关系研究［D］.浙江师范大学，2016.

［5］闫引堂.国家与教师身份：华北某县乡村教师流动研究［D］.华东师范大学，2006.

［6］严玉萍.中美教师评价的比较研究［D］.上海：华东师范大学，2008.

［7］张姬.中小学教师荣誉制度现状调查与优化建议［D］.南昌：江西师范大学，2014.

五、外文资料类

［1］Angus，D.L.Professionalism and the Public Good：A Brief History of Teacher Certification［M］.Washington，D.C.：Thomas B.Fordham Foundation，2001.

［2］Hanushek E.A.Assessing the Effects of School Resources on Student Performance：An Update［J］.Educational Evaluation and Policy Analasis，1997.

［3］Ingersoll，R.The Wrong Solution to the teacher shortage［J］.Educational Leadership，2003.

［4］Kornhaber，M.，E.Fierros & S.Veenema.Multiple Intelligences：Best Ideas from Research and Practice［M］.Boston：Allyn &Bacon，2003.

［5］Klitgaad R.E.The Economics of Teacher Education in Parkistan［J］.Comparative Education Revies，1985.

［6］Linda Darling Hammond.New Standards and Old Inequalities：School Reform and the Education of African American Students ［J］.The Journal of Negro Education，2000.

［7］Richard，M，Ingersoll.Teacher Turnover and Teacher Shortages：An Organizational Analysis ［J］.American Educational Research Journal，2001.

［8］Young I M.Justice and the politics of difference ［M］.New Jersey：Princeton University Press，1990.

附录一　调查问卷与访谈提纲

乡村教师生存状态调查问卷

　　尊敬的老师，您好！为了加强乡村教师队伍建设，促进乡村教师发展，我们正在进行乡村教师发展支持体系的研究。这份问卷旨在了解乡村教师工作、生活、专业发展与职业支持状态，并试图为构建乡村教师发展支持体系提供基本的分析框架。十分感谢您在百忙之中抽空为本研究提供基本信息和宝贵意见。本问卷采用匿名形式，问卷结果仅供学术研究使用，不会涉及任何学校或个人的隐私。请您放心填写。
谢谢您的合作！

乡村教师发展的政策支持与政策实施效应研究课题组

　　本次问卷共由三部分组成，分别为基本信息与工作情况、专业能力与专业发展情况以及工作与生活支持情况。其中，第一部分和第二部分请根据现实情况选择相应选项，并将字母填入左边的括号内。第三部分工作与生活支持情况给出了四个等级的选项，表示您"符合"该项目的程度。请根据您的真实感受，选择最符合您实际的一项，在相应的数字所代表的内容里打"√"。

第一部分　基本信息与工作情况

（　　）1. 您的性别

A. 男　　　　　B. 女

（　　）2. 您的年龄

A.35 岁以下　　B.35～40 岁　　C.40～45 岁　　D.45 岁以上

（　　）3. 您的教龄

A.3 年以内　　B.3～6 年　　　C.6～10 年　　　D.10 年以上

（　　）4. 您的职称

A. 中（小）学高级　　B. 中（小）学一级　　C. 中（小）学二级

D. 中（小）学三级　　E. 未定职称　　F. 其他

（　　）5. 您的最终学历

A. 中等专科　　B. 大学专科　　　C. 大学本科　　　D. 其他

（　　）6. 您最终学历的专业

A. 汉语语言文学　B. 数学　　　C. 思政

D. 音乐　　　　E. 体育　　　F. 物理　　　G. 其他

（　　）7. 您毕业学校的类别

A. 师范高校　　B. 非师范高校　　C. 其他

（　　）8. 您有无教师资格证

A. 有　　　　B. 无

（　　）9. 您目前任教的学校

A. 乡村初中　　　B. 乡镇所在地初中

C. 村级小学　　　D. 乡镇所在地小学

（　　）10. 您目前任教的年级

A. 幼儿园　　　　　　　B. 小学 1 ~ 3 年级

C. 小学 4 ~ 6 年级　　　D. 初中 1 ~ 3 年级

（　　）11. 您目前任教的学科（可多选）

A. 语文　　B. 数学　　C. 英语　　D. 科学　　E. 思想品德　　F. 其他

（　　）12. 您每周大概的课时量是

A.8 节以下　　B.9 ~ 14 节　　C.15 ~ 19 节　　D.20 节及以上

（　　）13. 您任教前所学专业与现在所教学科是否一致

A. 是　　　　　B. 否

（　　）14. 您是否担任班主任

A. 是　　　　　B. 否

（　　）15. 您的任教班级数为：

A.1 个　　　B.2 ~ 3 个　　　C.3 ~ 4 个　　　D.5 个以上

（　　）16. 您任教的学科数量为

A.1 门　　　B.2 ~ 3 门　　　C.4 门以上

（　　）17. 您觉得自己教学的工作量

A. 很大，完成教学之后感觉很累

B. 比较大，但也有一些空余时间

C. 一般

D. 很少，工作比较轻松

（　　）18. 您对目前的教学工作满意吗？

A. 非常满意　　B. 比较满意　　C. 不太满意　　D. 很不满意

（　　）19. 您觉得您的职业幸福感是怎样的

A. 幸福　　　 B. 比较幸福　　　 C. 一般　　　 D. 不幸福

（　　）20. 您工作中遇到的困难有（可多选）

A. 工作条件差，待遇与工作量不成正比

B. 难以适应新的教材和教法

C. 对学校的管理机制不满意

D. 人际关系问题

E. 学生难以管教

F. 工作量太大

G. 成就感较弱

H. 其他

第二部分　专业能力与专业发展情况

（　　）1. 您认为教师专业发展中最重要的方面是（限选三项且按重要性排序）

A. 灵活运用信息技术进行教学的能力

B. 高超的课堂教学技能

C. 与时俱进的教学理念

D. 学科专业知识

E. 教育科研能力

F. 教师道德和教师理想

G. 对学生和课堂的管理能力

（　　）2. 您当老师的最大动机是

A. 一种谋生手段　　　　　 B. 教师职业稳定

C. 具有一定的社会地位　　D. 热爱教育事业

（　　）3. 您认为自己最多能胜任几门学科的教学

A.1 门　　　　B.2 ～ 3 门　　　　C.4 门以上

（　　）4. 请选出三项您认为自己最突出的能力并排序（限选三项且按能力强弱排序）

A. 教育教学能力　　　　　　　B. 信息技术应用能力

C. 课堂组织与管理　　　　　　D. 课程资源的利用与开发

E. 教育研究以及科研能力　　　F. 创新创造能力

G. 对学生进行心理疏导的能力　H. 语言表达及交流能力

（　　）5. 您觉得自己善于总结、反思自己的教学吗

A. 非常擅长　　　B. 比较擅长　　　D. 一般　　　E. 比较不擅长

（　　）6. 您有没有参加过课题研究

A. 经常参与　　　B. 偶尔参与　　　C. 很少参与　　　D. 从未参与

（　　）7. 您主要在哪些教学环节使用网络教学资源（可多选）

A. 备课　　　B. 制作课件　　　C. 编制试题　　　D. 课堂讲授

E. 学习答疑　　　F. 教学反馈　　　G. 学生自主学习　　　H. 教学反思

I. 同事交流　　　J. 几乎未使用

（　　）8. 您使用信息技术进行教学的频率是

A. 总是使用，信息技术已经贯穿教学的始末　　　B. 经常使用

C. 偶尔使用　　　D. 很少使用　　　E. 不使用

（　　）9. 您对自身的专业发展是否有目标或者规划

A. 有自己的目标或规划，并且正在实践

B. 有目标或规划，但未实践

C. 考虑过，但没有目标或者规划

D. 没有考虑过

E. 听从管理部门的安排

（　　）10. 您进行自主发展的主要原因是

A. 为了更好地教育学生　　　　B. 追求职称职务的提升

C. 学校考评的压力　　　　　　D. 个人需求，为了提高自身素质

E. 同事之间的竞争压力　　　　F. 为了提升收入

（　　）11. 您认为什么最能体现教师专业发展的进步与成功

A. 职称职务的提升，业务水平的提高

B. 学历提升

C. 学生成绩提高

D. 个人素质与修养的提高

E. 经济收入提高，社会地位提高

（　　）12. 您觉得您现有的教育教学能力主要得益于（多选排序）

A. 师范院校的理论学习

B. 教学中的自我摸索和不断反思

C. 参与教育教学研究、实验

D. 继续教育培训

E. 同事间的交流

F. 校内外其他教师公开课经验交流

G. 其他

（　　）13. 您喜欢的专业发展方式有（限选三项）

A. 进修或培训

B. 在实践中总结与反思

C. 与同事交流,一起备课

D. 听课评课

E. 通过阅读书籍和网络资源进行学习

F. 其他

( )14. 如果您在教育教学中遇到问题,您一般会(可多选)

A. 与同事讨论

B. 通过网络寻求解决方法

C. 查阅书籍报刊

D. 自己想办法解决,如果解决不了就算了

E. 其他

( )15. 您近五年内接受过培训有(可多选)

A. 骨干教师培训　　　　　B. 学历培训

C. 校本培训　　　　　　　D. 县级教学研讨会或讲座

E. 国培计划脱产学习　　　F. 网络远程培训

G. 教研室、进修校培训活动　H. 没有培训

( )16. 通过参加学校组织的培训,您认为自己哪方面得到了提高(多选)

A. 思想政治品质与师德　　B. 专业知识水平

C. 信息化教学能力　　　　D. 教学水平

E. 科研创新能力　　　　　F. 教育管理能力

( )17. 学校组织教师进行教师专业发展学习的频率是

A. 经常　　　B. 有时　　　C. 偶尔　　　D. 很少

（　　）18. 在课下，您与同事交谈的话题主要是（可多选）

A. 教育理念　　　　B. 学生管理　　　　C. 日常生活　　　　D. 学生成绩

E. 教学技能　　　　F. 学校发展

（　　）19. 您学校的信息化环境现状是

A. 没有配备任何电子设备

B. 仅配备了电视机等普通设备

C. 教室里配备了多媒体教学设备（如投影仪，教师机等）

D. 学生在课堂学习中可以用上网络

E. 已经在开展移动学习（如应用电子书包、智能手机、平板等终端）

（　　）20. 工作之余您主要做什么（可多选）

A. 看电视　　　　　　　　　　B. 打牌、打麻将

C. 看书学习，提升自己的专业素养　　　D. 干农活

第三部分　工作与生活支持情况

（请选择最符合您感受的一项，并在相应的数字所代表的内容里打
"√"）

	非常不符合	比较不符合	不好确定	比较符合	非常符合
1. 对于我教育教学工作中合理的要求，学校支持并提供给我。	1	2	3	4	5
2. 学校关心我的工资待遇、福利等问题。	1	2	3	4	5
3. 学校关心我的生活，当我需要特殊帮助时，学校乐于提供。	1	2	3	4	5
4. 学校提供给我外出学习、培训的机会。	1	2	3	4	5
5. 同事对我工作上的正常求助有求必应。（帮忙代课、教具借用、教案指导、听课问题指出等。）	1	2	3	4	5
6. 同事面对我对工作的抱怨、牢骚能完整听完，并给我安慰、鼓励、建议等。	1	2	3	4	5
	非常不符合	比较不符合	不好确定	比较符合	非常符合

续表

	非常不符合	比较不符合	不好确定	比较符合	非常符合
8. 学生强烈的求知欲让我花更多时间在如何更加有效的教学上。	1	2	3	4	5
9. 学生学业和生活上的成长使我满怀着教育好孩子们的信心。	1	2	3	4	5
10. 工作中我遇到一时难以解决的问题，家人能给我可参考的意见。	1	2	3	4	5
11. 当我把未完成的工作带回家做，家人支持我工作优先。	1	2	3	4	5
12. 当我工作中遇到一些问题而使我情绪低落时，家人能给我安慰和鼓励。	1	2	3	4	5
13. 由于职业发展而需要自费或部分自费的培训等学习机会，家人鼓励我参加，并给我经济上的支持。	1	2	3	4	5
14. 当我出现经济困难时，朋友（非同事）能给我排忧解难。	1	2	3	4	5
15. 朋友（非同事）能为我的教育教学问题提供可行的建议。	1	2	3	4	5
16. 家长非常尊重我。如看见我会主动打招呼、主动完成我针对孩子成长而给予他们的一些工作。	1	2	3	4	5
17. 家长每次都积极参加我组织的需家校合作才能完成的活动，如家长会、家访等。	1	2	3	4	5
18. 我的教育教学工作需要安排孩子们从家里取一些家庭资源时，家长们都很理解，并帮孩子准备好。	1	2	3	4	5
19. 家长配合着我教育孩子的步调培养孩子。	1	2	3	4	5
20. 当我的教育教学活动需要用到社区民众自家的资源如农具、桌椅板凳等及其技能(磨刀、舞龙、竹篾)等时，他们都很理解我的需要，并乐于提供给我。	1	2	3	4	5
21. 社区民众的基础设施如房屋、田地、宠物等威胁到我班上孩子的生命健康安全时，在我与其沟通后，他们会实施相应举措，以减少安全事故的发生。	1	2	3	4	5
22. 社区民众遇到关系我利益方面的事情时，主动通知我，并考虑我的意见。	1	2	3	4	5
23. 当我班组织活动等需要租用社区机关的场地时，他们乐于提供给我。	1	2	3	4	5
24. 我班上有"家—校"纠纷发生时，社区机关能及时到场，能主导或辅助纠纷公平公正地解决。	1	2	3	4	5
25. 社区机关引导舆论的正确走向。如能在教师节开展走访、宣传等活动，让乡村社区更了解教师工作等。	1	2	3	4	5
26. 工作中我遇到困难，我会积极寻求解决。	1	2	3	4	5
27. 从事乡村教师这一职业，我斗志昂扬。	1	2	3	4	5

	非常不符合	比较不符合	不好确定	比较符合	非常符合
28. 我自费参加过一些我认为对于坚守乡村有用的学习活动。	1	2	3	4	5
29. 目前,我得到的关于教师这一职业的支持和帮助足以让我留在乡村学校。	1	2	3	4	5
30. 如果有可能,我会毫不犹豫换个城镇学校工作或者转行。	1	2	3	4	5

乡村教师发展支持体系构建访谈提纲(乡村教师)

问题维度	访谈问题	目的说明
基本信息及背景	1. 请您介绍个人的基本情况。(年龄、家庭成员、工作与生活简况等)	了解被访教师工作与生活的基本信息
谁在支持乡村教师发展	2. 您认为政府或教育行政部门对您的专业成长和日常工作与生活有什么样的支持或帮扶,主要表现在哪些方面? 3. 您认为您所在的学校对您的专业成长和日常工作与生活有什么样的支持或帮扶,主要表现在哪些方面? 4. 在您看来,还有哪些主体(单位、组织或个人)对您的专业成长和日常工作与生活有所帮助。	配合问卷调查进一步明确促进乡村教师发展主体支持的主要构成、现状及问题。
怎样支持乡村教师发展	5. 请简要谈谈您对乡村教师发展的理解与认识。 6. 就专业成长或教育教学业务水平而言,您认为什么样的方式是进一步提高您这方面能力的有效手段? 7. 在您看来,有什么样的支持或帮扶方式,既可以扩充学校教师队伍数量,又可以在整体上提高教师的专业成长水平?	配合问卷调查进一步明确促进乡村教师发展的内容与举措,及其存在的主要问题。
如何科学认识或评价乡村教师发展状态	8. 请简要谈谈您对教师评价的理解与认识。 9. 您认为当前教育行政部门或学校评价您工作业绩与水平的主要依据是什么,这样的评价标准或依据是否具有改进的空间,为什么?	配合问卷调查进一步了解乡村教师评价现状及其优化思路。
乡村教师发展需要的其他帮扶或支持是什么	10. 作为一名乡村教师,您理想中的工作与生活是一种怎样的状态,您认为实现这种状态您还需要哪些方面的支持或帮扶。	进一步掌握构建与优化乡村教师支持体系的基本信息与思路。

乡村教师发展支持体系构建访谈提纲（乡村学校领导）

问题维度	访谈问题	目的说明
基本信息及背景	1.请您简单介绍下学校情况，尤其是师资的基本情况。（教师来源、数量、结构、工作与生活简况等）	了解被访学校师资基本情况。
谁在支持乡村教师发展	2.您认为政府或教育行政部门对贵校师资数量的扩充与教育教学水平的提高分别有什么样的支持或帮助，主要表现在哪些方面？ 3.除了政府或教育行政部门的支持与帮助，您认为学校在促进本校师资力量的发展中应当承担什么样的角色，为什么？ 4.在您看来，除了学校的努力和政府的支持，还有哪些主体（单位、组织或个人）对贵校师资力量的发展有所帮助？	配合问卷调查进一步明确促进乡村教师发展主体支持的构成、现状及问题，尤其把握乡村学校对于促进本校教师发展的意识和能力。
怎样支持乡村教师发展	5.贵校是否有针对性地采取措施，促进本校师资力量的发展，这些措施包括哪些？ 6.在贵校促进师资力量发展的过程中，您认为哪些措施或方式，是最为现实和有效的？ 7.在您看来，有什么样的支持或帮扶方式，既可以扩充学校教师队伍数量，又可以在整体上提高学校教师队伍的整体素质与水平？	配合问卷调查进一步明确促进乡村教师发展的内容与举措，尤其把握乡村学校促进本校教师发展的有效做法。
如何科学认识或评价乡村教师发展状态	8.请问贵校是怎样评价教师的教育教学业务水平或教学业绩的？ 9.您认为当前贵校对于教师评价的实施是否具有改进空间，如果有，需要在哪些方面做出改进？	配合问卷调查进一步了解乡村教师评价现状及优化思路，尤其是学校做法。
乡村教师发展需要的其他帮扶或支持是什么	10.作为一名乡村学校领导，您认为乡村学校需要怎样的师资力量水平，达到这种水平还需要哪些方面的支持或帮扶？	进一步掌握构建与优化乡村教师支持体系的基本信息与思路。

乡村教师发展支持体系构建访谈提纲（地方教育行政部门人员）

问题维度	访谈问题	目的说明
基本信息及背景	1.请您介绍下本地区教育和师资队伍的基本情况。（教师来源、数量、结构、工作与生活简况等）	掌握被访区域乡村教师队伍基本情况。
谁在支持乡村教师发展	2.近年来，政府或教育行政部门对本地区乡村教师队伍建设有什么样的支持或帮助，主要体现在哪些方面。 3.在您看来，乡村学校是否有意识地采取了措施，促进本校教师队伍建设？ 4.除了学校的努力和政府的支持，还有哪些主体（单位、组织或个人）对本区域乡村教师队伍建设有所帮助？	配合问卷调查进一步明确促进乡村教师发展的主体支持情况，尤其把握教育行政部门对于促进乡村教师发展的意识与能力。
怎样支持乡村教师发展	5.请介绍教育行政部门促进本区域乡村教师发展的具体思路和举措。 6.在教育行政部门促进乡村教师发展的过程中，您认为哪些措施或方式，是最为现实和有效的？ 7.在您看来，有什么样的支持或帮扶方式，既可以扩充学乡村教师队伍数量，又可以在整体上提高乡村教师队伍的整体素质与水平？	配合问卷调查进一步明确促进乡村教师发展的内容与举措，尤其把握教育行政部门促进区域乡村教师发展的有效做法。
如何科学认识或评价乡村教师发展状态	8.请介绍本区域教师评价的情况，如教师评价的标准、方式和目标等。 9.您认为当前教育行政部门对于乡村教师的评价是否具有改进空间，如果有，需要在哪些方面做出改进？	配合问卷调查进一步了解乡村教师评价现状及优化思路，尤其是教育行政部门的思路和做法。
乡村教师发展需要的其他帮扶或支持是什么	10.作为区域教育行政部门领导，您认为乡村基础教育需要怎样的师资力量水平，达到这种水平还需要哪些方面的支持或帮扶？	进一步掌握构建与优化乡村教师支持体系的基本信息与思路。

附录二　专项调研报告

一、小规模幼儿园师资配置的问题与建议——基于 A 市 241 所小规模幼儿园的调查

主要内容：采用随机整群抽样的方法，对 A 市范围内 241 所小规模幼儿园的师资配置情况进行调查，结果发现：全园保教人员与幼儿比未达标幼儿园占比达 88.80%，师资配置未达标班级占比达 92.19%，全市师资缺口占比高达 44.31%。师资配置在城乡、办园体制及年级间存在明显不均衡。师资学历合格率较高，但师资专业化程度和持证率亟待提高。"未定职级"教师占比较高，优质师资占比偏低且存在显著办园体制间差异。研究建议：政府应制定针对小规模幼儿园的管理和帮扶政策，实施学前教育特岗教师计划，健全幼儿园师资培训制度，建立保育员资格制度，研究并制定幼儿园师资职称评审单列制度，支持和引导其师资队伍建设。

（一）问题提出

教育大计，教师为本。教师是学前教育发展的第一资源，是决定学前

教育质量的核心要素，是发展学前教育事业的关键所在。近年来我国政府先后出台的《国务院关于当前发展学前教育的若干意见》《乡村教师支持计划（2015—2020年）》《中共中央国务院关于全面深化新时代教师队伍建设改革的意见》《中共中央国务院关于学前教育深化改革规范发展的若干意见》等文件对"大力加强幼儿园教师队伍建设"高度重视，着力打造一支"高素质善保教的教师队伍"，强调了合格稳定的幼儿园教师队伍对于实现普惠优质的学前教育的重要战略意义。

教师队伍的充足性、稳定性和专业化是学前教育质量的重要保障。师资合理配置是教师队伍建设的首要任务与重要内容，是幼儿园教育活动得以正常开展的前提条件。近年来随着学前教育三年行动计划的展开，幼儿园师资队伍建设取得了较大突破，师资规模显著扩大，师资整体质量得到明显提高。具体表现为师资结构、师资素质、师资待遇和师资公平指数呈现逐年增加的趋势，而师资配置指数呈现波浪式上升趋势。然而，当前幼儿园师资配置仍远低于国家标准，与我国幼儿园保教工作的实际需要还存在一定差距。研究指出，当前我国幼儿园师资供给总量不足，师资配置在区域、城乡、园所间存在显著差异。虽然师资学历合格率较高，但学历结构不合理，以高中学历为主，本科学历比例偏低。因专业教师供不应求，幼儿园招聘了大量的非学前专业的教师，且比重较大，造成专业教师比重逐年下降。在小规模幼儿园师资配置方面，有研究者指出，小规模幼儿园师资数量不足问题更加突出，整体水平差；教师接受专业培训机会较少且层次低，教师专业发展缺乏充分支持；教师待遇较差，在招聘或留住合格的师资时面临巨大困难。

对已有文献分析发现，在研究对象范围上，以往研究多集中于整体幼儿园师资配置状况，针对小规模的研究较少，该领域研究尚未引起学界的足够重视。在研究范式上，理论思辨性研究较多，而实证调查类研究较少，尤其是从大范围对小规模幼儿园师资配置进行大数据分析的研究更少。小规模幼儿园作为学前教育资源的重要组成部分，其师资建设水平关乎学前教育质量的整体提升和教育公平的实现，影响着学前教育均衡发展和整体发展。师资配置精准识别是小规模幼儿园教师队伍建设的首要环节，有助于提高师资队伍建设的针对性与实效性。本文拟通过调查精准识别小规模幼儿园师资配置的现状，揭示其中存在的问题，并提出建设性建议，为政府制定小规模幼儿园管理政策提供参考。

（二）研究方法

"规模"作为幼儿园的结构特征，在学术界备受关注。在小规模幼儿园的判定标准上，学术界及各地政策至今仍未达成共识。本文综合已有判定标准，将小规模幼儿园界定为：有基本设施设备、玩教具以及生活设施，能够基本满足保育教育需要，办园规模在四个班级以下、收托幼儿 100 名以内的幼儿园。

为了保证研究结论的科学性和代表性，本研究采用随机整群抽样的方法，选择经济和教育发展处于全国平均水平的 A 市作为调查对象，于 2017年 10 月对 A 市范围内幼儿园进行调查。本文设计了《幼儿园班级基本情况调查表》（以下简称"A 表"）和《幼儿园班级师资配置情况调查表》（以下简称"B 表"）两个调查工具。其中 A 表搜集幼儿园名称、城乡、办园体制、年级、班级数、班级幼儿数、班级教师和保育员数等信息；B表以匿名方式搜集师资身份（教师、保育员）、所在班级、学历、专业、持证情况、职称状态等信息。为了确保幼儿园在填表过程中所填信息的准确性和完整性，笔者依托 A 市教育局教研室，组织园长进行填表集中培训。对搜集到的全部信息，运用 Excel、SPSS 软件分别进行整合统计，共计对 A 市 500 所①幼儿园班级情况和师资配置情况进行了调查，其中公办园 75 所，民办园 425 所。根据本文中小规模幼儿园的"规模"标准，最终筛选出 241 所小规模幼儿园作为研究样本，具体构成如表 1 所示。研究选取的小规模幼儿园占 A 市幼儿园总数的 48.20%；共 589 个班级，占幼儿园班级总数的 23.78%；在园幼儿 13239 人，占幼儿园在园幼儿总人数的 18.52%。

表 1　样本数量与构成

维度		园数（所）	班数（个）	幼儿数(人)	教师数(人)	保育员数(人)
城乡	城镇园	34	110	2401	156	42
	农村园	207	479	10838	551	235
办园体制	公办园	25	63	1385	87	27
	民办园	216	526	11854	620	250
年级	小班	—	217	4443	262	131.5
	中班	—	194	4306	235	86.5
	大班	—	178	4490	210	59

（注："0.5"表示两个班级共用 1 名保育员。"—"表示对应指标下没有数据，下同。）

本研究借助于 SPSS21.0 软件对搜集到的数据进行如下统计分析。一是对幼儿园数、班级数、班级幼儿数、班级师资数等方面进行描述性统计，并从城乡、办园体制、年级等三个维度分别对班级幼儿数、教师数、保育员数、师幼比、保幼比、师资与幼儿比等方面进行单因素方差分析，检验其差异性和相关性。二是对幼儿园师资城乡、办园体制、学历、专业、持证、职称等方面进行描述性统计，并对以上方面进行交叉分析，总结城乡、不同办园体制幼儿园师资配置的现状和存在的问题。

（三）研究结果与分析

第一，小规模幼儿园师资数量配置的差异分析

1. 幼儿园班级规模与师资数量配置的整体情况

《幼儿园教职工配备标准（暂行）》（以下简称《标准》）规定："全日制幼儿园每班配备2名专任教师和1名保育员，或配备3名专任教师。"统计显示，样本幼儿园共有教师707人，班均教师1.20人；保育员277人，班均保育员0.47人。由此可见，小规模幼儿园班级师资配置整体上未达到国家标准。具体到单个班级，在样本幼儿园的589个班级中（见表2），共有543个班级师资配置不达标，占比92.19%。其中，有462个班级专任教师配备不达标，占比78.44%；有365个班级保育员配备不达标，占比61.97%。

表2　班级师资配置分布（N = 589）

保育员班级 数教师	0 人	1 人	2 人	3 人
0 人	—	196	61	3
0.5 人	—	88	20	—
1 人	12	164	43	—
2 人	—	2	—	—

班级幼儿数最少4人，最多45人，班均幼儿22.47人。《标准》对全日制幼儿园各年级班级规模作出了明确规定，即小、中、大班班级规模分别为20~25人、25~30人、30~35人。在589个班级中，各年级共有329个班级的规模低于国标，占比55.86%。在规模低于国标的班级中，有314个班级师资配置未达到"两教一保或三教"的标准，占比95.44%。调研时多名园长表示，由于班级幼儿人数较少，为了降低成本，没有配齐师资。此外，小、中、大班分别有40个、19个、20个班级的规模超过国标，即大班额班级，这直接反映出师资数量的不足。

2. 城乡幼儿园班级师资数量配置的差异

统计结果表明，城镇园班均教师和班均保育员分别为 1.42 人、0.38 人。其中，班级幼儿数最少 5 人，最多 40 人，班均幼儿数 21.83 人；班级师资与幼儿比最大值为 1：1.67，最小值为 1：29.00，差异是显而易见的。农村园班均教师和保育员分别 1.15 人、0.49 人。其中，班级幼儿数最少 4 人，最多 45 人，班均幼儿数 22.63 人；班级师资与幼儿比最大值为 1：4.00，最小值为 1：43.00，差异同样十分明显。对城乡幼儿园班级师资配置进行比较发现，城镇园班均教师数略高于农村园，而班均保育员数略低于农村园。

城镇园和农村园班级"两教一保或三教"师资配置未达标率分别为 87.27%、93.32%。在城镇有 67.65% 幼儿园班级师资与幼儿比集中分布在 1：10–1：18 范围内，在农村有 56.04% 幼儿园班级师资与幼儿比集中分布在 1：12–1：20 范围内。据统计，城镇园和农村园教师和保育员人数缺口分别为 64 人和 68 人、407 人和 244 人。对城乡幼儿园班级师资数量配置进行多项目的差异检验（见表 3），除班级幼儿数、师资与幼儿比不存在差异外，其他各项目均存在显著差异（$P < 0.05$）。

表 3　城乡幼儿园班级师资数量配置的单因素方差分析

项目	MS	F	P
幼儿数	57.114	1.084	0.298
教师数	6.419	31.947	0.000
保育员数	1.059	5.066	0.025
师幼比	1136.873	17.901	0.000
保幼比	1751.059	5.214	0.023
师资与幼儿比	140.727	3.008	0.083

3. 不同办园体制幼儿园班级师资数量配置的差异

统计数据显示，公办园班均教师和保育员分别为 1.38 人、0.43 人。公办园班级幼儿数最少 5 人，最多 38 人，班均幼儿数 21.98 人；班级师资与幼儿比最大值为 1：4.00，最小值为 1：38.00。民办园班均教师和保育员分别 1.18 人、0.48 人。民办园班级幼儿数最少 4 人，最多 45 人，班均幼儿数 22.54 人；班级师资与幼儿比最大值为 1：1.67，最小值为 1：43.00。对不同办园体制幼儿园班级师资配置进行比较发现，公办园班均教师数略高于民办园，而班均保育员数略低于民办园。

公办园和民办园班级"两教一保或三教"师资配置未达标率分别为 87.30%、92.78%。有 56.00% 公办园班级师资与幼儿比集中分布在 1：10-1：15 范围内；有 25.00% 民办园班级师资与幼儿比集中分布在 1：17-1：27 范围内。据统计，公办园和民办园教师和保育员缺口人数分别为 39 人和 36 人、432 人和 276 人。对不同办园体制幼儿园班级师资数量配置进行多项目的差异检验（见表 4），除班级幼儿数、保育员数、保幼比等不存在差异外，其他各项目均存在显著差异（P < 0.05）。

表 4　不同办园体制幼儿园班级师资数量配置的单因素方差分析

项目	MS	F	P
幼儿数	17.143	0.325	0.569
教师数	2.301	11.067	0.001
保育员数	0.123	0.583	0.445
师幼比	179.174	2.751	0.098
保幼比	308.730	0.913	0.340
师资与幼儿比	175.210	3.750	0.053

4. 不同年级班级师资数量配置的差异

小班班均教师和保育员分别 1.21 人、0.61 人。小班班级幼儿数最少 4 人，最多 40 人，班均幼儿数 20.47 人；小班班级师资与幼儿比最大值为 1：2.67，最小值为 1：32.00，平均值为 1：11.29。中班班均教师和保育员分别 1.21 人、0.45 人。中班班级幼儿数最少 5 人，最多 41 人，班均幼儿数 22.20 人；

中班班级师资与幼儿比最大值为 1 ： 1.67，最小值为 1 ： 35.00。大班班均教师和保育员分别1.18人、0.33人。大班班级幼儿数最少5人，最多45人，班均幼儿数 25.22 人；大班班级师资与幼儿比最大值为 1 ： 5.00，最小值为 1 ： 76.00。统计发现，不同年级中均存在一定数量的超额班级，这直接说明师资的缺乏。对不同年级班级师资配置进行比较发现，随着年级的增高，班均教师数和保育员数总体呈下降趋势。

小、中、大班班级"两教一保或三教"师资配置未达标率分别为89.86%、92.78%、94.38%，教师和保育员缺口人数分别为 172 人和 85.5 人、153 人和 107.5 人、146 人和 119 人。对不同年级班级师资数量配置进行多项目的两两比较差异检验（见表5），除教师数、保幼比等不存在差异外，其他各项目均存在显著差异（P＜0.05）。

表5 不同年级班级师资数量配置的单因素方差分析

项目	年级（I–J）	MD	SD	P
幼儿数	小班 – 中班	1.721 *	0.692	0.035
	小班 – 大班	4.750 *	0.708	0.000
	中班 – 大班	3.029 *	0.727	0.000
教师数	小班 – 中班	0.004	0.045	0.996
	小班 – 大班	0.028	0.047	0.824
	中班 – 大班	0.032	0.048	0.786
保育员数	小班 – 中班	0.160 *	0.044	0.001
	小班 – 大班	0.275 *	0.045	0.000
	中班 – 大班	0.114 *	0.046	0.036
师幼比	小班 – 中班	2.681 *	0.767	0.001
	小班 – 大班	5.606 *	0.785	0.000
	中班 – 大班	2.925 *	0.806	0.001
保幼比	小班 – 中班	1.364	1.819	0.734
	小班 – 大班	1.825	1.861	0.589
	中班 – 大班	0.461	1.910	0.968
师资与幼儿比	小班 – 中班	2.438 *	0.632	0.000
	小班 – 大班	6.055 *	0.647	0.000
	中班 – 大班	3.616 *	0.664	0.000

（注：* 表示显著性水平为 0.05）

第二，小规模幼儿园师资质量的差异分析

衡量幼儿园师资水平需要以客观的视角，可以用描述性的定性的评判标准考量。师资水平测评是较为复杂的，涉及教师内在的和外显的诸多方面，这里仅以学历、专业对口、持证率、职称等能够直接反映师资质量水平的显性指标透视幼儿园师资水平状况。

1. 学历与专业分布

数据显示，样本幼儿园教师学历层次结构包括初中及以下（1.41%）、高中（32.53%）、大专（52.76%）、本科（13.30%）等四个层次，学历合格率为98.59%，其中以大专学历为主。保育员学历层次结构包括初中及以下（27.44%）、高中（56.68%）、大专（15.16%）、本科（0.72%）等四个层次，学历合格率为72.56%，其中以高中学历为主。

城镇园和农村园高中学历教师分别占比25.16%和34.60%，大学学历教师分别占比74.19%和63.77%，城镇园教师学历水平总体高于农村园。公办园和民办园高中学历教师分别占比18.60%和34.46%，大学学历教师分别占比81.39%和63.93%，公办园教师学历水平总体高于民办园。保育员学历水平在不同办园体制方面没有明显差异，但在城乡间存在显著差异，即农村园保育员初中及以下学历比例（29.49%）是城镇园的两倍，而大学学历比例（14.10%）仅为城镇园的一半。

教师专业对口率与幼儿园教育过程质量密切相关，因为专业关系到教师的知识和技能结构是否与从事的幼儿园教育工作相匹配。在专业方面，学前教育专业毕业的教师和保育员分别占比69.02%、23.47%，非专业师资比例均偏高，尤其是保育员。城镇园和农村园教师专业对口率分别为80.00%、65.94%，城镇园明显高于农村园。公办园和民办园教师专业对口率分别为 59.30%、70.37%，民办园明显高于公办园。

2. 教师持证率情况

《教师资格条例》中规定："取得教师资格的公民，可以在本级及其以下等级的各类学校和其他教育机构担任教师。"本研究根据《教师资格条例》的规定，将持有幼儿园教师资格证、小学教师资格证、中学教师资格证的教师统一归类为持证教师。A 市小规模幼儿园教师持证率为70.15%，持证结构包括幼儿园教师资格证（59.12%）、小学教师资格证（8.06%）、中学教师资格证（2.97%）等三类（见表6）。保育员持证率为68.59%，持证结构包括幼儿园教师资格证（0.72%）、小学教师资格证（0.36%）、保育员资格证（67.51%）等三类。

表 6　教师持证结构分布（N = 707）（单位：人）

	幼儿园教师资格证	小学教师资格证	中学教师资格证	无证	小计
城镇	94	12	4	45	155
农村	324	45	17	166	552
公办	61	12	2	11	86
民办	357	45	19	200	621

在教师持证率方面，城镇园和农村园教师持证率分别为 70.97%、69.93%，持证率基本持平，没有明显差异。公办园和民办园教师持证率分别为 87.21%、67.79%，公办园高出民办园约二十个百分点，这也体现出公办园对教师持证上岗的硬性要求高于民办园。在保育员持证率方面，城镇园和农村园保育员持证率分别为 65.12%、69.23%，农村略高于城镇；公办园和民办园保育员持证率分别为 44.44%、71.20%，民办园高出公办园约三十个百分点。

3. 职称等级结构分布

样本数据统计，具有各级职称的教师占比 29.70%，职称等级结构分布在高级教师（0.99%）、一级教师（1.70%）、二级教师（14.00%）、三级教师（13.01%）等四个层次，教师未定职级率为 70.30%（见表 7）。统计显示，保育员均无职称。

表 7　样本幼儿园教师职称结构分布（N＝707）（单位：人）

	高级	一级	二级	三级	未定职级
公办	0	4	32	17	33
民办	7	8	67	75	464
城镇	3	4	20	18	110
农村	4	8	79	74	387

城镇园和农村园的二级及以上职称的优质师资分别占比 17.42%、16.49%，优质师资比虽然不存在显著差异，但均偏低；公办园和民办园的二级及以上职称的优质师资分别占比 41.86%、13.20%，公办园优质师资比明显高于民办园。

（四）讨论与结论

第一，小规模幼儿园师资不足成常态，师资缺口巨大。

2013 年教育部颁布的《标准》对全园保教人员与幼儿比、班级专任教师和保育员配备标准作出了明确规定，即全园保教人员与幼儿比为 1∶7– 1∶9，每个班级应配备"两教一保或三教"。按照该标准对 A 市小规模幼儿园班级专任教师和保育员缺口人数进行统计，结果显示专任教师缺口 471 人，保育员缺口 312 人，师资缺口占比高达 44.31%。A 市小规模幼儿园低于国家规定的 1∶9 标准的幼儿园有 214 个，未达标率为 88.80%；师资配置未达到"两教一保或三教"标准的班级数为 543 个，未达标率为 92.19%。

师资数量严重不足是小规模幼儿园发展中面临的最严重和最突出的问题之一。导致小规模幼儿园师资数量严重不足的原因主要有两个方面：第一，师资招聘难且流失率高。在调研时多数园长表示由于幼儿园规模小、教师待遇偏低、发展空间小、机会少等因素，难以招聘到足量的师资；统计显示 2017 年 A 市小规模幼儿园师资离职 75 人，离职率为 7.08%，待遇低和工作量大是师资离职的主要原因。第二，降低幼儿园经营成本。调研时发现师资工资支出是幼儿园经费开支的主要部分，大量小规模幼儿园为了降低成本、保证盈利并实现效益最大化，尽量减少班级师资数量。

第二，小规模幼儿园师资数量配置在城乡、办园体制及年级间存在明显不均衡。

在城乡方面，班级师资数量配置未达标率均较高，在班级教师数、保育员数、师幼比、保幼比等方面存在显著的城乡差异。农村园班级师资数量少、师幼比和保幼比均较高，师资缺口问题更为突出，与徐群、盖笑松等人的研究结果一致。城镇在经济发展、社会文化、就业机会、生活娱乐、交通出行等方面均大大超越农村。在城乡二元结构背景下，城乡学前教育发展严重失衡。与城镇园相比，农村园在师资招聘和留用方面均处于劣势，且优质师资向城镇园单向流动。在不同办园体制方面，公办园和民办园班级师资数量配置未达标率均较高，其中二者在班级教师数、师幼比存在显著差异。民办园班级规模总体偏大，教师人数严重不足，师幼比较高，教师缺口问题十分突出。调研时发现，与公办园相比，民办园教育经费来源主要是收取保教费，渠道较单一且窄。由于幼儿园规模小、教育质量较差，难以招收足够的幼儿，且收费较低，致使幼儿园教育经费总量不足，教师待遇较差，难以吸引或留住高素质教师。在年级方面，小、中、大班班级师资数量配置未达标率分别为 89.86%、92.78%、94.38%，均较高，且未达标率随着年级上升而增加。班级幼儿数、保育员数、师资与幼儿比等方面在年级维度存在显著差异，班级保育员数随着年级的上升而明显减少。大班班级规模偏大和保育员数量配置不足是影响师资与幼儿比较高的直接原因。调研时数名园长均表示，大班幼儿在生活常规、自理能力、社会性、适应性等方面均优于低年龄班幼儿，在师资尤其是保育员配置时，更侧重于低年龄班。

第三，小规模幼儿园师资学历合格率较高，但师资专业化程度和持证率亟待提高。

在师资学历合格率方面，统计发现，小规模幼儿园师资学历合格率高于当年全国幼儿园专任教师学历合格率（80.81%），但低于 A 市所在省总体水平（99.94%）。在师资专业化方面，专业师资比尤其是专业保育员比例偏低，师资专业化程度亟待提高，与刘晓红、刘剑眉等人的研究结果一致。城镇园专业教师比例明显高于农村园，这验证了城镇园对教师的专业水平要求较高的事实，同时也证实了与农村园相比城镇园对专业教师更具有吸引力。公办园和民办园专业教师比例均偏低，但公办园专业教师比例却低于民办园十一个百分点，这与小规模公办园非编教师待遇较民办园差有直接关系，导致难以招聘到足量的专业教师。《教师资格条例》明确规定教师须持证上岗。但统计发现小规模幼儿园教师持证率为 70.15%，低于全市幼儿园教师持证率约十六个百分点。其中，公办园教师持证率与全市幼儿园教师持证率基本持平，民办园教师持证率偏低，有待提高。保育员持证率总体偏低，公办园保育员持证率远远低于民办园。调研时发现，民办园为了提高整体师资持证率，在教师持证率提高无望时，往往通过提高保育员持证率的方法提高整体师资持证率。

第四，未定职级教师比例较高，优质师资比偏低且在办园体制方面存在不均衡。

教师职称是教师业务素质水平的综合体现，是衡量教师队伍质量的重要指标。统计发现，小规模幼儿园教师未定职级比例（70.30%）较高。造成这种结果的主要原因是国家实行的职称评聘政策将幼儿园教师和小学教师的职称评审放在一起，幼儿园教师的职称长期被小学教师挤占，使得大量的年轻幼儿园教师根本没有职称评审的机会。此外，小规模幼儿园二级及以上职称的优质师资比仅16.69%，总体偏低。其中，优质师资在城乡维度不存在显著差异，比例均较低；在不同办园体制上存在显著差异，公办园优质师资比明显高于民办园。调研发现，造成这种差异的主要原因包括：其一，公办园招聘教师时对教师学历、持证、专业素质等方面要求较高，同时为教师职业发展和职称晋升创造了更好的环境和条件；职称等级与工资挂钩。其二，绝大多数小规模民办园不了解也不重视教师职称评审，且职称等级与工资没有联系，教师缺乏参加职称评审的意愿和动力。

（五）政策建议

第一，地方政府制定小规模幼儿园管理和帮扶政策，加大对小规模幼儿园的管理和经费投入力度。制定小规模幼儿园管理办法，明确小规模幼儿园办学标准，规范小规模幼儿园的办园行为，逐步提高其管理水平和保教质量。探索并制定小规模幼儿园生均公用经费补助政策，制定生均经费补助标准，加大对小规模幼儿园的财政支持力度，确保其正常运行。制定乡村小规模幼儿园教师补贴津贴政策，提高乡村小规模幼儿园教师待遇，提升乡村教师吸引力。

第二，探索幼儿园教师教育新模式，加大幼儿师资培养力度。探索实施学前教育专业专科师资定向招生、定向委培的"GUK"（政府—高校—幼儿园）"三位一体"教师教育模式，加强学前教育五年制专科层次师范生培养力度。探索初中起点的学前教育"三＋四"本科层次师范生培养模式，满足地方对高素质善保教师资的需求。此外，创新保育员培养模式，建议在学前教育专科层次中增设保育员方向，加大对保育员的培养力度，提高保育员的学历层次和专业水平。

第三，创新幼儿园教师招聘模式，优化学前教育师资区域配置。借鉴我国义务教育特岗教师政策的成熟经验，研究并制定学前教育特岗教师计划，完善农村园师资供给机制，拓宽幼儿园教师招聘途径，增强幼儿园教师招聘力度，补充农村园师资数量。依托"县管园聘"制度，优化学前教育师资区域配置。深入推进县域内学前教育师资交流轮岗，实行区域内走教制度，推动城镇公办园优质师资向农村小规模幼儿园定期流动，引领农村园尤其是民办园教师专业发展，提高小规模幼儿园教师队伍整体水平。

第四，健全师资培训制度，加强师资队伍建设力度。建立健全送教下乡、定期培训和全员轮训等培训机制，建构"集中培训＋影子培训＋返岗实践"的师资"三段式"培训模式，提高师资培训效果。在培训对象方面，重点加强农村园非学前教育专业师资全员补偿培训，切实提高师资专业化水平和保教能力。

第五，建立保育员资格制度，加强保育员队伍建设。保育工作是幼儿园工作的重要组成部分，而保育员是实施保育工作的主体，因此其工作质量、个人素养对幼儿身心健康发展具有重要意义。保育员不仅是关照幼儿生活的一群成年人，也是重要的教育者，在某种程度上保育员对幼儿的影响并不亚于教师对孩子的影响。保育员作为幼儿园师资的重要组成部分，其队伍建设水平直接影响幼儿园师资的整体水平。为了提高幼儿园保育员素质，加强保育员队伍建设，建议借鉴教师资格制度的经验，建立保育员资格制度，明确保育员资格条件、资格考试、资格认定等内容。

第六，研究并制定幼儿园教师职称评审单列制度，增加教师职称评审机会，提高教师职称整体层次。《中共中央国务院关于学前教育深化改革规范发展的若干意见》中明确提出："各地要根据学前教育特点和幼儿园教师专业标准，完善幼儿园教师职称评聘标准，畅通职称评聘通道，提高高级职称比例。"在此政策指引下，地方政府教育行政部门应研究并制定幼儿园教师职称评审单列制度，提高教师职称率及优质师资比例。召开全市教研员与园长工作会议，布置教师职称评审工作，组织专家对职称率低的幼儿园进行职称评审宣讲、培训与指导，进而提高教师的职称水平。此外，建议将保育员纳入职称评审序列，以此为契机，提高保育员专业发展的动力，最终促进保育员队伍建设。

二、浙江省农村小学全科教师定向培养计划实施状况调查报告

主要内容：2012 年开始实施的"农村小学全科教师定向培养计划"旨在解决农村学校师资"补不进、留不足"的问题。对浙江省 312 名定向培养学生的调查发现，该计划在培养对象（生源）选择、培养过程（课程设置、教育实习等）设计和培养结果评价三环节均存在一定程度的"背离农村"的现象，导致其实际效应受到质疑。

农村学校是我国教育事业发展的薄弱环节，而师资短缺则是其最为棘手的问题。"农村小学全科教师定向培养计划"（以下简称"定向培养计划"）

即是为解决此问题而出台的政策。浙江省自 2012 年开始先后在浙江师范大学、杭州师范大学、丽水学院、台州学院等本科院校开展"定向培养计划"招生工作。招收生源主要面向如遂昌县、岱山县、嵊泗县、开化县等省内欠发达县（市、区）的应届高考生。因该计划要求毕业生必须回户籍所在地农村小学服务 6 年，故对农村小学师资补充无疑是极大的支持。目前，该计划实施近八年，其实际效果是否符合政策制定初衷有待实践检验。本报告以浙江省为例，通过对"在读"和"在岗"的定向培养生进行问卷调查分析，分析该计划存在的实施效应问题，并探索优化策略。

（一）问卷调查与方法

本次调查通过自编问卷"定向培养计划实施状况调查"进行。问卷包括政策宣传、生源选择、经费负担、培养过程、毕业就业 5 个维度 18 指标。课题组先后两次对浙江师范大学、杭州师范大学等 8 所高校大一至大四的定向培养生进行现场和网络问卷调查，共计发放问卷 400 份，回收问卷 375 份，回收率 93.75%，有效问卷 312 份，有效率 78.00%。由于定向培养生具体数量由县（市、区）教育局依据年度实际需求自主核定和申报，并与高校双向选择确定委培关系。故单一县（市、区）学生年度规模都不大。所以，调查样本在地域分布上，共涉及包括遂昌县、岱山县在内的 17 个县（市、区），各县样本数量不等。年度数量最多的为天台县 40 名，最少的为定海县 1 名；在生源年级分布上，2017 级 96 名，2016 级 75 名，2015 级 56 名，2014 级 40 名，已毕业分配到岗（2012 级和 2013 级）45 名。

（二）调查结果与分析

第一，定向培养生报考定向培养计划的动机分布。"定向培养计划"

明确要求报考者必须是本地户籍且毕业后回到户籍所在地农村小学任教。该条件旨在保证学生毕业后能切实履行下到农村小学任教的义务。在此条件下，可以认为参加定向培养计划的学生都是自愿且愿意下到农村小学任教，对农村教育有所热爱和认同的生源。然而，调查数据却反映了截然不同的情况。

表 1　学生报考定向培养计划的动机分布

	人数	百分比
热爱教育或教师职业	32	10.26%
获得公办教师编制	179	57.37%
减轻家庭经济负担	78	25.00%
其他	23	7.37%

表 1 数据显示，真正出于"热爱教育或教师职业"而报考的学生仅占10.26%。由此可知，半数以上报考定向培养计划的学生是因"获得公办教师编制""减轻家庭经济负担"等工具性目的而做出的选择。那么，学生毕业后是否真愿意下到农村小学任教就成为一个"待定"的问题。本研究进一步调查了学生对毕业后被分配学校的"主观态度"情况。（见下表 2）

表 2　定向培养生对毕业后学校分配的接受程度情况

	接受	勉强接受	不接受
城区学校	100.00%	0.00%	0.00%
乡镇学校	63.17%	18.33%	18.50%
农村学校	30.07%	31.64%	38.29%

表 2 数据显示，100%的学生对被分配到"城区学校"持"接受"态度；对被分配到"乡镇学校"持"接受"态度的学生比例则减少到了 63.17%，且明确表示"不接受"的学生占比 18.50%；对被分配到"农村小学"持"接受"态度的学生更少，仅有 30.07%，而"不接受"的学生则增加到 38.29%。对表 2 中持"不接受"态度的学生深度访谈后发现，此部分学生对被分配

到乡镇或农村小学的态度基本是"不去，大不了解""找关系，在分配上照顾一下""暂时先工作，再想办法调回城"等。不可否认，该计划的培养对象存在明显的"借编入城"倾向。

第二，定向培养生的过程培养情况。其一，定向培养生课程的设置。通过分析本次调查的八所高校定向培养生的培养计划，最直接的发现是学生的培养计划、所学课程与同专业普招学生并无不同，有所差异也仅是调整了所开课程的学期和课时数，内容并无本质区别。如涉及"农村文化""农村教育问题""农村学校"等培养学生正确认识农村和积累情感的课程无一开设。又如农村小学出现"小规模化"，需要"小班化教学"，而此类课程也基本没有。笔者认为之所以需要"定向培养"，除因农村小学教师难招聘需要定向补充外，更重要的是农村小学需要不同于一般教师的师资，需要专门培养。显然，当下高校定向培养生的课程设置缺乏对农村教师角色和职业发展的思考，与农村小学的实际需求有明显的脱节。如此培养的师资能否适应和促进农村小学的发展是令人怀疑的。

其二，定向培养生教育价值观的培养。乡村文化是不同于城市文化的独立文化形态。处于乡村文化内的农村学校和处于城市文化内的城市学校有着各自的独立特征。然而，定向培养生教育过程中并没有正视这个问题。无论是课程设置，还是教师话语导向都以城市学校为标准。农村学校在此话语体系中被等同于"弱学校""差学校"，而这种话语所体现的正是"城市教育至上"的价值观。其所导致的结果是定向培养生到岗后，在教学思想、方法、方式方面，都潜移默化地复制城市小学教师的做法。而在面临实际情况时就会出现诸多适应性问题。这在已经毕业工作的定向培养生中有较为明显的反映。一位在某镇中心小学任教的定向培养生如是说"现在工作中需要的与在学校里学习的有极大的不同，老师教的那些很少用得上"（K-6-6）。一位农村教学点的教师也反映说"城区学校那一套放到农村学校来是过于理想化的，高校学到的用到教学中来又是过于理论化的，点上（教学点）的教学有自己特别的教学模式（K-3-7）"。课题组认为，无论是农村教师补充，还是农村学校标准化建设，都不是为了让农村学校变成城市学校，而是保障农村学生能接受到不低于城市学校水平的教育。既然如此，定向培养生也需要树立正确的城乡教育价值观。而当下"城市教育至上"的教育价值观就犹如用他人的喜好培养自己的喜好，存在方向性错误。

其三，定向培养生对农村学校的了解程度。快速适应农村小学环境是定向培养生有效发挥职业角色的重要前提。在培养过程中，实习（也称教育实习）是定向培养生了解和适应农村小学环境的重要环节和途径，是由学校组织学生下到一线学校进行跟班、跟师的实践性课程。然而，就是这么重要的培养环节，部分高校常见的做法是统一安排到某一所或若干所城市学校。本次调查数据显示，80%以上的定向培养生在分配到校之前并不了解农村学校（下表3）。

表3　定向培养生对农村学校的了解程度

	完全不了解	不太了解	一般	比较了解	非常了解
人数比（%）	60.26%	21.47%	9.29%	3.85%	5.13%

对农村学校的不了解最直接的影响就是毕业生被分配到农村学校后缺乏"心理准备"和"情感准备"，进而导致教学、生活等多方面的适应性成问题。而这些问题完全是可以在培养过程中予以解决的。

第三,定向培养生解约或离职意愿状况。其一,定向培养生"解约意愿"

的年级差异。本次抽样的定向培养生中有 267 位是在读生。数据显示定向培养生的潜在解约意愿偏高，达到 30% ~ 50% 之间（含"一般"）。表 4 数据还显示该比例由大一的 10.42% 提高到大四的 25.00%，年级差异显著（$F = 7.193$，$p = 0.022 < 0.05$）。说明越是临近毕业，学生解约的意愿越强烈。

表 4 "如果没有违约惩罚条件，我希望可以解约"

	完全不符合	不太符合	一般	比较符合	非常符合
大一	45.83%	22.92%	20.83%	7.29%	3.13%
大二	40.00%	24.00%	22.67%	8.00%	5.33%
大三	32.14%	21.43%	26.79%	12.50%	7.14%
大四	30.00%	20.00%	25.00%	15.00%	10.00%

访谈中有学生沮丧的说"自己不想被分配到的乡下教书，但是如果成绩没有特别优秀或者父母有关系，很可能就会分配到乡下"（K-8-1）。这在有解约意愿的学生中是比较普遍的心态。因为"担心被分配到乡村学校"而倾向解约的学生比例高达 38.84%（表 5），成为解约的首要原因，与前述表 2 的分析一致。尽管在违约机制下未必有这么多的学生会解约，但就算最终按照合同要求下到了农村小学，其离开的心态也是依然强烈（见表 6）。

表 5 倾向解约的原因分布

	百分比（%）
自己不了解政策	12.62%
担心被分配到乡村学校	38.84%
希望自主择业	15.53%
有了更好的就业选择	23.30%
其他	9.71%

其二，定向培养生到岗离职意愿。前述调查在读定向培养生的解约意愿，结果不甚乐观。那么，已经毕业被分配到校的学生其心态又是如何。

相比在读生，已在编在岗的定向培养生的离职意愿更能反映"定向培养计划"的实施效果。

表6 "如果条件成熟，我会选择离开现在的学校或岗位

	完全不符合	不太符合	一般	比较符合	非常符合
定向培养教师	13.33%	24.44%	20.00%	24.44%	17.78%
非定向培养教师	25.71%	30.00%	14.29%	17.14%	12.86%

注：为了对比，课题组在已毕业定向培养生就职学校随机调查70名非定向培养教师的离职意愿。由于"定向培养教师"栏数据保留2位小数的原因，数值和不等于100%。

上表6数据显示，已毕业分配到岗的定向培养生倾向离职比例（42.22%）远高于非定向培养教师的离职比例（30.00%），且有明显的城乡差异。在城市学校里定向培养教师比非定向培养教师离职意愿更小，而在农村学校里定向培养教师比非定向培养教师离职意愿更大。简而言之，无论是定向培养的，还是普通招聘的教师，都更愿意在城市学校任教。

（四）政策优化的若干建议

第一，强化政策执行的刚性。"定向培养计划"要求报考生毕业后到农村小学服务6年，但在如下两方面没有明确的规定。一是"农村小学"具体所指不明确。"定向培养计划"就是为农村小学，尤其是村小、教学点培养和补充师资的，是解决此类学校招不到教师的对策。如果学生毕业后不下到村小和教学点，那么，政策实施效果就会打折扣。但现实是大量的定向培养生被县城学校截留。因为在浙西地区许多县城小学同样缺教师，"定向培养生"就只能先为县城小学所用。二是"解约的限制条件无硬性规定"。定向培养生原则上不允许解约，但并没有规定一定不能解约。调查了解到"偿还县（市、区）代缴的学费和生活费，另外补偿

5000 ～ 30000 元不等"是最为普遍的解约条件。这导致部分学生在有更好的就业机会时依然会选择解约。分析认为应当强化政策的"契约精神"，可以对选择解约的学生建立"信用档案"。因为个人的解约是对政府有限资源的浪费和教育规划的破坏，造成的不仅仅是经济损失。所以，不能仅用"钱款补偿"来约束解约行为，而要强化政策执行的刚性。

第二，确立培养真正"农村教师"的目标。不可否认，定向培养计划为农村学校提供了师资补充的途径，但没有培养起真正的"农村教师"。毫不客气的说，定向培养计划的生源更多的是希望借政策之便，行入编进城之实。大部分考生缺乏植根农村学校所必备的心理条件。何为真正的"农村教师"，笔者认为"身份认同"是最为关键的特征。当前农村学校尤其缺少真正了解农村教育和认同农村教师身份的教师。尽管目前出现了城市学校教师"逆流"回到农村学校的现象，但主要是个体无奈后的选择。这部分教师对农村学校没有情感归属可言。表 5 数据显示定向培养生惧怕被分配到乡村学校就是没有归属感，缺乏农村教师身份认同的鲜明体现。那些既不了解农村和农村教育，也对农村教师身份缺乏认同的教师，如何提升得起农村教育质量？结果就只能是"一批一批的培养，一批一批的离开"。这种"流水线"式的师资培养与补充对农村学校难说有益。总而言之，定向培养计划要以培养真正的"农村教师"为目标。

第三，制定有针对性的定向培养生课程体系。分析认为必须建立独立的、专门的定向培养生课程体系。毕业生分配到岗前，因不了解农村学校和农村教育而衍生出诸多的不适应问题表明建立此课程体系的重要性和必要性。有针对性的培养课程应该如何，笔者认为应包括至少三个方面课程内容：一是基础性的教育学课程；二是技能化的教学课程；三是针对性的乡土文化课程。现有培养课程体系重在第一部分,第二部分虽有但真实比例不够,第三部分乡土文化课程几乎没有,但却很重要。乡土文化课程不是肤浅的介绍农村地理风貌,而是重在建立教师文化身份、文化意识和教学之间的有机联系。农村学校需要的、能够留住的往往是那些对农村充满感情、对农村文化充满认同的教师。而具有乡土情怀是融入农村学校的第一步,也是关键的一步。通过此类课程的职前教育可帮助还未下到农村学校的学生形成对农村文化和教育的认同心理,为毕业后服务农村学校形成必要的心理条件和适用的教学能力。

三、云南省 C 县乡村学校教师结构性缺编问题的调研报告

主要内容:在组织家长、教师和教管部门人员座谈会,以及走访 21 所乡村中小学的基础上,报告总结分析了云南省 C 县"以流动促补充"的教师结构性缺编解决模式,并着重分析与该模式相配套的"教师全员聘任制""城乡教师互派制"和"教师待遇倾斜制"三项政策。该模式可在不增加地区教师编制总量的情况下,有效缓解乡村学校教师结构性缺编状况。

义务教育的薄弱环节在乡村学校,乡村学校的短板在师资。因此,改善师资是乡村学校和义务教育发展的重点。近年来,政府出台实施了多项旨在促进乡村教师队伍发展的政策。如,统一城乡教师编制配置标准,以及 2015 年实施的《乡村教师支持计划(2015—2020 年)》明确提出要"拓展乡村教师补充渠道"。毫无疑问,乡村学校师资建设已成为我国教育发展过程中"重大而紧迫的战略任务",具有"重中之重"的战略地位。在各级政府的大力支持下,乡村学校教师数量缺编问题已得到极大的改善,部分县(区)甚至出现超编现象。然而,超编背后却是紧缺学科专任教师

匮乏、兼课现象普遍、开课不齐等问题频现。究其根本是当前乡村学校师资建设的矛盾已由单纯数量缺编向结构性缺编转变，并已成为制约乡村教育发展的新因素。

（一）乡村学校教师结构性缺编产生的原因

编制是我国特色人事关系的一种体现，在我国各行各业中都有存在。在教师职业中，教师编制指由各级政府人事部门依据法律法规核定的中小学教职工事业编制，是公办学校教师区别于非编教师的一种身份象征与标志。此外，在当前的教师管理体制中，编制不仅仅是身份标志，更是教师依法获取工资、绩效工作、津补贴、社会保险和福利等合理权益与待遇的基本保障。因此，它不仅代表一种组织身份，而且代表获得"制度利益"的合法性。

作为就业市场的优质资源，教师编制受到广大毕业生就业的青睐，但并非所有地区的教师编制都如此，城乡学校的差异就很明显。在长期城乡二元经济和户籍制度影响下，城区学校教师编制吸引力一直远高于乡村学校。一是因为城区学校和乡村学校教师编制供给不同，乡村教师编制可获得性更低。2014年以前，我国城乡中小学执行的是2001版的中小学教职工编制标准。该标准具有明显的倾城市化取向。二是因为教师编制利益存在显著城乡差异。城区教师在经济待遇、职业发展、社会声誉等方面好于乡村教师是不争的事实。尽管师资管理制度改革不断持续，但城乡教师编制间的差异并没有因此得到实质性的改善。在此背景下，一般毕业生均首选城区学校就业，像音乐、美术、心理健康等紧缺学科的毕业生更不愿意选择到乡村学校就职。

乡村学校一方面面临"招不进"师资的问题，另一方面已有优质师资面临"留不住"问题。一进一出导致乡村学校教师结构日益失衡，尤其是紧缺学科教师流失导致的教师学科分布失衡。尽管近年国家出台多项旨在促进乡村学校师资均衡配置和补充的措施，如免费师范生、农村教师特岗计划、定向委培等政策，但短期内乡村学校教师结构性缺编问题仍难以得到根本改变。课题组成员于2017年12月中旬实地走访了云南省部分区县。

（二）乡村学校教师结构性缺编面临的突出问题

因人口分布和学校管理体制原因，C县乡村学校基本为小学，故本报告均以乡村小学数据为分析对象。截至2016年底，C县共有小学34所（1所在建），城镇地区小学7所，乡村地区小学27所（含教学点20个）。全县小学阶段共有专任教师760名，其中城镇小学教师318名、乡村小学教师442名。全县小学在校生9560名，其中51.5%（4924名）的小学生分布在27所乡村小学。根据2016年数据计算，当年C县乡村小学师生比实际为1∶11。按国家1∶19的城乡统一标准计算，C县乡村小学应配置教师260名，与实有教师442名相比，超编了182人。

实地走访发现C县乡村小学（含教学点）现有师资远远满足不了实际教学需求，所访学校教师"包班教学""跨多个学科教学"和"跨多个年级教学"等现象非常普遍。即便如此，C县还有部分教学点应开的音体美等课程无法正常开设的情况，其根本原因还在于C县乡村小学各学科教师数量构成存在极度不平衡问题（如表1）。

表 1　C 县乡村小学专任教师学科结构分布（人）

学科 \ 年份	2014 年	2015 年	2016 年
社会	21	23	27
数学	232	249	200
语文	270	216	168
科学	13	9	11
英语	2	1	2
体育	7	4	6
音乐	5	3	4
美术	2	3	5
信息技术	2	1	12
其他	2	1	7

数据来源：根据云南省 C 县《教育事业基础报表 2014—2016 年》数据而得；"其他"指在编不在岗教师。

从学科结构看，C 县乡村小学 83.3% 的专任教师集中在语文、数学上，而科学、体育、音乐等学科教师占比不足 17%。失衡导致的危害是不容忽视的，下文以小学三年级"师课比"和"课时量"进行对比说明。《义务教育课程标准》（应该没有这个文件，下文的"规定"也就"无根"，请核查）规定小学三年级为 30 课时 / 周。其中，语文和数学课时量约占 40%，科学等六门学科课时量约占 60%。C 县 17% 的紧缺学科教师要承担 60% 的周课时量，而占比高达 83.3% 的语文和数学教师仅承担课时量的 40%。可见，C 县乡村小学教师存在严重的结构性缺编问题，并导致学校教学工作和教师发展出现了明显的"教育生态紊乱"现象。

第一，在现有课程管理体制下，C 县乡村小学出现大量的语文、数学专任教师兼任音体美等学科教学工作的现象。据统计，最高者一人兼任 4门课程，跨越 6 个年级。然而，通过教师兼任方式都无法满足课程开设需要的学校，只能裁剪或替换相关学科课程。对教师而言，在已有课程教学任务基本占据了全部时间和精力的情形下，其他兼任的课能有教师上就已不易，教学质量根本无法要求。

第二，乡村小学出现"阴阳课表"，素质教育成为纸上谈兵。为应付上级检查，学校课程开设要符合国家课程设置的要求，将音体美等课程体现在学校课表中，实际教学中根本无法开课。这种现象在 C 县乡村小学中大量存在，尤其是在偏远的小规模教学点上更加普遍。

第三，对乡村小学教师发展而言，教师职业和专业发展基本处于停滞状态。教师长年处于超负荷工作状态，导致早早进入"职业倦怠"阶段。非本专业的教学工作又导致教师专业发展变得迷茫。如，语文专业毕业的教师承担社会、科学、体育等其他非本专业性课程的教学，导致已有专业知识被"闲置"。这种"错位"的教学实践很容易导致教师丧失教学乐趣而处于职业倦怠的困境。

综上分析，如果教师结构性缺编问题一直得不到有效缓解，可预见的是 C 县乡村小学教学将一直处于低效、无效的恶性循环状况。在县财政入不敷出和教师编制总量有限的情形下，寄希望依靠增加编制进行招聘是不现实的。正因如此，C 县政府一直在尝试和探索解决之道，并逐步形成"以流动促补充"的解决模式。

（三）"以流动促补充"——C 县解决乡村学校教师结构性缺编问题的实践探索

自 2014 年始，C 县开始通过域内师资流动的方式解决乡村教师结构性缺编问题，即通过合理配置现有教师资源、移多补少，让教师流动起来，以流动促补充。该模式的关键是如何让域内教师流动起来，且保障流动补充的长效性、稳定性。为此，C 县出台了三项服务"以流动促补充"的师资管理配套政策。

第一，解决教师流动补充管理权问题：教师全员聘任制。《中华人民共和国教师法》第十七条明文要求学校和教师在遵循地位平等的原则下签订聘任合同，明确双方权利、义务和责任。该规定将教师优先归属于某一学校，限制了教育局自主调配域内教师资源的能力。2014年C县开始实行由县教育局与教师直接签订聘任劳动合同的政策，为教育局推动城乡学校师资均衡配置提供了制度保障，也是贯彻教师"县管校用"和彰显教师"县管"特征的表现。

在理清中小学教师劳动关系和确保域内教师队伍稳定的前提下。在教师聘任期内，教师具体任教学校由教育局统一安排。如此，教育局可以根据实际教学需要统筹分配域内中小学校教师资源，尤其是乡村学校急需的紧缺学科教师的补充。正如C县教育管理人员所言"县里坚持'教师编制总量控制，动态管理'的原则，最大化合理配置县域内的师资。教师聘任关系收归教育局，就一定程度上保障管理部门具备有效配置城乡师资资源的能力和条件。"

第二，解决教师流动补充主体问题：城乡教师互派制。2006年，教育部就出台了促进中小学教师流动的政策，因各种原因该政策并未得到贯彻执行。直到2014年，教育部等三部委明确提出"力争3～5年实现县（区）域内校长教师交流轮岗的制度化、常态化"的要求，并将教师流动比例纳入县（区）义务教育均衡发展督导评估标准之中。教师流动才成为各县（区）政府必须完成的硬性任务。

在国家政策的基本要求下，C县有意引导教师向乡村流动，并为此专门出台城乡教师互派制度。据统计，2015—2017年，C县中小学教师流动人数和比例分别达到205人（15.0％）、284人（21.4％）和304人（23.7％），远高于国家要求的年度交流（流动）比例不低于10%的标准；中小学校长流动人数和比例也分别达到29人（33.3%）、30人（34.5%）和17人（19.5%）。其中，城乡互派教师占流动总人次的75.0%。该政策为乡村学校补充了相当数量的优质师资，其中不乏紧缺学科的教师。该县主管教育的副县长说："自贯彻实施城乡教师互派政策以来，全县在没有增加教师编制总量的情况下，有效保障了乡村学校开足开齐相应课程，尤其是音、体、美等紧缺学科课程的开课率得到保障。"正因如此，该县在2017年教育部义务教育均衡发展县国家督导检查中该项指标上获评满分。

"教师全员聘任制"和"城乡教师互派制"赋予了管理部门调配师资的权力和活力，但只是解决了城乡教师流动补充的外力问题，还需教师主动参与流动补充的内力。内外相结合才不至于出现教师被流动补充而不到岗的现象，而这个内力就是"教师待遇倾斜制"。

第三，解决教师流动补充稳定性问题：教师待遇倾斜制。如何保证流动补充到乡村学校的教师安心教学，切实提升学校教学质量是该政策实施的关键。C县在现有绩效工资制度基础上出台"教师待遇倾斜制"，进一步强化绩效工资的激励作用，鼓励城区教师主动下到乡村小学任教，化"被动互派"为"主动互派"，对稳定流动补充教师具有重要作用。

C县"城乡教师待遇倾斜制"包括工资待遇和职称评先两方面。其中，工资待遇指各类专项资金补助，包括三部分：一是乡村小学教师"边远农村教师津补贴"。在国家统一标准下，C县该项补贴自2014年开始为每人每月500元。二是"彝州津贴"，即少数民族地区的津补贴。从2015年9月起，按每人每月1000元的标准向教师发放。三是乡村教师支持计划补助，从2016年1月起开始向在乡村学校任教的教师（含互派教师）按每人每月 500 ～ 600 元标准发放补助。对比 2016 年以后的城乡教师收入可知，乡村教师月工资收入可比城区教师月工资高出 1500 ～ 2000 元。对比 C 县房价 2800 元 / 平方米（2017 年数据）的价格，此差额具有相当的吸引力，可以形成流动的推力。另一方面，在乡村教师职称评先上，实行乡村教师不限额、城区教师限额政策，即在职称评审上乡村教师只要达到职称条件，申报即可获得评审。同等条件下，城区教师则需要根据当年申报人数，按一定比例进行评审，实际获评通过率要远低于乡村教师。此规定对乡村教师颇具吸引力。

自 2016 年待遇倾斜政策全面落实以来，城区教师主动参与互派的积极性高涨。政策实施效果初步显现：第一，城区教师申请城乡互派的主动性提高。以县城实验小学为例，截至 2017 年下半年，主动申请互派到乡村学校任教的教师超过 40 人（单校名额 10 人）。在择优互派的条件下，部分教师需要等待 2 ～ 3 年才能获得机会。第二，乡村教师主动流失率为零，尤其是考编进城的乡村教师几乎没有。乡村学校师生精神面貌俱佳，教师对学校、对岗位工作满意度非常高。第三，人民群众对地区教育满意度高。调查结果显示，C 县在"公众教育满意度"指标上获好评率高达 95.8%，且农村家长对教育满意度高于城区家长。

C 县"以流动促补充"模式谈不上彻底的制度创新，而是在已有制度的基础上结合地区实际情况，有侧重地创新实施、灵活运用。客观而言，该模式并不适用所有地区，但其实际效果说明解决乡村学校教师结构性缺编问题需要综合化治理，尤其是因地制宜进行制度创新的思想值得借鉴和学习。

后　记

　　为实现全面建成社会主义现代化国家的战略目标，党的十九大提出了乡村振兴战略。众所周知，发展乡村教育是乡村振兴战略的重要组成部分，而乡村教师发展是乡村教育发展的关键内容和决定性因素。乡村教师肩负教书育人的重要使命，乡村教师发展水平既关乎乡村基础教育的质量，又影响乡村社会现代化建设的成效。只有把乡村教师发展置于优先发展的战略地位，才能更好地促进乡村教育发展，服务于乡村振兴事业。

　　本书以服务和促进乡村教师发展为主要旨趣，具体的研究问题包括：何为乡村教师发展和乡村教师发展的支持体系；乡村教师发展具有怎样的意义和作用，当前我国乡村教师的生存与发展现状如何；我国理论界对于乡村教师发展的研究经历了怎样的阶段，不同阶段的乡村教师发展研究具有怎样的特点；乡村教师发展分别获得了哪些主体支持、内容支持和评价支持，这些支持对于乡村教师发展具有什么实际成效，还存在什么缺陷；构建和优化乡村教师发展支持体系的基本思路是什么。本书围绕上述问题展开，是课题组成员集体努力的结果；同时，本科生季欢欢、童莹、王鲁诚和黄平等同学承担了部分文字工作。从承担此书的写作任务，到收集整理分析研究资料，再到撰稿修改交稿，历时一年有余，呈现在读者面前的这部拙著，与其说是我们的研究成果，不如说是我们的起点。

出版之际，感谢吉林大学出版社编辑部的同志对此书出版的热心指导与帮助。研究人员在写作过程中，曾分别在浙江省开化县、江苏省灌云县、四川省大邑县等地开展相关访谈与调研，期间得到了各市（县、区）教育局、教研室以及乡村学校与教师的支持与帮助，借此机会表达由衷的感谢！

由于资料的局限，加上我们写作水平有待提高，书中不妥之处在所难免，恳请读者批评指正。